COURS ÉLÉMENTAIRE

DE RHÉTORIQUE

ET

D'ÉLOQUENCE

Tout exemplaire non revêtu de la griffe de l'Éditeur sera regardé comme contrefait.

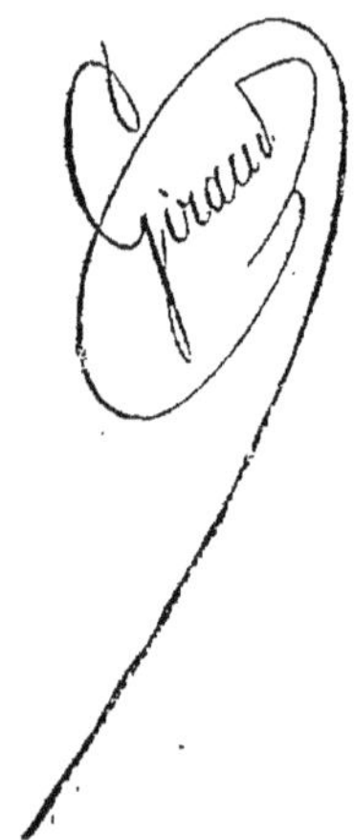

Paris. — Imprimerie de P.-A. BOURDIER et Cᵉ, 6, rue des Poitevins.

COURS D'ÉTUDES
A L'USAGE DES PETITS SÉMINAIRES ET DES COLLÉGES.

COURS ÉLÉMENTAIRE

DE

RHÉTORIQUE

ET

D'ÉLOQUENCE

PAR

M. L'ABBÉ J. VERNIOLLES

CHANOINE HONORAIRE DE TULLE, SUPÉRIEUR DU PETIT SÉMINAIRE
DE SERVIÈBES.

CINQUIÈME ÉDITION
SOIGNEUSEMENT REVUE ET CORRIGÉE.

PARIS
LOUIS GIRAUD, LIBRAIRE-ÉDITEUR
RUE DES SAINTS-PÈRES, 11

NIMES. — MÊME MAISON
1866

COURS ÉLÉMENTAIRE

DE

RHÉTORIQUE

ET

D'ÉLOQUENCE

PAR

M. L'ABBÉ J. VERNIOLLES

CHANOINE HONORAIRE DE TULLE, SUPÉRIEUR DU PETIT SÉMINAIRE
DE SERVIÈRES.

CINQUIÈME ÉDITION
SOIGNEUSEMENT REVUE ET CORRIGÉE.

PARIS
LOUIS GIRAUD, LIBRAIRE-ÉDITEUR
RUE DES SAINTS-PÈRES, 11

NIMES. — MÊME MAISON
1866

PRÉFACE

La faveur croissante du public pour notre *Cours classique de littérature* nous impose de sérieux devoirs. Loin de nous reposer sur le succès des premières éditions, nous avons soumis notre travail à une révision sévère. Quelques définitions ont été éclaircies, de légères lacunes ont été comblées, un certain nombre de citations nouvelles sont venues se placer dans le corps de l'ouvrage.

Parmi les professeurs qui nous ont aidé de leurs conseils, quelques-uns nous engageaient à donner plus d'étendue à notre seconde partie. Néanmoins nous avons été sobre de développements et nous avons évité avec le plus grand soin la prolixité et les longueurs. « Prenez garde surtout, nous disait un ami très-expérimenté dans ces matières, prenez garde, sous prétexte de *compléter* votre ouvrage, de le surcharger et de le grossir outre mesure ; je connais d'excellents livres classiques qu'on a fini, à force d'éditions de plus en plus complètes, par rendre inadmissibles et tout à fait détestables... J'ose vous supplier de ne pas trop *allonger*, nous écrivait un autre. J'aime beaucoup le précepte : *Quidquid præcipies, esto brevis*. L'explication en classe supplée avantageusement à la *longueur*. »

Ces avis nous paraissent fort sages, et nous les avons suivis. Au lieu d'ajouter tout ce qui pouvait être utile, nous nous sommes borné à ce qui nous a paru nécessaire.

On se plaint, il est vrai, que les élèves ne retiennent presque rien de ce qu'on leur dit de vive voix. Mais si, après des explications orales et des lectures bien choisies, on donne à faire des dissertations écrites sur les principales questions que soulève un cours de rhétorique, nous sommes convaincu que cette méthode portera d'heureux fruits. C'est le seul moyen, à notre avis, de donner aux jeunes gens des connaissances précises, sérieuses et approfondies.

Pour rendre notre livre plus commode, nous avons employé assez fréquemment des caractères distincts du texte de l'ouvrage. Les mots importants sont imprimés en petites capitales, et les définitions en lettres italiques. Par ce moyen, l'élève fixe d'abord son attention sur ce qu'il y a d'essentiel dans chaque page ; son intelligence et sa mémoire sont aidées par le premier regard qu'il jette sur son livre, et il distingue sur-le-champ ce qu'il doit apprendre et retenir mot à mot.

Nous croyons aussi rendre service aux jeunes professeurs en indiquant les meilleurs auteurs à consulter sur chaque question traitée dans notre *Cours élémentaire*. Pour expliquer et compléter les préceptes de rhétorique, quelquefois les livres manquent ; d'autres fois, on a les ouvrages sous la main, et l'on ne sait où se trouvent les documents et les textes qui sont nécessaires. C'est donc épargner un temps précieux à des professeurs déjà chargés de travail que de leur montrer les sources où ils pourront puiser les développements dont ils ont besoin.

Plusieurs de nos collègues nous ont adressé de judicieuses observations qui nous ont servi pour cette édition nouvelle : nous leur en témoignons ici notre reconnaissance. Puisse le travail que nous nous sommes imposé pour améliorer ce livre le rendre plus digne de leur bienveillance et plus utile aux enfants de nos maisons chrétiennes !

COURS ÉLÉMENTAIRE

DE

RHÉTORIQUE

ET

D'ÉLOQUENCE

NOTIONS PRÉLIMINAIRES

I. Éloquence [1].

1. L'éloquence est *la faculté de dominer les esprits, les cœurs et les volontés par la parole.*

2. L'éloquence ne consiste pas seulement dans l'émotion du cœur. Quintilien a dit, il est vrai : *Pectus est quod disertos facit,* c'est le cœur qui rend éloquent. M. Villemain a dit à son tour : « L'éloquence est un don et un art. » D'après ces deux autorités, quelques auteurs récents définissent l'éloquence : *le don d'être ému et l'art de transmettre l'émotion.* Cette définition

---

[1] Auteurs à consulter : Cicéron, *De Oratore*, l. I, nᵒˢ 31-33, l. II, nᵒˢ 32-38; Fénelon, *Premier dialogue sur l'éloquence;* Marmontel *Éléments de littérature*, art. Éloq., t. II, p. 32-48; Laurentie, *De l'É tude et de l'enseignement des lettres*, 1ʳᵉ édit., p. 296-304 ; Geruzez, *Cours de littérature.*

indique bien le caractère principal de la haute éloquence, mais elle ne fixe point assez son domaine et ne l'embrasse pas tout entier. Pour être éloquent, il faut aussi savoir convaincre les esprits et diriger les volontés.

3. Pour éviter tous les malentendus et pour bien comprendre ce que les rhéteurs modernes ont écrit sur l'éloquence, il est bon de remarquer que ce mot peut se prendre en trois sens différents : dans un sens tout à fait *large*, dans un sens *moyen*, dans un sens *rigoureux et restreint*.

1° Dans un sens tout à fait *large*, l'éloquence n'est que *l'émotion éprouvée et communiquée*, et elle se trouve dans tout ce qui est capable de produire une forte impression sur les cœurs. Dans ce cas, l'éloquence n'est pas nécessairement attachée à la parole. Elle peut être dans un tableau, dans le geste, dans le regard, dans l'attitude extérieure de l'homme, et jusque dans son silence. De là vient qu'on a dit : *l'éloquence du geste, l'éloquence des yeux, l'éloquence des larmes.*

2° Dans un sens *moyen*, elle est *la faculté de dominer les esprits, les cœurs et les volontés par la parole.* Par conséquent, il ne faut pas seulement chercher l'éloquence dans les discours de l'avocat, du prédicateur, de l'homme d'État, et en général dans les paroles qui s'adressent à une multitude assemblée. Elle se montre aussi fort souvent dans les œuvres de l'historien, du philosophe et du poëte. Quelquefois, dit M. Laurentie, elle tonne contre les passions du haut d'une tribune ; d'autres fois elle parle à la raison dans les pages muettes d'un livre. Il semble même que sa puissance est plus merveilleuse quand elle s'adresse à des hommes calmes et réfléchis par la plume de l'écrivain.

3° Dans un sens *rigoureux et restreint*, l'éloquence est le *talent de persuader par le discours revêtu des formes oratoires*. C'est ainsi que la considéraient les anciens quand ils la définissaient : *Ars bene dicendi*, l'art de bien dire, ou l'art de parler de manière à persuader. Les préceptes qu'ils nous ont laissés sur l'art oratoire doivent tous être entendus dans ce sens, et, quoique les règles que nous donnons ici soient souvent applicables à l'écrivain, nous n'avons ordinairement en vue que l'orateur proprement dit.

4. D'après Quintilien et tous les anciens, **la vertu** *est une condition nécessaire à l'éloquence*. Caton définit l'orateur : *Vir bonus dicendi peritus*, un homme qui veut le bien et qui le sait persuader. Fénelon parle mieux encore : « L'homme digne d'être écouté, dit-« il, est celui qui ne se sert de la parole que pour la « pensée, et de la pensée que pour la vérité et pour « la vertu. »

5. Quelques rhéteurs modernes prétendent qu'on peut être éloquent sans être vertueux; et, pour le prouver, ils citent Catilina, J.-J. Rousseau, Voltaire, Mirabeau et quelques autres. Sans doute, l'homme le plus vicieux rencontre quelquefois de belles inspirations, et l'on peut atteindre à l'éloquence sans avoir été constamment et complétement vertueux. Il est d'ailleurs facile de remuer la foule quand on flatte les mauvaises passions. Mais il demeure toujours vrai que là où l'éloquence se montre dans toute sa

dignité et toute sa grandeur, l'orateur obéit à des convictions sincères, à des sentiments nobles et vertueux. (Voir le n° I.)

II. Rhétorique[1].

6. La **rhétorique** est *une collection de préceptes, d'exercices et de conseils sur l'éloquence.* Elle a pour but de développer et de diriger le talent de ceux qui sont nés plus ou moins éloquents, et elle sert à tous pour apprécier les discours d'un orateur ou les œuvres d'un écrivain.

Aristote la définit : *le moyen de trouver dans chaque sujet ce qu'il y a de propre à persuader.*

7. Il y a une grande *différence* entre la rhétorique et l'éloquence. L'éloquence est surtout un talent ou un don de la nature, la rhétorique est un fruit de l'étude ou un art; l'une trace la méthode, l'autre la suit; l'une enseigne les moyens, l'autre les emploie. Elles diffèrent l'une de l'autre comme la théorie diffère de la pratique.

8. L'éloquence a *précédé* la rhétorique, comme dans tous les arts la pratique a précédé la théorie. Il y eut des orateurs avant que personne enseignât à le devenir, ou du moins à l'être plus sûrement. On se mit, dit Girard, à étudier, à observer ces orateurs; on examina par quel art ils éclairaient l'esprit et tou-

---

[1] Auteurs à consulter : Aristote, *Rhétorique*, l. I, n°⁵ 1-6 ; Quintilien, *Institutions oratoires*, l. II, ch. XVI-XXII ; Marmontel, *Élém. de littér.*, art. Rhétorique, t. III, p. 270-298; Girard, *Préceptes de rhétorique*, Notions prélim., p. 2-10.

chaient le cœur. Ces observations, recueillies par des hommes judicieux, formèrent des orateurs plus habiles encore. Ainsi, de siècle en siècle, les règles se complétèrent, et c'est de là qu'est venu peu à peu ce corps de préceptes vulgairement appelé *Rhétorique*.

9. Les préceptes *seuls* ne peuvent pas rendre un homme éloquent, et la rhétorique suppose les dons naturels. Celui qui n'aurait pas reçu une intelligence capable de grandes pensées et un cœur accessible aux fortes émotions étudierait vainement tous les rhéteurs anciens et modernes; il n'y puiserait jamais le pouvoir de dominer les esprits et d'entraîner les volontés. Le travail ne peut que développer et perfectionner l'éloquence. S'il en était autrement, il suffirait d'apprendre les règles de cet art pour être éloquent, et rien ne serait plus commun que les orateurs.

10. L'étude des préceptes est *indispensable* pour tous. Sans doute, le génie peut produire de nobles idées, des sentiments sublimes, des morceaux vraiment éloquents; mais seul, il ne peut composer un discours qui ait de la régularité et de l'ensemble, et qui soit irréprochable dans toutes ses parties. L'expérience prouve que, sans la connaissance des règles, les hommes même les plus heureusement doués s'égarent sur plusieurs points. Je ne vois pas, dit Horace, ce que peut le travail sans le génie, ni le génie sans le travail, et ils doivent se prêter un mutuel secours :

> . . . . Ego nec studium sine divite vena,
> Nec rude quid possit video ingenium : alterius sic
> Altera poscit opem res, et conjurat amice.

11. On a dit souvent que les modèles tracés par un homme de génie valent mieux que les méthodes des rhéteurs. Rien n'est plus vrai, dit Marmontel, quand il s'agit d'échauffer l'âme et de l'élever. Mais les modèles les plus frappants ne jettent la lumière que sur un point, les règles éclairent toute la route. N'ayez donc pour elles ni un *respect servile* ni un *présomptueux mépris*. Étudiez-les de préférence chez les grands maîtres : Aristote, Longin, Cicéron, Quintilien pour les anciens; Fénelon, Rollin, Batteux, La Harpe, pour les modernes. Il y a ordinairement chez les anciens plus de profondeur, de raison et de goût.

12. Comme les préceptes de rhétorique sont fondés sur l'expérience et sur la nature du cœur humain, l'essentiel est moins de les connaître que d'en découvrir *l'esprit* et *l'usage*. Si l'on manque de goût pour en faire l'application, si l'imagination ne leur donne pas le mouvement et la vie, la science des règles est une science morte et stérile, qui ne fournit aucun secours. Il faut donc en faire un exercice pour son jugement plutôt que pour sa mémoire, et étudier avant tout les secrets du cœur humain.

13. On peut dire, en un sens très-véritable, que *tout homme a besoin d'être éloquent*, du moins dans une certaine mesure. Depuis le petit enfant qui demande une grâce à sa mère, jusqu'au savant le plus consommé, chacun cherche à obtenir que les autres hommes admettent ce qu'il pense et fassent ce qu'il veut. Le père de famille dans sa maison, le professeur dans sa chaire, l'homme d'affaires et l'homme d'État dans les conseils, l'homme du monde dans un cercle ou dans un salon, tous ont besoin de demander à l'art oratoire le secret de sa puissance. La rhétorique est donc utile à tous, même à ceux qui ne se destinent pas à parler en public.

14. La Logique, la Grammaire et la Rhétorique sont trois sœurs qui devraient toujours marcher de compagnie. La logique, dit Batteux, est l'art de bien penser; la grammaire est l'art de bien parler; la rhétorique est l'art de bien dire. Bien penser, c'est mettre de la précision et de la netteté dans ses idées, de la vérité dans ses jugements, de la justesse dans ses raisonnements. Bien parler, c'est se servir de termes reçus et de constructions légitimes, c'est éviter le barbarisme dans les mots et le solécisme dans les phrases. Bien dire, c'est parler de manière à se faire écouter et à persuader ceux qui écoutent.

15. Les règles de rhétorique se divisent en règles *générales* et règles *particulières*. Les règles générales embrassent les principes communs à toutes sortes de discours; les règles particulières sont celles qui s'appliquent aux divers genres d'éloquence. Dans la première partie de ce Traité, nous parlerons des règles générales, et dans la seconde, des règles particulières. Comme ces règles particulières ont un but plus pratique et montrent les principes appliqués à chaque genre, on a donné quelquefois à cette partie le nom d'*éloquence*. Dans ce dernier cas, l'éloquence est considérée simplement comme un art, ou un recueil de préceptes. (Voir le nº II.)

RÈGLES GÉNÉRALES

DE RHÉTORIQUE

16. Les règles générales de rhétorique se divisent en autant de parties que l'orateur a d'*opérations* à faire. Or, quelque sujet qu'il traite, l'orateur a nécessairement trois opérations à faire : la première est de *trouver* les choses qu'il doit dire, la seconde est de les mettre dans un *ordre* convenable, la troisième est de les bien *exprimer*. *Tria videnda sunt oratori*, dit Cicéron, *quid dicat, et quo quidque loco, et quo modo* (Orat. 43). De là trois parties dans la rhétorique : l'**invention**, la **disposition** et l'**élocution**.

17. Quoique ces trois opérations soient distinctes, elles dépendent nécessairement l'une de l'autre et se prêtent mutuellement du secours. Si l'on a véritablement réuni toutes les idées qui doivent entrer dans un discours, les rapports qui existent entre ces idées se présenteront d'eux-mêmes, et la *disposition* naîtra de l'*invention*. En outre, si le sujet est bien conçu et si l'intelligence y voit un ordre lumineux, il sera facile de les exprimer, et l'*élocution* découlera ainsi de l'*invention* et de la *disposition*. C'est la pensée d'Horace :

. . . . Cui lecta potenter erit res,
Nec facundia deseret hunc, nec lucidus ordo.

Nons allons parler, dans trois sections, de chacune de ces parties.

PREMIÈRE SECTION.

DE L'INVENTION[1].

18. L'invention oratoire est *la partie de la rhétorique qui enseigne à trouver les matériaux ou les idées
dont peut se composer un discours.*

19. D'après Cicéron et Quintilien, l'orateur se propose ordinairement trois objets principaux : *Instruire,
plaire et toucher : Erit eloquens,* dit Cicéron. *is qui ita
dicet, ut probet, ut delectet, ut flectat : probare necessi-
tatis est; delectare, suavitatis; flectere, victoriæ* (Orat.
69). Il faut donc que l'orateur soit capable de remplir
ces trois devoirs.

20. L'orateur instruit en montrant la vérité de ce
qu'il avance ; il plaît en gagnant la confiance de ses
auditeurs ; il touche en leur inspirant des sentiments
convenables au sujet. Dans le langage de l'école, il
instruit par les *preuves,* il plaît par les *mœurs,* il
touche par les *passions.*

21. Ces trois moyens ne sont pas nécessaires dans
toutes les circonstances. Quelquefois il suffit de prouver. Si, par exemple, il s'agit d'une somme prêtée que
l'emprunteur a refusé de rendre, il suffit à l'avocat de
démontrer la vérité ou la fausseté de ce prêt.

D'autres fois il faut instruire et plaire. C'est ce que

---

[1] Auteurs à consulter : Cicéron, *De Oratore,* l. II, n°s 115, 128.
129; *Orator,* n° 69 ; Quintilien, *Instit. orat.,* l. III, ch. III et V;
Crevier, *Rhétorique française,* t. II, p. 24-26.

fait Cicéron dans la défense du poëte Archias : il démontre que son client est citoyen romain, et il charme ses auditeurs par l'éloge du poëte et des lettres elles-mêmes.

Enfin, il arrive souvent que l'orateur doit tout ensemble instruire, plaire et toucher. Dans le plaidoyer pour Milon, Cicéron prouve d'abord l'innocence de son client ; secondement il captive ses juges par les grâces de son langage et la noblesse de ses sentiments ; ensuite il provoque leur colère contre les crimes de Clodius et leur admiration pour les vertus de Milon.

C'est au discernement de l'orateur à lui montrer l'emploi qu'il doit faire de ces trois moyens. Mais le but de la rhétorique est de les faire connaître tous, et nous devons parler successivement des *preuves*, des *mœurs* et des *passions*.

CHAPITRE PREMIER.

Des moyens d'instruire, ou des preuves.

22. On entend par **preuves** *les raisons ou les motifs dont se sert l'orateur pour appuyer la vérité qu'il veut démontrer.*

23. La preuve est la partie fondamentale du discours, et c'est par là que l'éloquence diffère de ce qu'on appelle *déclamation.* Les meilleurs moyens d'intéresser et d'émouvoir sont toujours faibles, à moins qu'ils ne portent sur des motifs solides et vraiment sérieux. Avant d'exciter les passions de l'auditoire,

il faut avoir convaincu l'esprit et éclairé la raison.

24. Tout homme qui écoute un discours a la prétention d'être impartial, de ne céder qu'à la prépondérance de la vérité et du droit. S'il voit qu'on s'adresse à ses passions et qu'on emploie les séductions de l'art pour dominer son esprit, cette tactique lui inspire de la défiance. Cicéron veut donc que l'orateur ne paraisse avoir d'autre but que de prouver et d'instruire, et qu'il ait soin de cacher les autres moyens qu'il emploie. (Voir le n° III.)

25. Dans les preuves, on peut considérer d'abord les sources ou répertoires que les rhéteurs indiquent pour les trouver, et en second lieu la solidité ou la forme qu'on leur donne en les présentant dans le discours. Nous parlerons donc, 1° des sources des preuves, qu'on appelle *lieux oratoires* ; 2° de la forme des preuves, ou *argumentation*.

ARTICLE PREMIER.

DES SOURCES DES PREUVES, OU DES LIEUX ORATOIRES[1].

26. Les preuves, considérées relativement à leurs sources, se divisent en *intrinsèques* et *extrinsèques* Les premières sont celles qui se tirent des entrailles du sujet et ont une liaison étroite avec lui ; les secondes sont prises hors du sujet et ne s'y rapportent que d'une manière plus éloignée.

Je suppose, dit Crevier, que j'ai à prouver qu'il faut

[1] Auteurs à consulter : Cicéron, *De Oratore*, l. II, p. 162-176, Quintilien, *Instit. orat.*, l. V, ch. x; Crevier, *Rhétor.*, 1re partie, ch. I, sect. I ; Batteux, *Genre oratoire*, ch. III; Le P. de Boylesve, *Eloquence*, sect. II, ch. I ; Leclerc, *Rhétorique*, 1re partie, ch. II.

aimer son prochain : si je donne pour raison de cette vérité la ressemblance de nature, l'unité de notre origine, le bonheur que fait goûter cet amour mutuel, j'emploie des preuves intrinsèques ; si je prouve cette vérité par l'Écriture, par les Pères de l'Église, par l'exemple des saints, j'emploie des preuves extrinsèques.

27. Les preuves intrinsèques dépendent du génie de l'orateur et de la méditation du sujet : les preuves extrinsèques supposent de la mémoire et des connaissances acquises. Les preuves intrinsèques plaisent davantage aux esprits d'élite ; les extrinsèques font plus d'impression sur les intelligences moins cultivées ; mais la valeur logique de ces dernières n'est en rien inférieure à celle des premières. Il y a même des vérités, comme les mystères de notre foi, qui ne peuvent être établies que par des preuves extrinsèques.

28. On appelle **lieux oratoires**, et quelquefois lieux communs, *certaines idées générales propres à diriger l'esprit dans la recherche des preuves ou des éléments de persuasion.* Puisqu'il y a deux sortes de preuves, il y a aussi deux sortes de lieux oratoires : les lieux intrinsèques et les lieux extrinsèques. Nous parlerons donc : 1° des lieux *intrinsèques*, 2° des lieux *extrinsèques*, 3° de l'*usage* des lieux oratoires.

§ I.

Des lieux intrinsèques.

29. Les principaux lieux intrinsèques sont au nombre de huit : la *définition*, l'*énumération des parties*, le

genre et l'*espèce*, la *cause* et l'*effet*, la *comparaison*, les *contraires*, les *répugnants* et les *circonstances*.

30. La **définition oratoire** *consiste à expliquer la nature d'une chose pour en tirer des traits favorables à ce qu'on veut prouver.* Par elle, on peut aussi embellir et varier un sujet, et c'est une arme puissante pour un orateur qui sait faire servir à son but les propriétés qu'il énumère.

31. Il y a une grande différence entre la définition *oratoire* et la définition *philosophique*. Le philosophe explique la nature d'une chose avec le moins de mots possible ; l'orateur en décrit tous les aspects et choisit de préférence les traits qui le conduisent à son but.

L'homme, dit un philosophe, est *une intelligence servie par des organes.* Par une sorte de définition oratoire, un poëte contemporain prouve ainsi que l'homme est un mystérieux assemblage de grandeur et de bassesse :

> Borné dans sa nature, infini dans ses vœux,
> L'homme est un Dieu tombé qui se souvient des cieux...
> Dans la prison des sens enchaîné sur la terre,
> Esclave, il sent un cœur né pour la liberté ;
> Malheureux, il aspire à la félicité.
> Il veut sonder le monde, et son œil est débile ;
> Il veut aimer toujours : ce qu'il aime est fragile !
>
> (LAMARTINE.)

32. L'**énumération des parties** *consiste à parcourir les différentes parties d'un tout ou les principaux aspects d'une idée pour faire mieux sentir une vérité générale.* Racine nous en fournit un exemple dans les vers suivants :

Tout l'univers est plein de sa magnificence ;
Chantons, publions ses bienfaits.

Les bienfaits de Dieu, voilà l'idée générale ; en voici le développement par l'énumération des parties :

Il donne aux fleurs leur aimable peinture ;
Il fait naître et mûrir les fruits ;
Il leur dispense avec mesure
Et la chaleur des jours et la fraîcheur des nuits :
Le champ qui les reçut les rend avec usure.
Il commande au soleil d'animer la nature,
Et la lumière est un don de ses mains,
Mais sa loi sainte, sa loi pure
Est le plus riche don qu'il ait fait aux humains.

Les orateurs et les poëtes font grand usage de ce lieu oratoire, et ils en tirent quelquefois de magnifiques tableaux.

33. Le **genre** *est une idée plus étendue qui renferme plusieurs idées particulières qu'on appelle* **espèces.** Ainsi la vertu peut être considérée comme genre : la tempérance et la justice seront des espèces par rapport à la vertu prise en général. Comme l'espèce est contenue dans le genre, ce qui convient au genre convient aussi à l'espèce ; ce qui convient à l'espèce convient quelquefois, mais ne convient pas nécessairement au genre. On dira donc :

Il faut aimer la vertu,
Donc il faut aimer la justice.

—

Il faut haïr le vice,
Donc il faut haïr le mensonge.

On a souvent recours à cet argument, parce que les

principes généraux sont toujours plus sensibles que les conséquences et les applications particulières.

34. La **cause** *est ce qui produit une chose ou ce qui sert à la produire.* L'**effet** *est le produit de la cause.* Une blessure est cause de la mort, le feu est cause de la chaleur.

Au barreau et dans la chaire, ces deux sources d'arguments sont très-fécondes, parce qu'on juge ordinairement d'une chose par son origine et ses résultats. Les bonnes causes ne produisent que de bons effets, comme les bons arbres portent de bons fruits, et réciproquement.

Dans *Polyeucte*, Sévère avoue son estime secrète pour les chrétiens, et il juge leur morale par les effets qu'elle produit :

> La secte des chrétiens n'est pas ce que l'on pense ;
> On les hait ; la raison, je ne la connais pas...
> Enfin, chez les chrétiens les mœurs sont innocentes,
> Les vices détestés, les vertus florissantes ;
> Ils font des vœux pour nous qui les persécutons.
>
> (Acte IV, sc. VI.)

35. La **comparaison,** qu'il ne faut pas confondre avec la figure de ce nom, *consiste à tirer une conclusion au moyen de certains rapprochements.* Ces rapprochements peuvent se faire de trois manières : 1° *à Pari,* 2° *à Contrario,* 3° *à Fortiori.*

A Pari :

> Ne jugez pas, dit l'Évangile, et vous ne serez pas jugé ; ne condamnez pas, et vous ne serez pas condamné ; remettez, et il vous sera remis.

Si tu veux qu'on t'épargne, épargne aussi les autres.

(La Fontaine.)

A Contrario :

L'oisiveté est la mère de tous les vices.
Donc le travail en est le préservatif et le remède.

A Fortiori. On peut raisonner ainsi de deux manières différentes.

1° Du plus au moins :

Si Dieu, dit saint Paul, a livré son Fils à la mort pour nous, que ne nous donnera-t-il pas après nous l'avoir donné?

Celui qui met un frein à la fureur des flots
Sait aussi des méchants arrêter les complots.

(Racine.)

2° Du moins au plus : c'est ainsi que Corneille fait dire à Polyeucte marchant au supplice :

Je dois ma vie au peuple, au prince, à sa couronne,
Mais je la dois bien plus au Dieu qui me la donne;
Si mourir pour son prince est un illustre sort,
Quand on meurt pour son Dieu, quelle sera la mort !

(Acte IV, sc. III.)

36. Dans les **contraires,** *on oppose des choses entièrement distinctes, ou bien on dit ce qu'une chose n'est pas avant de dire ce qu'elle est.* C'est une sorte d'antithèse où l'on force l'esprit de l'auditeur à trouver lui-même une vérité, en lui présentant d'abord l'ombre du tableau qu'on prépare.

Quelqu'un a dit :

Le vrai sage n'est pas celui qui vante la sagesse, mais celui qui la cultive; il n'a pas la vertu sur les lèvres, mais dans le cœur.

37. Les **répugnants** *servent à prouver l'impossibilité d'un fait en montrant que ce fait est invraisemblable, contraire à la nature et au caractère d'une personne.* Racine fait dire à Hippolyte :

> Ainsi que la vertu le crime a ses degrés,
> Et jamais on n'a vu la timide innocence
> Passer subitement à l'extrême licence.
> Un seul jour ne fait pas d'un mortel vertueux
> Un perfide assassin, un lâche incestueux.

(Phèdre.)

38. Les **circonstances,** qui ne sont que les accessoires d'un fait, servent à prouver qu'une chose est ou n'est pas, qu'elle est louable ou blâmable, possible ou impossible. Comme elles peuvent précéder, accompagner ou suivre le fait, on distingue les *antécédentes,* les *concomitantes* et les *conséquentes.* Les rhéteurs les ont toutes renfermées dans ce vers technique :

> Quis? quid? ubi? qua vi? quoties? cur? quomodo? quando?

Ce qui comprend la *personne*, la *chose*, le *lieu*, les *moyens*, le *nombre*, les *motifs*, la *manière* et le *temps*.

Ce lieu oratoire fournit d'abondantes ressources à tous ceux qui savent méditer leur sujet. Au barreau, il n'est pas de plaidoyer où ces circonstances ne se rencontrent à peu près réunies. Cicéron en fournit un exemple remarquable dans la narration et la confirmation de son discours pour Milon.

§ II.

Des lieux extrinsèques.

39. Les lieux extrinsèques, que Cicéron appelle en général *témoignage*, reposent tous sur l'**autorité.** Il y a deux sortes d'autorité : l'autorité *divine* et l'autorité *humaine*.

40. Les témoignages de l'autorité divine appartiennent à l'éloquence sacrée : nous parlerons en son lieu de cette source d'arguments. Mais, outre l'autorité divine fondée sur la révélation, il y a encore des principes de justice qui sont gravés dans toutes les consciences, et qu'on peut appeler loi naturelle ou divine. Dans tous les genres d'éloquence, on invoque ce témoignage ; et dans le plaidoyer pour Milon, Cicéron s'en sert très-habilement pour prouver qu'on peut défendre sa vie contre un injuste agresseur.

41. Les autorités humaines communes à tous les genres sont au nombre de cinq : les *maximes reçues*, les *paroles mémorables des sages*, les *textes des auteurs*, les *exemples*, les *aveux de l'adversaire*.

42. Les **maximes reçues** et soigneusement conservées parmi les hommes ont ordinairement beaucoup de force et de poids dans les discussions, parce qu'elles sont le fruit de la sagesse et de l'expérience des siècles. Il vaut mieux pourtant ne pas citer celles qui manquent de noblesse et de dignité.

C'est une maxime généralement reçue que *le temps adoucit tous les chagrins.* Un de nos poëtes a rajeuni cette pensée dans ce beau vers :

Sur les ailes du temps la tristesse s'envole.

43. Les **paroles mémorables** des savants, des héros ou des sages, ont aussi une grande puissance sur les hommes qui conservent et respectent leur mémoire. Les mots qu'on a recueillis de leur bouche sont acceptés comme des oracles, et on en fait souvent usage dans la chaire, à la tribune et au barreau.

Pour combattre la présomption de la jeunesse, on a souvent cité ce mot de Solon :

Je vieillis en apprenant tous les jours quelque chose.

44. Dans tous les genres d'éloquence, les **textes** des grands écrivains peuvent fournir d'abondantes ressources. Toutefois, l'orateur doit choisir les citations avec goût et les fondre dans le discours, de manière qu'elles paraissent, non pas cherchées, mais naturellement trouvées sur son passage. Les orateurs du quinzième et du seizième siècle sont souvent ridiculés par leurs longues et interminables citations. Mais Bossuet et Massillon citent les Pères de l'Église avec beaucoup de convenance et d'à-propos :

Pour être vraiment chrétien, dit Bossuet, il faut sentir qu'on est voyageur ; et celui-là ne le connaît pas qui ne court point sans relâche à la bienheureuse patrie. Écoutez un beau mot de saint Augustin : « Celui qui ne gémit pas comme voyageur ne se « réjouira pas comme citoyen. *Qui non gemit peregrinus, non* « *gaudebit civis.* » (*Sermon pour la Toussaint.*)

45. Les **exemples** sont une source féconde d'arguments et produisent souvent un merveilleux effet sur les auditeurs. A la tribune, l'orateur rappelle sans cesse, comme Démosthènes, les exemples et les vertus des ancêtres; au barreau, il cherche des causes et des faits analogues à celui qu'il défend ; dans la chaire, il s'appuie continuellement sur les exemples que nous ont laissés les saints :

Qui oserait dire, s'écrie Démosthènes, qu'un barbare enfant de Pella, bourgade alors chétive et inconnue, dût avoir l'âme assez haute pour aspirer à l'empire de la Grèce! Et que vous, Athéniens, vous, à qui chaque jour la tribune et le théâtre offrent des souvenirs de la vertu de vos ancêtres, vous pussiez être assez pusillanimes pour livrer à un Philippe la Grèce enchaînée! Non, un tel langage n'est pas possible! (*Discours pour la couronne*, nº 21.)

46. Les **aveux** d'un adversaire fournissent les arguments les plus propres à le réfuter et à le confondre, quoiqu'ils ne soient pas toujours les plus solides en eux-mêmes. Ces arguments se nomment *arguments personnels*.

Cicéron se sert de ce lieu oratoire quand il prouve, par les paroles mêmes de l'accusateur, que Roscius n'était pas haï de son père. Cet accusateur avait dit d'abord que Roscius le père possédait de très-belles terres, et qu'il laissait résider son fils dans ces terres pour les administrer.

Expliquez votre pensée, lui dit Cicéron ; car, comment croyez-vous que c'était par inimitié que Roscius mettait ses richesses entre les mains de son fils, en se reposant sur lui de l'administration de tant de terres si belles et d'un revenu si considérable?

Le père Lacordaire nous en donne encore un magnifique exemple. (Voir le nº IV.)

47. Outre ces lieux extrinsèques qui sont communs

à tous les genres d'éloquence, les rhéteurs en assignent d'autres qui sont particuliers à chacun d'eux. Ainsi, à la tribune, l'orateur invoque l'histoire, le droit des gens, la science administrative, etc. ; au barreau, l'avocat se sert des titres, des témoins et du serment ; dans la chaire, le prédicateur cite l'Écriture, les Pères et les conciles.

§ III,

De l'usage des lieux oratoires et des moyens de les suppléer[1].

48. Aristote, Cicéron, Quintilien et tous les autres rhéteurs anciens vantent beaucoup les lieux oratoires, et ils entrent dans de longs détails à ce sujet. Les modernes, au contraire, les ont généralement dépréciés : quelques-uns même les regardent comme inutiles ou plutôt comme nuisibles. Rollin n'en parle nulle part. L'auteur de l'*Art de penser* ne voit rien de plus ridicule, et il va jusqu'à dire que cette théorie n'engendre que *la mauvaise facilité de parler de tout et d'avoir raison partout*. Nous croyons qu'il y a également un excès dans ces pompeux éloges et dans cet injurieux mépris.

49. Il n'est point permis de mépriser des procédés oratoires qu'Aristote et Cicéron ont longtemps étudiés et auxquels ils ont consacré des ouvrages spéciaux. Ces méthodes artificielles sont excellentes pour ouvrir

---

[1] Auteurs à consulter : Quintilien, *Inst. orat.*, l. V, ch. x ; Marmontel, *Élém. de littér.*, art. Preuves ; Crevier, *Rhétor. française*, 1re partie, ch. i, sect. iii ; *Logique de Port-Royal*, 3e partie, ch. xvii.

l'intelligence, pour l'habituer à généraliser les idées, à voir de haut toutes les questions. Quand une fois on y a donné quelque attention, l'esprit en profite dans l'occasion, même à son insu et comme sans y songer.

50. Les disciples de l'éloquence, dit Marmontel, ne doivent point dédaigner ces théories. Il est bon d'observer comment la nature des choses se fait connaître par la définition, par la division du genre en ses espèces, du tout en ses parties, par les similitudes et les différences, par les causes et les effets, par l'opposition des contraires; comment l'existence d'un fait se prouve par les circonstances qui ont précédé, accompagné et suivi le fait dont il s'agit. Or, ces opérations de l'esprit ne sont autre chose que l'emploi des lieux oratoires.

51. D'un autre côté, il est vrai que, dans la pratique, on fait rarement usage de ces procédés pour composer un discours. N'allez pas croire, dit Quintilien, qu'il faille sur chaque sujet, sur chaque pensée, interroger les lieux oratoires les uns après les autres. Rien ne serait plus propre que ces calculs à ralentir le feu de la composition, à embarrasser le discours de preuves banales et vulgaires, et à détourner l'esprit de celles qui naissent du fond du sujet.

52. Le premier moyen de suppléer à la méthode de lieux oratoires et de vaincre les difficultés que présente l'invention des preuves, c'est de bien choisir son sujet. Vouloir traiter un sujet au-dessus de ses forces, c'est marcher dans les ténèbres et s'engager dans un chemin difficile dont on ignore les issues,

c'est se condamner d'avance à l'erreur ou à la médiocrité. Comment bien parler de ce qu'on n'entend pas, ou de ce qu'on n'entend qu'à demi? Comment trouver alors des preuves solides et des raisons convaincantes? C'est ici le lieu de répéter le conseil d'Horace :

> Sumite materiam vestris, qui scribitis, æquam
> Viribus, et versate diu quid ferre recusent,
> Quid valeant humeri.

53. Le second moyen de trouver des preuves solides et de les faire sortir du fond du sujet, c'est de le méditer profondément, d'en examiner toutes les faces, d'en pénétrer toute la profondeur. Il importe extrêmement de s'accoutumer de bonne heure à travailler de soi-même, et à chercher, sans secours étranger, les raisons naturelles de chaque chose dans une sérieuse méditation du sujet. Cette manière de trouver les preuves intrinsèques est la seule vraiment utile. Mise en pratique par les jeunes gens, elle assure les ressources les plus précieuses pour un âge plus avancé, même aux talents ordinaires.

54. Un dernier moyen de trouver des preuves sans recourir aux lieux oratoires, c'est de lire beaucoup les grands modèles et de s'en rendre compte par l'analyse. « Quand les jeunes gens lisent un discours, dit Rollin, il faut qu'ils se rendent surtout attentifs aux preuves et aux raisons; qu'ils les séparent de tout l'éclat extérieur qui les environne et dont ils pourraient se laisser éblouir; qu'ils les pèsent et les considèrent en elles-mêmes, qu'ils examinent si elles

sont solides, si elles vont au sujet, si elles sont à leur place.» Agir ainsi, c'est faire l'analyse d'un ouvrage ou d'un discours; c'est se former un tableau exact de tout l'ensemble des pensées et des preuves.

Voilà donc le principal secret de l'invention des preuves : bien choisir et bien méditer son sujet, s'être préparé de longue main par la lecture et l'analyse raisonnée des bons auteurs. Les autres moyens sont insuffisants et ne peuvent répondre à tous les besoins d'un orateur.

ARTICLE SECOND.

DE L'ARGUMENTATION.

55. Par **argumentation** en général, on entend *l'ensemble des procédés qui servent à montrer la force d'une preuve solide et à découvrir le vice des faux raisonnements.*

Pour démontrer clairement la vérité, l'orateur doit connaître les diverses formes que la preuve peut revêtir dans le langage ; et, pour éviter lui-même toute erreur ou pour découvrir les piéges d'un adversaire, il doit savoir distinguer les raisonnements vicieux qui se rencontrent le plus fréquemment. Nous parlerons donc, 1° des diverses formes de preuves ou *arguments*, 2° des raisonnements vicieux qu'on appelle *sophismes.*

§ I.

Des arguments[1].

56. L'argument *est un assemblage de propositions enchaînées de telle sorte que la dernière découle des précédentes.*

57. Tout argument est composé de *propositions*, toute proposition est composée de *termes*. Percevoir intellectuellement un objet, c'est avoir une *idée;* affirmer qu'il existe un rapport entre l'objet et son attribut, c'est former un *jugement;* saisir le rapport qui existe entre deux jugements que l'on compare, c'est faire un *raisonnement*. Quand ces trois opérations de l'esprit se produisent au dehors par des mots, l'idée s'appelle *terme*, le jugement *proposition*, et le raisonnement prend le nom d'*argument*.

58. Les rhéteurs comptent jusqu'à neuf sortes d'arguments qui sont plus ou moins rigoureux : le *syllogisme*, l'*enthymème*, le *prosyllogisme*, le *sorite*, l'*épichérème*, le *dilemme*, l'*exemple*, l'*induction* et l'*argument personnel*.

59. Le **syllogisme** (συν λογος) *est un argument composé de trois propositions dont la dernière est déduite des deux premières.* En voici un exemple :

Ce qui nous rend heureux est aimable :
Or la vertu nous rend heureux,
Donc la vertu est aimable.

----

[1] Auteurs à consulter : *Logique de Port-Royal*, 3e partie, ch. I, II, III, IX, X, XIV, XV et XVI ; Bossuet, *Logique*, l. III, ch. I. II, III, IV, V, XII, XIII, XIV et XV ; V. Leclerc, *Rhétorique*, Invention I.

60. Tout syllogisme se compose nécessairement de trois termes, qui tous se produisent deux fois dans l'argument : le *grand terme*, le *petit terme* et le *moyen terme*. Le grand terme, ainsi appelé parce qu'il a ordinairement plus d'étendue, est toujours l'attribut de la dernière proposition, et le petit terme en est le sujet. On appelle moyen terme une idée intermédiaire à laquelle on compare successivement le grand et le petit terme. Dans l'exemple cité, *aimable* est le grand terme, *vertu* est le petit terme, *nous rend heureux* est le moyen terme. Dans les premières propositions, *aimable* et *vertu* sont comparés successivement au moyen terme *nous rend heureux*, et la dernière exprime le résultat de la comparaison en réunissant le grand et le petit terme.

On appelle *majeure* la proposition qui contient le grand terme et qui est ordinairement la première ; la *mineure* est celle qui contient le petit terme ; et la dernière s'appelle *conclusion*. Les deux premières portent ensemble le nom de *prémisses*.

61. Dans tout syllogisme, on pose d'abord un principe certain et reconnu pour tel de ceux à qui l'on s'adresse ; on montre ensuite que la vérité particulière qu'on veut prouver est contenue dans ce principe, et on en conclut la certitude de cette vérité. L'opération que fait l'esprit dans cet argument est fondée sur cet axiome : *Deux choses égales à une troisième sont égales entre elles ;* et il y a beaucoup d'analogie entre un syllogisme et trois équations.

62. Les nombreuses règles que les philosophes ont données sur le syllogisme peuvent se réduire à celle-ci :

La conclusion doit être renfermée dans les prémisses, et les prémisses doivent le faire voir. Pour savoir si cette condition est observée, il faut principalement examiner si les trois termes ont une signification identique dans les diverses propositions.

63. L'enthymème (Εν θυμος) est *un syllogisme dans lequel on sous-entend une des prémisses que l'esprit peut aisément suppléer*. Ainsi l'on dira dans l'exemple cité :

> La vertu nous rend heureux,
> Donc la vertu est aimable ;

ou bien :

> Ce qui nous rend heureux est aimable,
> Donc la vertu est aimable.

Dans l'enthymème, la première proposition se nomme *antécédent*, et la seconde *conséquent*.

64. Il est très-rare que l'enthymème et le syllogisme se présentent dans une œuvre littéraire avec la forme exacte de l'école. D'ordinaire on change l'ordre des propositions, on les met toutes deux dans une seule, ou l'on prend quelque autre tour :

> Ἀθανατον ὀργὴν μη φυλαττε, θνητός ων.
>
> Mortel, ne garde pas une haine immortelle.

> —

> Servare potui, perdere an possim rogas?
>
> J'ai pu te conserver, aurais-je pu te perdre?

Qu'on mette ces vers sous la forme d'un syllogisme ou d'un enthymème, et l'on verra que la pensée a perdu son énergie et sa beauté. Toutefois, l'enthymême est plus commun dans le discours, et Aristote l'appelle le syllogisme des orateurs. On voit en effet qu'en supprimant ainsi une des propositions, le style devient plus élégant et plus rapide. (Voir le n° v.)

65. Le **prosyllogisme** est *un argument composé de cinq propositions qui forment deux syllogismes enchaînés de telle sorte que la conclusion du premier sert de majeure au second.*

> Ce qui nous rend heureux est aimable,
> Or, la vertu nous rend heureux,
> Donc la vertu est aimable ;
> Or la justice est une vertu,
> Donc la justice est aimable.

66. Le **sorite** (σωρος) est *une série de propositions dans lesquelles l'attribut de la première devient le sujet de la seconde, l'attribut de la seconde le sujet de la troisième, et ainsi de suite jusqu'à ce qu'on arrive à la proposition qu'on voulait prouver.* Dans cette conclusion, le sujet de la première proposition s'unit à l'attribut de la dernière.

> Les avares sont pleins de désirs ;
> Ceux qui sont pleins de désirs manquent de beaucoup de choses
> Ceux qui manquent de beaucoup de choses sont misérables ;
> Donc les avares sont misérables.

Le prosyllogisme et le sorite rendent le style pesant et embarrassé et s'emploient rarement dans le discours oratoire.

67. L'**épichérème** (επιχειρεω) est *un syllogisme dont chaque prémisse est accompagnée de sa preuve.* Pres-

que tout le plaidoyer pour Milon se réduit à l'épichérème suivant :

Il est permis de tuer un injuste agresseur : la loi naturelle, la loi positive, les exemples le prouvent ;

Or Clodius a été l'injuste agresseur de Milon : ses préparatifs, son escorte, sa conduite le prouvent ;

Donc il a été permis à Milon de tuer Clodius.

68. Le **dilemme** (δις λαμϐανω) est *un argument par lequel on propose à un adversaire deux ou plusieurs alternatives qui tournent également contre lui et assurent sa défaite.* Les anciens ont appelé le dilemme *argumentum utrinque feriens,* parce qu'il frappe comme une épée à deux tranchants. Un général disait à la sentinelle qui avait laissé surprendre son camp :

Ou tu étais à ton poste, ou tu n'y étais pas :
Si tu étais à ton poste, tu as agi en traître ;
Si tu n'y étais pas, tu as enfreint la discipline ;
Donc tu mérites la mort.

Pour faire tomber le glaive d'Athalie sur le jeune Éliacin, Mathan a recours à un dilemme qui montre toute sa perversité :

A d'illustres parents s'il doit son origine,
La splendeur de son rang doit hâter sa ruine ;
Dans le vulgaire obscur si le sort l'a placé,
Qu'importe qu'au hasard un sang vil soit versé !

La conclusion de ce dilemme, c'est que, dans tous les cas, il faut frapper l'innocent.

69. Pour que le dilemme soit solide et vraiment inattaquable, il faut qu'entre les deux alternatives

qn'on propose il n'y ait pas de milieu possible ; car ce milieu offrirait une issue dont on ne manquerait pas de profiter pour échapper à la conclusion. Si un dilemme ne laisse pas un adversaire tout à fait sans réplique, il pèche ordinairement contre cette règle.

Comme il est dans la nature du dilemme d'être rigoureux et serré, il s'emploie quelquefois dans le style oratoire lorsqu'on veut pousser fortement un adversaire. (Voir le n° VI.)

70. Tous les arguments dont nous avons parlé jusqu'ici peuvent être ramenés au syllogisme, qui est l'argument par excellence. L'enthymème est un syllogisme abrégé ; l'épichérème est un syllogisme accompagné de sa preuve ; le prosyllogisme, le dilemme et le sorite sont formés de plusieurs syllogismes diversement combinés. Ces six arguments sont tous fondés sur la *déduction* et composent l'argumentation proprement dite. Les trois autres reposent seulement sur l'*analogie*, et ne conduisent pas d'ordinaire à une conclusion aussi rigoureuse.

71. L'**exemple** est *un argument par lequel on tire, au moyen d'un rapprochement, une conclusion favorable à la vérité qu'on veut prouver.* On donne ce nom à la preuve qu'on puise dans le lieu oratoire que nous avons désigné sous le nom de *comparaison*, et il y a autant d'espèces d'exemples qu'il y a de manières différentes de comparer deux objets. Voici un exemple *à pari :*

Dieu pardonna autrefois à David pénitent :
Donc il pardonnera *aussi* au pécheur repentant.

72. L'induction est *un argument par lequel on tire une conclusion générale de plusieurs faits ou de plusieurs vérités particulières.* Si je voulais prouver que tout n'est que vanité sur la terre, je dirais :

> La gloire n'est que vanité,
> Les plaisirs ne sont que vanité,
> Les richesses ne sont que vanité,
> La santé n'est que vanité,
> La vie n'est que vanité,
> Donc, tout n'est ici-bas que vanité.

Telle est la marche rigoureuse du logicien. Mais l'orateur donne à ce même argument une tout autre forme :

> Non, s'écrie Bossuet, d'après ce que nous venons de voir, la santé n'est qu'un nom, la vie n'est qu'un songe, la gloire n'est qu'une apparence, les grâces et les plaisirs ne sont qu'un dangereux amusement. *Tout est vain en nous,* excepté le sincère aveu que nous faisons de nos vanités, et le jugement arrêté qui nous fait mépriser tout ce que nous sommes. (*Oraison funèbre de la duchesse d'Orléans.*)

73. Aristote, Quintilien et plusieurs autres rhéteurs confondent ensemble l'exemple et l'induction, et il est bien vrai que ces deux arguments ont entre eux beaucoup d'analogie. Il y a pourtant cette différence que l'exemple procède du particulier au particulier, tandis que l'induction conclut de plusieurs faits particuliers au général. Les orateurs et les poëtes font un fréquent usage de ces deux arguments, et il suffit d'ailleurs de légères modifications pour leur donner une forme oratoire.

74. L'argument personnel, qu'on appelle aussi argument *ad hominem,* est *une sorte d'enthymème où l'on se sert des paroles ou des actes de l'adversaire pour le combattre et l'écraser.* On dira, par exemple :

> Tubéron a porté les armes contre César,
> Donc il n'a pas droit de reprocher à Ligarius de l'avoir fait.

Cet argument amplifié par la magique éloquence de Cicéron terrassa l'accusateur, et fit même, au rapport de Plutarque, tomber la sentence de condamnation des mains de César.

75. L'argument personnel a moins de force logique que le syllogisme ; souvent même il n'a aucune valeur intrinsèque. Ainsi, contre tout autre adversaire que Tubéron, l'argument de Cicéron n'aurait absolument rien prouvé ; car il en résulte seulement que Ligarius et Tubéron étaient à peu près également coupables. Cependant ce moyen est ordinairement très-puissant dans la bouche d'un orateur, parce qu'en montrant l'inconséquence d'un adversaire, on excite l'indignation contre lui et on est presque sûr de triompher.

76. Il est très-important de faire une étude sérieuse de ces divers arguments. « La dialectique, dit Marmontel, est le squelette de l'éloquence, et c'est avec ce mécanisme, ces articulations, ces leviers, ces ressorts qu'il faut d'abord qu'un esprit jeune et vigoureux se familiarise. » En effet, et le magistrat chargé de rendre la justice, et l'avocat appelé à protéger l'innocence, et l'homme d'État qui veille aux intérêts publics, et l'orateur sacré dont la mission est de venger notre foi contre le mensonge, tous ont besoin du

raisonnement, tous doivent posséder l'art de détruire une objection et de montrer la vérité dans tout son éclat.

Nous verrons plus loin quelles formes il faut donner à ses preuves pour plaire aux auditeurs.

§ II.

Des sophismes [1].

77. On appelle **sophismes**, dit saint Augustin, *de faux raisonnements qui ont l'apparence de la vérité, et qui peuvent tromper même les hommes instruits, lorsqu'ils sont inattentifs.*

Les faux raisonnements qui viennent de la mauvaise foi gardent proprement le nom de *sophismes*, et on appelle *paralogismes* ceux qui doivent être attribués à la faiblesse de la raison.

78. Comme il y a mille manières de tomber dans l'erreur et de la présenter aux autres sous l'apparence du vrai, il nous serait difficile de compter tous les genres de sophismes qu'on peut faire. Mais certains sophismes sont si grossiers, si faciles à reconnaître qu'ils ne méritent pas qu'on s'arrête à les signaler. Nous mentionnerons seulement l'*ignorance du sujet*, la *pétition de principe*, l'*erreur sur la cause*, le *dénombrement imparfait*, la *conclusion du particulier au général*, et l'*ambiguïté des mots*.

---

[1] Auteurs à consulter : *Logique de Port-Royal*, 3e partie, ch. XIX et XX ; Geruzez, *Cours de littérature*, art. Éloquence. V. Leclerc, 2e partie, v.

79. L'ignorance du sujet (*ignoratio elenchi*) *consiste à prouver ce que personne ne conteste, et à imputer à ses adversaires ce qu'ils ne disent pas, ou ce qu'ils disent dans un autre sens.* C'est un vice très-commun dans toutes les polémiques et même dans les discussions journalières. On dispute avec chaleur, on se met en frais d'arguments, et parce qu'on ne s'entend pas avec son adversaire, c'est une peine complétement perdue.

Le vieil Horace croit que son fils, après la mort des deux frères, a fui devant les trois Curiaces, et il ignore la véritable issue du combat : c'est d'après cette ignorance ou cette erreur qu'il raisonne et s'écrie :

HORACE.

Que n'a-t-on vu périr en lui le nom d'Horace !

VALÈRE.

Seul vous le maltraitez après ce qu'il a fait.

HORACE.

C'est à moi seul aussi de punir son forfait.

VALÈRE.

Quel forfait trouvez-vous en sa bonne conduite ?

HORACE.

Quel éclat de vertu trouvez-vous en sa fuite ?

VALÈRE.

La fuite est glorieuse en cette occasion.

HORACE.

Vous redoublez ma honte et ma confusion !
Certes, l'exemple est rare et digne de mémoire,
De trouver dans la fuite un chemin à la gloire !

(*Horace*, act. IV, sc. II.)

Valère et le vieil Horace ont raison tous les deux,

parce que l'un parle d'une fuite simulée pour mieux s'assurer de la victoire, et l'autre d'une fuite réelle et commandée par la peur.

Pour ne pas tomber dans ce sophisme, il faut bien fixer l'état de la question et éviter toute équivoque dans le sens des mots.

80. La **pétition de principe** *suppose comme certain et déjà prouvé ce qui est en question.* A ce sophisme se rapportent une foule de raisonnements où l'on prétend prouver une chose douteuse par une autre qui l'est autant ou même davantage. Aristote prouve ainsi que le centre de la terre est le centre du monde :

> La nature des choses pesantes est de tendre au centre du monde ; or l'expérience nous fait voir que les choses pesantes tendent au centre de la terre ; donc le centre de la terre est le centre du monde.

Comment Aristote sait-il que les choses pesantes tendent au centre du monde ? En supposant que le centre de la terre est le centre du monde, c'est-à-dire en *supposant pour vrai ce qui est en question.*

La pétition de principe prend le nom de *cercle vicieux* lorsque, pour prouver une chose, nous prenons une autre chose qui se prouve par celle-là même qui est en question.

Ce serait un cercle vicieux que de prouver *uniquement* l'autorité des Écritures par l'infaillibilité de l'Église et *uniquement* l'infaillibilité de l'Église par l'autorité des Écritures. Dans le cercle vicieux, on fait donc une double pétition de principe.

81. L'erreur sur la cause *consiste à donner pour cause à un effet quelconque un fait qui n'a aucun rapport avec lui.*

Après l'apparition d'une comète, la terre souffre quelques grands désastres ; on attribue à la comète ces malheurs : *Post hoc, ergo propter hoc.*

> Il y a dans le ciel une constellation qu'il a plu à quelques personnes de nommer Balance, et qui ressemble à une balance comme à un moulin à vent ; la balance est le symbole de la justice : donc ceux qui naîtront sous cette constellation seront justes et équitables. *Cum hoc, ergo propter hoc.* (*Logique de Port-Royal.*)

Pour détruire ces préjugés, examinez soigneusement s'il y a une relation véritable entre l'effet et la cause qu'on lui assigne.

82. On tombe dans le **dénombrement imparfait** *lorsqu'on analyse un objet d'une manière incomplète.* Vous avez considéré dans un tout un certain nombre de ses parties, et vous en tirez une conclusion générale, mais vous avez négligé un élément essentiel qui modifierait cette conclusion. Vous connaissez plusieurs manières dont une chose se fait, et vous concluez qu'elle ne peut se faire que de l'une de ces manières ; mais il en est une que vous ignorez, et c'est justement la véritable. Ce serait faire un dénombrement imparfait que de dire à un père de famille qui veut faire étudier ses enfants :

> Ou ils seront des élèves brillants, ou ils seront des élèves nuls ;
> S'ils sont brillants, ils vont concevoir un orgueil qui les rendra insupportables, malheureux, et mettra leur salut en danger ;

S'ils sont nuls, vous aurez perdu votre argent, et ils auront perdu leur temps et leurs peines ;

Donc il vaut mieux ne pas mettre vos enfants au collége.

Il y a ici un dénombrement imparfait, parce que ces enfants peuvent aussi avoir des talents ordinaires et acquérir assez de science pour bien remplir un emploi : en outre, ils peuvent avoir assez de vertu pour rapporter à Dieu la gloire de leurs succès.

C'est par un pareil sophisme que les historiens modernes ont porté tant de jugements erronés sur les institutions et les hommes qui appartiennent au christianisme.

83. On fait aussi un sophisme en tirant une **conclusion générale** d'un fait particulier ou de ce qui n'est vrai que par accident.

Des jeunes gens disent quelquefois en songeant à leur avenir :

Un homme de ma connaissance a fait une fortune brillante et rapide en entrant dans le commerce ; donc, en entrant dans le commerce et en m'appliquant à la même industrie, j'aurai le même succès.

Cette conclusion est fausse, parce que le succès dont il s'agit n'est pas lié essentiellement à telle carrière ou à telle industrie ; mais il a dépendu du talent, de l'aptitude, de l'habileté ou du crédit de celui qui a fait une prompte fortune.

C'est le sophisme de ceux qui attribuent à l'éloquence le mal que produisent ceux qui abusent de l'art de la parole, et à la médecine les fautes de quelques médecins ignorants. C'est par ce sophisme qu'on prend les occasions pour des causes véritables, et qu'on accuse les gens de bien des maux qu'ils n'auraient pu prévenir qu'en blessant leur conscience.

84. **L'ambiguïté des mots** *consiste à prendre des termes en des acceptions différentes dans le même argument.*

C'est abuser des mots que de passer du sens collectif au sens distributif, ou réciproquement, et de dire, par exemple :

> L'homme pense ;
> Or l'homme est composé d'un corps et d'une âme,
> Donc le corps et l'âme pensent.

C'est encore abuser des mots que de passer du sens relatif au sens absolu. Les épicuriens prouvaient ainsi que les dieux devaient avoir la forme humaine :

> Les dieux doivent avoir la forme la plus belle ;
> Or la forme humaine est la plus belle,
> Donc les dieux doivent avoir la forme humaine.

Ils faisaient un sophisme, parce que la forme humaine est la plus belle seulement par rapport aux formes visibles, mais non d'une manière absolue, et ils passaient d'une supériorité relative à une supériorité absolue.

85. Dans tous les sophismes, la conclusion se trouve mal déduite. Ou elle n'est pas renfermée dans les prémisses, comme dans l'ambiguïté des mots ; ou les prémisses et la conclusion n'ont pas de rapport entre elles, comme il arrive dans l'erreur sur la cause ; ou bien elles sont identiques et ne se prêtent aucune lumière, comme dans la pétition de principe ; ou bien enfin l'argument n'a aucun rapport à la question, comme dans l'ignorance du sujet.

Ainsi, tantôt on prouve ce qui n'est pas en question, tantôt on ne prouve rien, tantôt on prouve mal ce qui est en question.

Puisque l'orateur doit être habile dialecticien, il importe beaucoup que les élèves s'exercent fréquemment à réduire les sophismes oratoires à leur plus simple expression et à les réfuter d'après les règles que nous venons de tracer. Le discours de J.-J. Rousseau sur l'influence des lettres, discours qui n'est qu'un tissu de sophismes, peut servir utilement à cet exercice.

CHAPITRE DEUXIÈME.

Des moyens de plaire, ou des mœurs[1].

86. On entend par **mœurs**, en général, *les habitudes bonnes ou mauvaises qui forment la vertu ou le vice.* L'homme vertueux est celui qui a de bonnes mœurs, l'homme vicieux est celui qui en a de mauvaises.

87. On entend par **mœurs oratoires** *l'ensemble des devoirs que doit remplir l'orateur pour arriver à son but.* Comme il y a une morale qui règle notre conduite dans la vie ordinaire, il y a aussi une morale oratoire qui est particulière à celui qui parle en public.

---

[1] Auteurs à consulter : Aristote, l. II, nᵒˢ 1 et 2 ; Cicéron, *De Oratore*, l. II, nᶜˢ 181-184 ; Quintilien, l. XII, c. I ; Girard, ch. IV ; le P. de Boylesve, sect. I, ch. II.

88. Un orateur qui veut plaire devra réunir trois conditions : il montrera dans sa personne des qualités qui lui concilient l'estime et l'affection ; il respectera le caractère et les inclinations de son auditoire; et enfin il présentera toutes ses pensées avec la mesure et les égards convenables. Les mœurs oratoires se rapportent donc : 1º à la personne de *l'orateur* ; 2º à celle des *auditeurs* ; 3º à la forme du *discours* lui-même, Nous allons les considérer successivement sous ces trois rapports.

ARTICLE PREMIER.

DES MŒURS CONSIDÉRÉES DANS L'ORATEUR.

89. Les mœurs considérées dans l'orateur consistent dans les qualités propres à lui concilier l'estime et l'affection, et à donner de son caractère une opinion favorable. Sans cette estime et cette affection, l'orateur court risque d'échouer, même avec les meilleures raisons, et c'est à lui, aussi bien qu'au poëte, que s'adresse le conseil de Boileau :

> Que votre âme et vos mœurs peintes dans vos ouvrages
> N'offrent jamais de vous que de nobles images.

90. L'orateur doit être réellement vertueux pour pouvoir le paraître. Sa parole, son extérieur, son action doivent être l'expression fidèle de ses bonnes mœurs ou de ses vertus. L'imitation qu'il voudrait faire des vertus qui lui sont étrangères ne serait que mensonge et hypocrisie. On exprime toujours plus ou moins mal ce qu'on ne sent pas, ce qu'on n'éprouve

pas au fond de son âme. Heureux celui qui trouve toujours son modèle en lui-même, et qui, pour faire aimer la vertu, n'a qu'à peindre son propre cœur !

91. Les principales vertus ou qualités morales qui conviennent à l'orateur, sont la *probité*, la *prudence*, la *bienveillance* et la *modestie*. Aristote ne demande que les trois premières ; mais les rhéteurs venus depuis exigent avec raison que la modestie serve de complément aux trois autres.

92. La **probité** *consiste dans une certaine droiture de cœur qui fait que nous ne voulons tromper personne.* Cicéron et Quintilien établissent en divers endroits la nécessité de cette vertu. Il importe beaucoup, en effet, qu'on regarde l'orateur comme un homme vrai et sincère : c'est ce qui inspire la confiance et subjugue les cœurs. « L'éloquence, dit Fénelon, demande que l'on soit homme de bien, et cru tel. »

M. Berryer est aussi illustre par sa probité que par son éloquence. En 1836, un innocent avait été condamné comme incendiaire par les Cours d'assises d'Évreux et de Rouen. Dans une troisième épreuve judiciaire, le grand orateur eut la gloire de faire prononcer l'acquittement à l'unanimité. Sa probité bien connue lui donnait le droit de commencer sa plaidoirie par ces nobles paroles :

> Non, messieurs, il ne faut pas désespérer de la justice des hommes, et c'est parce que j'en suis profondément convaincu que je me présente ici avec confiance, malgré les deux décisions funestes qui ont frappé l'homme que vous avez devant vous....,
> C'est le hasard qui m'a fait me charger de cette affaire : elle était portée devant les assises d'Évreux, l'avocat de Dehors tombe ma-

lade la veille de l'audience. On arrive à Paris, on me communique la procédure, je la lis en un jour, et je découvre le mensonge. Je pars pour Évreux, les débats complètent ma conviction, et depuis elle est restée inébranlable.

93. La **prudence**, qu'on devrait plutôt nommer science ou sagesse, *est un fond de bon sens et de lumières qui empêche l'orateur de tomber dans l'erreur et l'illusion.* Il ne suffit pas d'être un guide probe, il faut être un guide éclairé. C'est alors que vous obtiendrez une confiance véritable, et que toutes vos paroles seront accueillies comme des oracles.

Démosthènes attribue à la connaissance qu'il avait des projets de Philippe, la confiance que lui accordèrent les Athéniens après la prise d'Élatée :

A cette nouvelle, dit-il, le héraut crie : « Qui veut parler ? » Personne ne se présente. Toutefois, pour se présenter, que fallait-il ? Vouloir le salut d'Athènes ? et vous et les autres citoyens vous seriez accourus à la tribune. Compter parmi les plus riches ? les trois cents auraient parlé. Ah ! c'est qu'un tel jour, une telle crise, appelaient un citoyen non-seulement riche et dévoué, mais qui eût encore suivi les affaires dès le principe, et raisonné avec justesse sur la politique et les projets de Philippe. Celui qui ne les aurait pas connus par une étude longue et attentive, fût-il zélé, fût-il opulent, ne pouvait avoir un conseil à donner. Eh bien ! l'homme de cette journée, ce fut moi : je montai à la tribune, et tout le monde applaudit à mes paroles. (*Discours pour la couronne.*)

94. La **bienveillance** *consiste dans le zèle que montre l'orateur pour les intérêts de ceux qui l'écoutent.* Si l'orateur paraît nous vouloir du bien et chercher notre avantage, il nous plaira et nous serons volon-

tiers de son avis. Car nous sommes portés à croire à la parole de ceux que nous aimons. Pour dominer ses auditeurs, l'orateur doit donc avoir le cœur bon et aimer sincèrement les hommes. Le méchant et l'égoïste seront toujours privés du plus puissant moyen de maîtriser les âmes par la parole.

> Vous me tenez lieu de père, de mère, de frère, disait saint Chrysostome à son peuple; je n'ai ni joie, ni douleur qui me soit sensible, en comparaison de ce qui vous touche. Que je sois un jour justifié au redoutable tribunal, que je sois trouvé coupable, ce n'est pas là le plus pressant objet de mes sollicitudes et de mes craintes; mais que vous soyez sauvés tous sans exception, tous à jamais heureux, voilà ce qui est nécessaire, ce qui suffit à mon bonheur. Si quelqu'un s'étonne de ce langage, c'est qu'il ignore ce que c'est que d'être père.

95. L'orateur est **modeste** quand il *paraît s'oublier soi-même pour ne s'occuper que de son sujet.* Cette vertu plaît à tout le monde, tandis que la présomption et l'orgueil révoltent tous les esprits. Nous avons tous, dit Quintilien, je ne sais quelle fierté naturelle qui se révolte contre celui qui s'annonce comme supérieur aux autres, et nous élevons volontiers ceux qui s'abaissent. Il faut donc que l'orateur soit simple et sans prétention, qu'il ne parle de lui que rarement et avec beaucoup de réserve.

> Il est dans la nature humaine, disait Démosthènes en commençant sa défense, d'écouter avec plaisir l'accusation et l'invective, et de ne supporter qu'avec peine l'apologie personnelle. Si donc, par un sentiment de réserve, je passe mes actions sous silence, vous croirez que je ne puis ni détruire les charges, ni montrer mes titres à une récompense. Si je parcours ma vie pu-

3.

blique et privée, me voilà forcé de parler de moi. Je le ferai du moins avec toute la mesure possible ; et ce que la nature de la cause me forcera de dire doit s'imputer à celui qui a provoqué ce débat. (*Discours pour la couronne*, n° 2.)

96. Les quatre qualités dont nous venons de parler conviennent à tous les genres de discours, mais elles ne sont pas les seules capables de faire aimer la personne de l'orateur. Chaque circonstance lui impose des devoirs particuliers. C'est tantôt la douceur et la bonté, tantôt le courage et l'intrépidité ; là, le respect et le dévouement ; ici, le mépris de la gloire et des richesses : on ne peut exceller dans l'éloquence sans un véritable fonds de bonnes qualités, et l'orateur le plus accompli serait celui qui aurait tout ensemble et le plus de talent et le plus de vertu.

Cicéron, que nous ne prétendons pas citer comme un modèle de vertu, répond cependant avec beaucoup d'adresse aux reproches qu'on lui avait faits de s'attendrir à l'excès en plaidant pour ses bienfaiteurs.

Je souhaite, dit-il, de posséder toutes les vertus : mais il n'en est aucune dont je sois si jaloux que de la reconnaissance. En effet, cette vertu est non-seulement la plus grande, mais la mère de toutes les autres vertus. Quant à moi, je ne trouve rien de si digne de l'homme, que d'avoir un cœur sensible, non-seulement aux bienfaits reçus, mais aux simples témoignages de bienveillance ; et rien ne me paraît si barbare, si opposé à l'humanité que de se mettre dans le cas, je ne dis pas d'être jugé indigne du bienfait reçu, mais de n'y pas répondre de tout son pouvoir. Je m'avoue donc vaincu, je reconnais la vérité du reproche que vous me faites ; et s'il peut y avoir de l'excès en reconnaissance, je conviens que je passe toutes les bornes en ce genre. (*Discours pour Plancius.*)

97. Pour montrer qu'il possède ces vertus, l'orateur se gardera bien de le dire en termes formels. Qu'il soit vraiment probe, prudent, bienveillant et modeste : ces vertus prêteront du charme à ses discours et viendront d'elles-mêmes se peindre dans son langage. « Il y a, dit Chateaubriand, des délicatesses et des « mystères de langage qui ne sont révélés que par le « cœur et que n'enseignent pas les préceptes de rhé- « torique. »

On cite comme un beau modèle de mœurs oratoires la péroraison de Massillon dans le dernier sermon du *Petit-Carême*. (Voir le n° VII.)

ARTICLE DEUXIÈME.

DES MŒURS CONSIDÉRÉES DANS LA PERSONNE DES AUDITEURS [1].

98. Considérées dans les auditeurs, les mœurs consistent dans le soin que prend l'orateur de connaître le caractère et les dispositions de l'auditoire et d'y conformer son discours.

Ces dispositions diffèrent selon l'*âge*, la *condition*, la *nation* et le *caractère* de ceux à qui l'on parle.

99. Les moyens de l'orateur doivent varier selon **l'âge** des personnes auxquelles il s'adresse. Les motifs qui font impression sur un jeune homme ne sont pas toujours ceux qui agissent sur un vieillard, et d'ailleurs il ne convient pas de prendre le même ton envers tous les âges. Aristote a parfaitement tracé la

---

[1] Auteurs à consulter : Aristote, l. II, c. XII, XIII ; Marmontel, *Éléments de littérature*, art. Mœurs ; Crevier, 1re partie, ch. III ; Boileau, *Art poétique*, 3e chant.

diversité des goûts et des penchants que produit la diversité des âges. Horace et Boileau ont recueilli les principaux traits de cette peinture. (Voir le n° VIII.)

Massillon exhorte au travail et à la vertu des prêtres vénérables qui ont blanchi dans le saint ministère. Voyez quels égards et quelle convenance dans ses paroles :

> Que votre âge lui-même, que la longue durée des fonctions où vous avez vieilli ne vous paraisse pas une raison légitime de cesser le combat, et de goûter enfin le repos que tant d'années de travail semblent vous accorder : renouvelez plutôt votre jeunesse comme celle de l'aigle ; la charité donne des forces que la nature semble refuser ; ces restes précieux de votre caducité sont honorables au ministère : soyez les Éléazar de la nouvelle loi ; et que votre vieillesse elle-même vous devienne un motif de ne vous rien permettre qui soit indigne d'une longue vie consumée dans les plus saintes fonctions. (*Discours synodaux.*)

100. La différence des **conditions** et des fortunes produit aussi de grandes différences dans les dispositions des esprits, et par conséquent dans la méthode que l'on doit suivre pour agir sur eux. Chaque condition, dit Marmontel, a ses mœurs et ses idées qui lui sont propres : la noblesse, la bourgeoisie, l'homme d'épée, l'homme de robe, l'artisan et le financier, tous les rangs et toutes les professions forment ensemble un tableau vivant et varié à l'infini. L'orateur doit être instruit de tous ces détails pour s'insinuer adroitement dans les esprits.

Napoléon Ier, dans ses proclamations, sentait qu'il parlait à des soldats, et il flattait habilement la fierté militaire de ses compagnons d'armes. Avant la bataille de la Moscowa, il s'écriait :

Voici la bataille que vous avez tant désirée ! Désormais, la victoire dépend de vous ; elle vous est nécessaire. Elle vous donnera l'abondance, de bons quartiers d'hiver, et un prompt retour dans la patrie. Conduisez-vous comme à Austerlitz, à Friedland, à Smolensk, et que la postérité la plus reculée cite avec honneur ce que vous aurez fait dans cette journée. Que l'on dise de vous : « Il était à cette grande bataille sous les murs de Moscou ! »

101. L'orateur doit varier ses moyens et les formes de son langage selon le génie des **nations** auxquelles il s'adresse. La gravité espagnole, dit Crevier, la vivacité pétillante de nos Français, la finesse des Italiens, la fierté anglaise, la pesanteur judicieuse des peuples du Nord ne seraient pas remuées par des motifs semblables et semblablement présentés. Toutes les nations n'ont pas d'ailleurs le même goût. La délicatesse des Français ne supporterait pas la hardiesse et la grossièreté qui se rencontrent parfois dans les discours des orateurs anglais. En outre, une nation monarchique n'a point les idées et les mœurs des États démocratiques.

Un illustre orateur adressait naguère au Parlement espagnol ces graves et solennelles paroles qui auraient peut-être manqué d'à-propos dans une autre assemblée politique :

Il n'y a plus rien de solide, plus rien de sûr en Europe. L'Espagne est la plus solide, et cependant, messieurs, vous voyez ce qu'est l'Espagne. L'Espagne est en Europe ce qu'est une oasis au milieu des sables du Sahara... Voyez l'état de l'Europe : il semble que tous les hommes d'État aient perdu le don de conseil ; la raison humaine subit des éclipses, les institutions subissent des bouleversements, et les nations de grandes et soudaines décadences. Jetez avec moi les yeux sur l'Europe, de la Pologne au Portugal, et dites-moi, la main sur la conscience, si vous rencontrez une seule société qui puisse dire : Je suis solide sur mes fondements ; un seul fondement qui puisse dire : Je suis solide sur moi-même ! (DONOSO CORTÈS.)

102. Le **caractère** de ceux à qui l'on parle demande aussi la plus grande attention de la part de l'orateur. Pour toucher un méchant homme, vous emploierez d'autres motifs que pour un homme vertueux. Pour ébranler les natures calmes et tranquilles, il vous faudra d'autres ressorts que pour émouvoir les caractères impétueux et ardents. En parlant à Néron, Burrhus emploie le motif de la crainte :

> Britannicus mourant excitera le zèle
> De ses amis tout prêts à venger sa querelle
> Ces vengeurs trouveront de nouveaux défenseurs
> Qui, même après leur mort, auront des successeurs.
> Vous allumez un feu qui ne pourra s'éteindre ;
> Craint de tout l'univers, il vous faudra tout craindre,
> Toujours punir, toujours trembler dans vos projets,
> Et pour vos ennemis compter tous vos sujets.
>
> (RACINE, *Britannicus.*)

Au contraire, Paulin donne des conseils à un empereur aimable et vertueux, et il fait usage des motifs de gloire et d'honneur, toujours puissants chez les belles âmes :

> Je n'attendais pas moins de cet amour de gloire
> Qui partout après vous attache la victoire ;

La Judée asservie et ses remparts fumants,
De cette noble ardeur éternels monuments,
Me répondaient assez que votre grand courage
Ne voudrait pas, seigneur, détruire son ouvrage,
Et qu'un héros vainqueur de tant de nations
Saurait bien, tôt ou tard, vaincre ses passions.

(LE MÊME, Bérénice.)

ARTICLE TROISIÈME.

DES MŒURS CONSIDÉRÉES DANS LE DISCOURS.

103. Les mœurs considérées dans le discours embrassent les *bienséances* et les *précautions oratoires*.

Quand l'orateur possède les vertus que nous avons indiquées, quand il connaît et respecte les dispositions de son auditoire, il est presque assuré de garder les ménagements et les égards nécessaires dans un discours, et il observera, comme à son insu, ce qu'on appelle les *bienséances* et les *précautions oratoires*. Cependant, comme la matière est importante, nous allons en parler dans deux paragraphes séparés.

§ I.

Des bienséances oratoires[1].

104. Cicéron définit les **bienséances** en général *l'art de placer à propos tout ce que l'on fait et tout ce que*

---

[1] Auteurs à consulter : Cicéron, *Orat.* 70-75, 123-125 ; Quintilien, *Instit. orat.*, l. XI, c. 1 ; Maury, *Essai sur l'éloquence de la chaire*, LIII ; Girard, ch. IV, art. III ; le P. Broeckaert, *Le Guide du jeune littérateur*, 3ᵉ part., 2ᵉ sect.

l'on dit : Scientia earum rerum quæ aguntur et dicuntur suo loco collocandarum.

D'après Maury, la **bienséance oratoire** *est un accord parfait des idées, des sentiments et du langage de l'orateur avec le sujet, les circonstances et l'auditoire.*

105. Rien de plus important que cette partie de l'art oratoire. La qualité la plus nécessaire, dit Quintilien, non-seulement pour parler en public, mais pour toute la conduite de la vie, c'est ce discernement qui apprend, en chaque matière et en chaque occasion, ce qu'il faut faire et comment il faut le faire. Ce sujet est extrêmement vaste et s'étend pour ainsi dire à toutes les parties de la rhétorique.

106. S'il est difficile, dit Cicéron, de connaître ce qui convient le mieux dans chaque action de la vie, il l'est aussi beaucoup de savoir ce que prescrivent les bienséances dans une œuvre oratoire. Il est même impossible de soumettre cette matière à des règles fixes et invariables, parce que les devoirs de l'orateur changent avec les circonstances, et ce qui a produit un bon effet dans un temps et dans un lieu ne fera que déplaire dans une autre occasion. C'est le bon sens, dit encore Cicéron, qui doit ici servir de règle : *Est eloquentiæ fundamentum sapientia.*

Nous donnerons toutefois quelques principes généraux qui feront éviter les fautes les plus grossières.

107. Les bienséances oratoires se rapportent à la personne de *l'orateur*, à celle des *auditeurs*, à ceux *dont on parle*, au *temps* et au *lieu.*

108. Relativement à la personne de *l'orateur*, les bienséances demandent qu'il ne perde jamais de vue

son âge, sa dignité, sa réputation ; qu'il considère bien
ce qu'il est, pour dire ce qu'il faut et rien de plus. Le
magistrat ne s'exprime pas comme le simple citoyen,
et celui dont la réputation s'étend au loin peut se
permettre bien des choses qui seraient ridicules dans
la bouche d'un homme obscur. Il appartient à Bossuet
de parler de ses cheveux blancs; à Bourdaloue, de ses
inspirations; à Massillon, de son expérience ; mais
on ne le pardonnerait point à quelqu'un qui n'aurait
pas la même autorité.

Dans le procès de l'École libre, M. de Montalembert
se concilia ainsi l'intérêt et la faveur de son auditoire
par sa modestie personnelle :

> En ce moment solennel, je me sens presque accablé par le poids
> de la responsabilité que j'ai prise sur moi. Je sais que par moi-
> même je ne suis rien : je ne suis qu'un enfant ; et je me sens si
> jeune, si inexpérimenté, si obscur, que, pour m'encourager, il
> ne faut rien moins que la grande cause dont je suis ici l'humble
> défenseur. Aussi ai-je, pour me soutenir devant vous, et le sou-
> venir des paroles prononcées pour cette même cause, dans cette
> même enceinte, par mon père ; et la conviction que c'est ici une
> question de vie ou de mort pour la majorité des Français ; et le
> cri unanime de la France pour la liberté d'enseignement... et,
> par-dessus tout, le nom que je porte, ce nom qui est grand
> comme le monde, le nom de catholique.

109. Relativement aux *auditeurs*, les bienséances
consistent à observer les égards qui sont dus à leurs
qualités et à leur caractère. On ne parle pas devant le
prince comme devant un magistrat, devant un séna-
teur comme devant un particulier. Ce qui est bon pour
un savant ne l'est point pour un habitant de la cam-

pagne ou pour un homme de guerre. S'il veut toujours garder les bienséances envers ses auditeurs, l'orateur aura constamment devant les yeux ces différences de mœurs dont nous avons parlé dans l'article précédent.

Lally-Tolendal, plaidant pour la mémoire de son père, parle ainsi devant les magistrats qui sont ses juges :

> Juges intègres, souffrez que je tombe à vos pieds, non pour vous adresser une prière, elle yous offenserait; mais pour y attendre en silence, et dans une sécurité parfaite, la décision de mon sort. Non, vous ne vous rendrez pas complices des entreprises qu'on ose former contre la vérité. Non, vous ne renverserez pas de fond en comble toutes les règles de l'ordre judiciaire... Vous ne rejetterez pas les vœux de tout le militaire français, de toute la noblesse, de tous les citoyens éclairés qui sont encore alarmés par l'arrêt du malheureux Lally, ceux de la France entière qui demande à être purgée de la honte de cette condamnation.

110. Les bienséances relatives aux *personnes de qui l'on parle* exigent que l'on ait des égards pour leur rang et leur dignité, pour leur situation heureuse ou malheureuse. Il n'est jamais permis de refuser à un adversaire la justice ou les éloges qu'il mérite, de lancer contre lui des traits trop libres ou trop hardis, de dénaturer ses sentiments ou ses opinions pour mieux les combattre. Les orateurs français donnent souvent l'exemple de ces égards même envers leurs adversaires les plus acharnés.

L'orateur que nous venons de citer est aussi plein d'égards pour le magistrat qui s'opposait à la réhabilitation de la mémoire de son père :

> Monsieur, je suis pénétré du plus profond respect pour le ca-

ractère auguste dont vous êtes revêtu, et dont vous offrez les marques distinctives. J'aurais été le premier à rendre hommage aux qualités brillantes et aux talents distingués qui vous ont acquis la célébrité dont vous jouissez, si vous ne me réduisiez aujourd'hui à gémir sur l'usage que vous en faites... Mais vous me condamnez à ne plus voir dans ce magistrat que le détracteur de mon père, que le persécuteur de sa mémoire. Attendez-vous donc à la vérité dans toute sa force, à la vérité dans toute son étendue, à toutes les vérités.

111. Le *temps* et le *lieu,* dit Quintilien, exigent une attention particulière. A l'égard du temps, il est tantôt gai, tantôt triste, tantôt libre, tantôt limité. Il faut que l'orateur se conforme à ces diverses situations. Il devra aussi varier le ton, selon qu'il parlera dans un lieu public ou particulier, dans un camp ou au barreau, à la tribune ou dans un temple.

Fléchier songeait aux bienséances du temps et du lieu quand il disait dans l'oraison funèbre de Letellier :

Oserai-je, à la vue de ce tombeau, fatal écueil de toutes les grandeurs humaines, à la face de ces autels, demeure de Jésus-Christ anéanti, louer les vanités du siècle, et, dans un jour de tristesse et de deuil, étaler à vos yeux l'image flatteuse des faveurs et des joies du monde !

§ 11.

Des précautions oratoires[1].

112. Par **précautions oratoires,** nous entendons, d'après Rollin, *certains ménagements que l'ora-*

---

[1] Auteurs à consulter : Quintilien, l. XI, c. 1. Rollin, *Traité des Études,* l. III, ch. III, § VI; Maury, *Essai,* LIV; le P. Broeckaert, 3ᵉ part., 2ᵉ section, ch. II.

teur doit prendre pour ne point blesser l'auditoire et pour dire des choses qui, sans cela, paraîtraient dures et choquantes.

113. Les plus grands orateurs ont eu souvent recours aux précautions oratoires, et ils ont porté jusqu'au scrupule la crainte de déplaire à leurs auditeurs. Quintilien rapporte que Périclès demandait aux dieux, avant de monter à la tribune, de ne pas laisser échapper un mot qui pût offenser le peuple. Périclès avait raison : un seul mot peut faire échouer tout un discours.

114. On peut distinguer quatre précautions principalement nécessaires à l'orateur : précaution de *ménagement*, de *condescendance*, de *respect* et de *convenance*.

115. On emploie des précautions de *ménagement* quand on est obligé de proclamer des vérités dures et blessantes, et qu'on a des reproches à adresser à un ou plusieurs coupables. Dans ces cas difficiles, ménagez les esprits et usez de beaucoup de prudence ; montrez à tous que vous n'avez d'autre mobile que la conscience et le devoir, d'autre intention que d'éclairer et de servir ceux qui vous écoutent.

Cherchez vous-même des excuses, et prenez-vous-en à la force des circonstances plutôt qu'à la malice des hommes. Écoutez saint Bernard adressant à Robert, son neveu, ces reproches pleins de tendresse :

Examinez votre cœur, sondez vos intentions, consultez la vérité ; que votre conscience vous réponde et vous dise pourquoi vous êtes parti, pourquoi vous avez quitté votre ordre, vos frères, votre sainte retraite, moi-même enfin qui vous suis attaché par les liens du sang, et plus encore par la tendresse que j'ai pour vous... Et je ne parle point ainsi pour vous confondre, ô mon fils ! mais pour vous avertir comme l'enfant bien-aimé de mon cœur. Vous avez beaucoup de maîtres en Jésus-Christ ; mais vous n'avez qu'un père. Et, permettez-moi de vous le dire, c'est moi qui vous ai engendré à la religion par mes paroles et par mes exemples.

116. L'orateur emploiera des précautions de *condescendance* quand il aura des esprits prévenus à ramener et des préjugés à combattre. S'il s'oppose directement à l'opinion de ses auditeurs, s'il veut heurter de front leurs passions et leurs préjugés, il ne produira qu'un éloignement invincible pour tout ce qu'il propose. Que, sans flatter leurs mauvais penchants, il entre d'abord dans leurs sentiments, qu'il s'insinue peu à peu dans leurs cœurs, et qu'ensuite il amène son auditoire aux dispositions qu'il veut lui inspirer.

La ville d'Antioche avait provoqué la colère de l'empereur Théodose. Quand Flavien, évêque de cette ville, parut en sa présence, il donna un libre cours à ses gémissements :

Oui, prince, s'écrie-t-il, nous ne saurions le dissimuler ; la bonté paternelle dont vous avez honoré notre patrie ne pouvait aller plus loin ; et c'est là ce qui fait notre crime et notre malheur. Nous n'avons répondu à vos bienfaits que par des ingratitudes, à votre amour que par les plus sanglants outrages. Livrez-vous à votre juste ressentiment, ordonnez la ruine d'Antioche, l'incendie de ses maisons, la mort de ses habitants. Quel que soit notre châtiment, il restera au-dessous de ce que nous avons mérité. Nous-mêmes, nous nous sommes exécutés à l'avance en nous dévouant à des supplices mille fois pires que la mort.

Le discours de Cicéron sur la loi agraire et la harangue d'Antoine sur la mort de César sont des modèles de ce genre.

117. L'orateur doit employer des précautions de *respect* quand il a pour adversaires des personnes qui méritent beaucoup d'égards. Un fils est-il obligé de plaider contre son père, un inférieur contre son supérieur, ils auront recours aux ménagements que fournissent les précautions oratoires. Ils s'efforceront de concilier la défense de leurs droits avec les égards que demande la personne de l'adversaire, et ils montreront qu'ils ne font qu'obéir à une impérieuse nécessité.

Cicéron a fait usage de ces précautions en plaidant pour Cluentius :

> Je vous ai déjà dit quel fut le commencement de la mésintelligence qui éclata entre Cluentius et sa mère. Quel que soit le caractère d'une mère, je le sais, un fils traduit en justice peut à peine dévoiler la honte de celle qui lui donna le jour. Je serais indigne de plaider une cause quelconque, si, en me chargeant de protéger mon ami contre les périls qui le menacent, je ne respectais pas un sentiment que la nature a gravé dans le cœur de tous les hommes. Mais je saurai, j'espère, exposer devant vous ce que vous devez connaître, et vous taire ce qui ne doit pas être révélé.

118. Enfin, lorsque l'orateur craint de produire de trop pénibles impressions, en rappelant certains faits et certains souvenirs, il aura recours aux précautions de *convenance*. Par des circonlocutions ou d'autres

tours ingénieux, il voilera ce que les choses ont de trop révoltant. Écoutons Bossuet parlant de la mort de Charles Ier devant les enfants de ce prince ; il fait dire à la reine ces paroles de Jérémie :

Voyez, Seigneur, voyez mon affliction. Mon ennemi s'est fortifié et mes enfants sont perdus. Le cruel a porté sa main sacrilége sur ce qui m'était le plus cher. La royauté a été profanée, les princes sont foulés aux pieds. Laissez-moi, je pleurerai amèrement ; n'entreprenez pas de me consoler. L'épée a frappé au dehors ; mais je sens en moi-même une douleur semblable. (Voir le n° IX.)

CHAPITRE TROISIÈME.

Des moyens de toucher, ou des passions[1].

119. En philosophie, on entend par **passions** *de violents mouvements de l'âme qui nous portent vers un objet ou qui nous en détournent.* Aristote les définit : *diverses affections de l'âme qui changent nos jugements et sont suivies de peine ou de plaisir.*

En rhétorique, on entend par *passions les diverses émotions que l'orateur reçoit de son sujet et qu'il communique aux autres par le discours.*

On voit donc que les passions, prises dans un sens philosophique, sont des qualités inhérentes que chacun porte au fond de son âme ; au contraire, les

---

[1] Auteurs à consulter : Aristote, l. II, 2-5 ; Cicéron, *Orat.*, 129-133 ; Quintilien, l. VI, c. II ; Rollin, l. III, ch. III, § VII ; Crevier, Ire part., ch. III ; Girard, ch. V ; V. Leclerc, Ire partie, ch. III.

passions oratoires sont des affections actuelles produites par des causes qui sont hors de nous.

120. Aristote et quelques autres philosophes austères ont blâmé l'usage des passions dans l'éloquence; mais c'est là une sévérité mal fondée. Les passions oratoires sont un instrument indifférent par lui-même et qui emprunte sa malice ou sa vertu de l'usage qu'on en fait. Nous avons dit qu'avant tout l'orateur doit être homme de bien; mais ensuite il doit prendre les hommes tels qu'ils sont, et user de tous les ressorts pour maintenir et venger les droits de la vertu. Quand l'orateur est convaincu d'une vérité ou épris de l'amour du bien, son devoir est de communiquer aux autres cet amour, de les passionner comme il s'est passionné lui-même le premier.

121. C'est par les passions que l'éloquence triomphe et qu'elle règne sur les cœurs. Celui qui sait les exciter à propos maîtrise à son gré les esprits; il les fait passer de la tristesse à la joie, de la pitié à la colère. Aussi véhément que l'orage, aussi rapide que les torrents, aussi brûlant que la foudre, il tonne, il brille, il renverse tout par les flots de son éloquence. C'est par là que Démosthènes a régné dans Athènes, Cicéron dans le Forum, et Bossuet dans nos temples.

122. Toutes les diverses passions se rapportent à deux sources principales, qui sont l'**amour** et la **haine;** car elles ont toutes pour objet ce qui nous plaît ou ce qui nous déplaît. Ces deux passions primitives se modifient de plusieurs manières et prennent différents noms. Ainsi l'amour s'appelle *pitié*

tendresse, *reconnaissance*, *admiration*, selon que l'objet aimé nous présente des malheurs qui nous touchent, des qualités qui nous gagnent, des bienfaits qui nous attirent, des avantages qui nous ravissent. La haine prend le nom de *crainte*, de *honte*, de *colère*, d'*indignation*, selon que l'objet détesté présente le danger, l'infamie, la violence ou l'outrage.

123. Pour maîtriser les passions et les employer à propos, deux conditions sont nécessaires à l'orateur : il doit posséder lui-même certaines qualités personnelles, et, en second lieu, il doit connaître les moyens ou les ressorts qui servent à exciter ou à calmer les passions. Nous allons donc considérer les passions, 1° dans la personne de *l'orateur ;* 2° dans le *discours* lui-même.

ARTICLE PREMIER.

DES PASSIONS CONSIDÉRÉES DANS L'ORATEUR[1].

124. Trois qualités sont indispensables à l'orateur qui veut exciter les passions de son auditoire : *sentir* vivement ce qu'il doit dire, *peindre* fortement aux autres ce qu'il sent, *distinguer* sûrement l'usage qu'il doit faire de cette double puissance. Ce sont les trois facultés que les rhéteurs appellent *sensibilité*, *imagination* et *discernement*. Nous allons en parler dans trois paragraphes séparés.

---

[1] Auteurs à consulter : Cicéron, *De Orat.*, l. II, 185-206 ; Quintilien, l. VI, c. 1 et 11 ; Marmontel, art. Imagination et art. Pathétique ; Leclerc, 1re part., ch. 111 ; le P. Broeckart, 3e part., sect. 11, ch. 1 ; Girard, ch. v ; Lefranc, *Rhétorique*, ch. 1. art. 1v.

4

§ I.

De la sensibilité.

125. La sensibilité est *une disposition naturelle du cœur à recevoir aisément les impressions diverses de joie, de tristesse et de pitié.*

126. Celui qui manque de sensibilité n'atteindra jamais à la haute éloquence. Il pourra bien, dit Girard, feindre la douleur et mettre sur son visage le masque de la tristesse, mais on ne verra point couler de ses yeux ces larmes sincères qui n'appartiennent qu'au véritable orateur et qui triomphent de toutes les résistances : il convaincra, il charmera peut-être ; mais s'il veut émouvoir, il ne sera d'ordinaire qu'un froid déclamateur. *Pectus est quod disertos facit.* Voulez-vous faire couler mes larmes, dit Horace, commencez par être ému vous-même :

> . . . . Si vis me flere, dolendum est
> Primum ipsi tibi.

Pour me tirer des pleurs, il faut que vous pleuriez.

(Voir le n° x.)   (Boileau.)

127. La sensibilité est avant tout une qualité naturelle. Les règles et les préceptes ne sauraient la donner à ceux qui en sont complétement dépourvus. Toutefois, il est d'expérience que la sensibilité se développe par l'étude, par la réflexion et surtout par la pratique des vertus chrétiennes. Montrez-vous sensibles à tout ce qui peut faire impression sur des

âmes nobles et pures ; laissez-vous toucher de bonne heure par les charmes de la vérité et de la vertu, par les merveilles de la nature, par le spectacle des infortunes et des revers de l'humanité. Par là votre sensibilité se perfectionnera peu à peu, et vous trouverez un jour des élans pathétiques et sublimes qui raviront votre auditoire.

128. Les grands écrivains de l'antiquité sont remarquables par une sensibilité profonde. Homère ne nous montre jamais un jeune homme qui va périr sans lui donner des grâces touchantes, sans nous faire craindre d'avance pour son sort. Virgile, qui l'avait pris pour modèle, est aussi admirable sous ce rapport. Les historiens célèbres, Tite-Live, Tacite et plusieurs autres, avaient encore une sensibilité exquise, et c'est ce caractère qui fait le charme de leurs harangues et de leurs récits. Les écrivains sacrés et les Pères de l'Église vous offriront cependant des modèles plus accomplis. Lisez saint Grégoire, saint Jérôme, saint Augustin et saint Bernard : vous sentirez à chaque page une âme brûlante de charité et vous ne trouverez jamais que des sentiments nobles et purs. (Voir le n° XI.)

§ II.

De l'imagination.

129. L'imagination est *cette faculté de l'âme qui rend les objets présents à la pensée avec toutes leurs circonstances intéressantes.* C'est par elle, dit Quintilien, que les objets, même absents, même chimériques,

frappent notre esprit comme si nous les avions sous les yeux.

130. L'imagination est une faculté très-importante dans celui qui veut agir sur les passions. La plupart des beautés qui nous frappent dans les bons écrivains sont dues à la force de cette faculté. C'est l'imagination qui fournit les images, et les images, dit Longin, animent et échauffent le discours ; elles ne persuadent pas seulement, elles domptent et soumettent l'auditeur. On frémit d'horreur à ce portrait de la cruelle Athalie :

> De princes égorgés la chambre était remplie :
> Un poignard à la main, l'implacable Athalie
> Au carnage animait ses barbares soldats,
> Et poursuivait le cours de ses assassinats.
>
> (RACINE.)

131. L'imagination est une faculté naturelle qui est plus ou moins vive chez les différents hommes, mais qui peut être fécondée par l'étude et le travail de la composition; on la fortifie en l'appliquant à des objets capables de l'enflammer. Voulez-vous acquérir le talent de peindre par la parole, étudiez Cicéron et Virgile, Bossuet, Racine, Massillon et tous les grands écrivains qui possédaient éminemment ce privilége.

Ne manquez pas de recourir aussi à de fréquents exercices. S'agit-il, dit Quintilien, d'un crime affreux, d'un assassinat, par exemple, je verrai l'assassin attaquer un homme à l'improviste, lui mettre le poignard sur la gorge, celui-ci supplier, faire de vains efforts pour se défendre, et enfin tomber percé de coups ; je verrai son sang qui coule, la pâleur qui couvre son visage, ses yeux qui s'éteignent pour jamais ; et c'est ainsi qu'en me représentant vivement les objets, je parviendrai à les peindre avec force et chaleur.

§ III.

Du discernement.

132. Le **discernement**, en général, est *une qualité de l'esprit qui nous fait voir les objets tels qu'ils sont et nous avertit de ce qui convient et de ce qui ne convient pas.*

Relativement aux passions oratoires, le *discernement* consiste à connaître la nature et le caractère de chaque passion, les ressorts qui les mettent en jeu, les bienséances et le langage qui leur conviennent.

133. Si elles n'étaient pas réglées par le discernement, la sensibilité et l'imagination seraient des guides infidèles. Cette troisième faculté doit dominer dans l'orateur et se montrer dans toutes les parties du discours : elle donne à tout le reste son prix et sa valeur. S'ils n'étaient pas fondés sur la raison et le bon sens, les mouvements les plus forts et les plus véhéments ne seraient que des extravagances.

134. Le discernement s'acquiert en observant les sentiments des autres hommes et surtout en étudiant son propre cœur. Tout le monde, en effet, porte le germe des mêmes passions : la seule différence, c'est que l'homme vertueux les domine, tandis que l'homme vicieux se laisse dominer par elles. Massillon avouait que son cœur était le livre où il avait le plus appris. « C'est moi que j'étudie, disait Fontenelle, quand je veux connaître les autres. »

135. On entend par **pathétique** *l'emploi ou l'usage des passions oratoires.*

Quintilien distingue deux sortes de pathétiques, le pathétique *violent* et le pathétique *doux*, selon le genre de passions que l'orateur emploie.

136. Parmi les passions que soulève l'orateur, les unes, dit encore Quintilien, sont plus fortes et plus impétueuses, les autres plus douces et plus réglées ; les unes pleines d'agitations, les autres paisibles et tranquilles ; les unes semblent faites pour commander, les autres pour persuader ; les unes pour troubler les cœurs, les autres pour les adoucir et les gagner. Les passions violentes durent d'ordinaire moins que les autres, mais il est certains discours qui veulent du pathétique depuis l'exorde jusqu'à la fin.

Cicéron et Massillon ont excellé dans le pathétique doux et tendre ; Démosthènes et Bossuet soulèvent souvent l'enthousiasme, la terreur et l'indignation.

137. Le discernement apprend à l'orateur l'usage qu'il doit faire de ce puissant moyen d'agir sur les hommes. Il appartient au discernement de montrer à l'orateur, 1° dans quelles circonstances il doit user du pathétique ; 2° comment il doit le préparer ; 3° jusqu'où il faut le prolonger ; 4° comment il doit en sortir.

138. L'orateur ne doit ni prodiguer ni exagérer l'usage du pathétique. Examinez donc avant tout si le sujet que vous traitez se prête aux mouvements

oratoires, et jusqu'à quel point il s'y prête, car les mouvements ne conviennent pas aux petites affaires. Ce serait, dit Quintilien, chausser le cothurne à un enfant et lui mettre en main la massue d'Hercule. Les grands efforts, ajoute-t-il, sont toujours plus ou moins près du ridicule, et dans cette matière, lorsqu'on ne fait pas pleurer, on risque beaucoup de faire rire.

139. En second lieu, l'orateur ne se jettera pas brusquement dans les mouvements passionnés, mais il y arrivera insensiblement et par degrés. Exposez d'abord les raisons et les faits, et n'oubliez pas que les mouvements de l'âme supposent toujours la conviction de l'esprit. Lorsqu'un orateur, sans un motif raisonnable et une préparation suffisante, s'agite, s'enflamme, et laisse les auditeurs froids et glacés, il ressemble, dit Cicéron, à un homme ivre au milieu d'une assemblée à jeun : *Ebrius inter sobrios.*

140. L'orateur ne doit pas insister trop longtemps sur le pathétique; car, dit Cicéron, rien ne tarit plus vite que les larmes. L'âme, aussi bien que le corps, cesse d'être frappée par des coups trop souvent réitérés. La nature elle-même nous apprend que les mouvements passionnés ne doivent éclater que par intervalles. Voyez la foudre : même dans un orage, elle ne gronde pas constamment et sans interruption. Elle éclate tout à coup, puis elle se repose un instant pour éclater et gronder encore. Voilà la marche que doit suivre l'orateur.

141. Enfin, dit Girard, si c'est une faute de soutenir trop longtemps le pathétique, c'est une faute peut-être plus grave de l'arrêter trop tôt et d'en sor-

tir trop brusquement. On voit des orateurs qui trouvent assez heureusement les avenues du cœur; mais comme s'ils craignaient eux-mêmes l'incendie qu'ils vont allumer, ils laissent tout à coup leur feu s'éteindre, et l'auditeur surpris court en vain après une émotion qui lui échappe. Laisser ainsi son œuvre imparfaite, c'est ne pas connaître le cœur humain; est-on arrivé jusqu'à lui, il veut qu'on l'échauffe, qu'on le remue; c'est le seul moyen de lui plaire et de régner sur lui.

ARTICLE SECOND.

DES PASSIONS CONSIDÉRÉES DANS LE DISCOURS[1].

142. Puisque les passions varient presqu'à l'infini, il est impossible de les soumettre à des règles fixes et d'indiquer par avance tous les moyens qui peuvent agir sur elles, tous les ressorts qui peuvent les mettre en jeu. Chaque passion a son caractère qui lui est propre, et pour pénétrer dans les cœurs, l'orateur doit varier ses moyens de mille façons différentes. Il emploiera tantôt la douceur et les promesses, tantôt la crainte et les menaces; ici, les ruses innocentes; là, la violence et la force ouverte. On a quelquefois comparé l'orateur à un général qui fait le siége d'une ville; rien de plus ingénieux et de plus vrai que ce rapprochement. Plus on l'approfondit, plus on pénètre les secrets de l'éloquence.

---

[1] Auteurs à consulter : Aristote, l. II, 6-11 ; Cicéron, *De Orat.*, l. II, 205-216 ; Fénelon, *Dial. sur l'éloq.;* Crevier, 1re part.. ch. III, sect. II et III; les mêmes que pour l'article précédent.

143. L'orateur peut agir sur les passions de deux manières différentes, ou pour les **exciter** ou pour les **calmer**. Aristote, Cicéron, Quintilien ont examiné en détail la nature et le caractère de chaque passion, les moyens de les exciter ou de les calmer, et il est très-utile d'étudier les leçons de ces grands maîtres. Cependant, comme la plupart de leurs préceptes conviennent exclusivement au barreau, nous ne ferons qu'emprunter à Cicéron quelques courtes observations.

144. Pour exciter l'*amour* et les passions qui en dépendent, vous peindrez votre objet sous des couleurs agréables ou des aspects utiles, vous éveillerez le désir de l'auditeur en lui prouvant que ce bien lui manque, et vous exciterez son espérance en lui montrant la possibilité de l'obtenir.

Voulez-vous, au contraire, soulever la *haine* contre un objet, efforcez-vous de le peindre sous des trait nuisibles et repoussants. Nous ne parlons point c de la haine et de la colère contre les personnes. Les païens avaient recours à toutes les mauvaises passions contre un adversaire qu'ils voulaient perdre ; mais la morale chrétienne ne permet point de pareils procédés, et elle veut qu'on respecte les personnes, même dans les ennemis déclarés.

145. L'orateur inspire la *crainte* en montrant à ses auditeurs l'image des dangers personnels ou des dangers publics. Les dangers personnels nous frappent et nous touchent plus que les dangers communs ; appliquez-vous donc à faire voir dans les périls communs des périls personnels.

Pour inspirer la *pitié*, faites en sorte que l'auditeur retrouve dans l'infortune que vous lui retracez la peinture des maux qu'il a soufferts ou qu'il est exposé à souffrir. Vous produirez surtout une impression profonde en montrant la vertu malheureuse et opprimée.

146. Il arrive souvent que l'orateur, au lieu d'avoir à exciter les passions, est obligé de les calmer. A la tribune, au barreau, lorsque l'adversaire les a déjà soulevées, l'orateur doit s'efforcer de détruire ce résultat. Dans la chaire, le prédicateur a presque toujours besoin de combattre les passions, car il lutte sans cesse contre les penchants mauvais et les dangereuses inclinations du cœur. Les principaux moyens à employer pour calmer les passions sont le *sang-froid*, les *passions contraires* et la *plaisanterie*.

147. Quand l'orateur est obligé de lutter contre des passions irritées, il peut employer le langage d'une *froide raison* et examiner un à un les sophismes qui ont égaré l'auditoire. Un infaillible moyen d'éteindre la flamme que d'autres ont allumée, c'est de montrer autant de sang-froid qu'ils ont déployé de chaleur, et de réduire au néant, par un style simple et uni, les idées qu'ils ont grossies par leur véhémence et leurs hyperboles. Démosthènes disait de Phocion, qui employait cette arme contre lui : *Voilà la hache qui coupe tous mes discours.*

148. L'orateur peut combattre, par les *passions contraires*, les passions déjà soulevées ; lorsqu'une fois il aura renversé par de solides raisonnements les preuves d'un adversaire, il lui sera permis d'employer à son tour les mouvements oratoires, de faire succé-

der la pitié à l'indignation, la bienveillance à la haine. Cicéron se vante d'avoir remporté plusieurs fois ce difficile triomphe.

149. La *plaisanterie* est encore un moyen très-puissant pour calmer les passions. Un bon mot placé à propos détruit souvent tous les effets du pathétique le plus entraînant. *J'ai ri*, a dit quelqu'un, *et me voilà désarmé*. Dans la défense surtout, une plaisanterie piquante suffit pour confondre un adversaire. Démosthènes n'était pas très-habile dans l'emploi de ce moyen, mais Cicéron le maniait avec beaucoup de dextérité et de souplesse, et il en a même quelquefois abusé.

150. L'usage de la plaisanterie demande beaucoup de *précautions*, et il n'est pas donné à tout le monde de manier cette arme avec succès. C'est un don de la nature plutôt que de l'art. On peut lire néanmoins, pour développer ce talent, certains discours de Cicéron, les œuvres d'Horace, de Boileau et de La Fontaine, qui savent présenter la vérité avec des tours ingénieux et des saillies piquantes.

Que l'orateur évite de prodiguer la plaisanterie : il perdrait ainsi toute dignité. Qu'il ne l'emploie jamais contre des personnes malheureuses ou respectables par leur dignité ; qu'il ne lance jamais de ces traits qui font des blessures mortelles et peuvent enfanter des haines implacables.

DEUXIÈME SECTION.

DE LA DISPOSITION[1].

151. La **disposition** *est cette partie de la rhétorique qui apprend à mettre dans un ordre convenable les
matériaux ou les idées fournies par l'invention.*

152. La disposition est très-importante, et Cicéron
veut que l'on considère le discours comme un édifice
dont l'orateur est l'architecte. C'est peu pour un architecte d'avoir assemblé la pierre, le bois, le fer et
le marbre qui doivent entrer dans une construction.
Tant que ces éléments seront entassés au hasard et
ne formeront qu'un amas confus, cet amas n'aura
rien d'agréable ou d'utile ; mais qu'il mette tous ces
matériaux à leur place, et vous verrez s'élever un bâtiment commode, élégant et régulier. Ainsi en est-il
de l'orateur : quand il a choisi ses idées, il faut qu'il
mette chacune d'elles à sa place et qu'il les enchaîne
par une gradation convenable.

153. La disposition influe sur tout l'ensemble du
discours, mais elle embrasse deux objets principaux.
Elle distribue d'abord une composition oratoire en ses
principales parties, et en second lieu elle place convenablement les pensées qui doivent entrer dans
chacune de ses parties. Cette dernière opération se

---

[1] Auteurs à consulter : Aristote, l. III, c. XIII ; Cicéron, *De Orat.*
l. II, 62-65 ; Quintilien, l. VII ; Fénelon, *Dialogues sur l'éloquence.*

rapporte à ce qu'on appelle *plan du discours*. Nous parlerons donc 1° des différentes *parties* du discours, 2° du *plan* du discours.

CHAPITRE PREMIER.

Des différentes parties du discours.

154. Un discours peut renfermer jusqu'à six parties différentes : l'*exorde*, la *proposition*, la *narration*, la *confirmation*, la *réfutation* et la *péroraison*. Cependant ces six parties ne se rencontrent pas dans tous les discours. La narration et la réfutation conviennent principalement au barreau, et, dans les discours de peu d'importance, on se dispense d'ordinaire de l'exorde et de la péroraison.

155. C'est la nature et la raison qui ont fixé le nombre et la place des parties du discours. En effet, dit Cicéron, la nature nous apprend à ne pas entrer brusquement en matière et à *préparer* d'avance les esprits; à *exposer* ensuite le point dont il s'agit; à *raconter* les faits, s'il y a lieu; à prouver la proposition en *faisant valoir* nos raisons et en *détruisant* celles qui nous sont contraires, et enfin à donner au discours une *conclusion* convenable. Or, suivre cette marche, c'est employer les diverses parties dont nous venons de parler et dans l'ordre que nous venons de tracer.

156. La disposition des parties du discours est *régulière* ou *irrégulière*. On l'appelle régulière quand

l'orateur suit l'arrangement que nous venons d'indiquer et qui est le plus naturel; elle est irrégulière quand l'orateur s'écarte de cet arrangement pour des motifs particuliers à son sujet. Ainsi, lorsque l'adversaire a vivement impressionné l'auditoire, on commence par réfuter ce qu'il a dit avant de développer ses propres arguments. C'est ce que font Démosthènes dans son *Discours pour la Couronne* et Cicéron dans son *Plaidoyer pour Milon.*

Nous allons parler successivement de chaque partie du discours, en suivant l'ordre marqué par la disposition régulière.

ARTICLE PREMIER.

DE L'EXORDE[1].

157. L'exorde est *le prélude et l'introduction du discours.* Il a pour but de provoquer la *bienveillance* et l'*attention* des auditeurs, et de les préparer à bien recevoir ce qu'on va leur dire.

158. L'orateur, dit Girard, se concilie la *bienveillance* par l'expression des mœurs, c'est-à-dire par cet air de douceur, de probité, de modestie, si prévenant dans tous ceux qui parlent en public. Ces qualités doivent régner sur tout le discours; mais elles sont plus nécessaires dans l'exorde, parce que l'auditoire est encore de sang-froid et par conséquent plus atten-

---

[1] Auteurs à consulter : Aristote, l. III, c. 9; Cicéron, *De Orat.,* l. II, 315-325, Quintilien, l. IV, c. i; Blair, 4e part., leç. XXXI; Girard, l. II, ch. ii; Crevier, 2e part., ch. i, art. i; Maury, x, XXXIV.

tif et plus sévère. D'ailleurs, les premières impressions sont toujours les plus vives et les plus durables. Si l'orateur choquait dès le début par un air de présomption, il lui serait difficile de détruire les préventions qu'il aurait soulevées contre lui.

159. Pour se concilier l'*attention*, l'orateur donnera dès le début une bonne idée de ses lumières et montrera l'importance du sujet qu'il va traiter. Il s'appliquera surtout à le présenter sous un jour favorable et intéressant; mais il n'en donnera qu'une idée générale et sommaire, sans rien approfondir, parce qu'en entrant dans les détails il courrait risque de se répéter ensuite et de fatiguer l'auditoire.

160. Les règles que les rhéteurs nous ont laissées sur ce point se rapportent : 1° aux *qualités* de l'exorde ; 2° à ses *défauts;* 3° à ses divers *genres.* Nous allons résumer leurs observations dans les trois paragraphes suivants.

§ 1.

Qualités de l'exorde.

161. L'exorde doit être *naturel, correct, modeste, conforme aux circonstances* et *proportionné au discours.*

162. L'exorde sera *naturel* si on le tire du fond du sujet. Il faut qu'il en sorte, dit Cicéron, comme une fleur sort de sa tige, et qu'il soit lié au discours qui va suivre, comme un membre l'est au reste du corps. Par conséquent, l'orateur ne doit s'occuper de l'exorde qu'après avoir médité son sujet et l'avoir étudié dans toute son étendue. Quelques rhéteurs veulent même

qu'on laisse ce travail pour la fin : c'est le conseil de Cicéron et la pratique qu'il suivait lui-même.

« La dernière chose qu'on trouve en faisant un ouvrage, dit Pascal, c'est de savoir celle qu'il faut mettre la première. »

163. Le style de l'exorde doit être *correct* et avoir une grande pureté d'expression. Les auditeurs sont encore calmes et plus enclins à critiquer que lorsque les arguments et les passions les ont déjà ébranlés. Toute leur attention se dirige sur la personne et la manière de l'orateur. Mais, par cette même raison, il doit éviter l'affectation et la recherche, qui seraient aperçues sur-le-champ. Que l'exorde, dit Quintilien, ait donc une élégante et correcte simplicité ; soignons notre langage, mais évitons l'artifice : *videamur accurate non callide dicere.*

164. L'orateur doit montrer dans l'exorde beaucoup de réserve et de *modestie.* Mais cette modestie n'exclut pas la fermeté du caratère et cette noble assurance que l'orateur fonde sur la justice de sa cause. Vous pouvez donc montrer une certaine défiance de vos forces, et même de l'inquiétude en face du péril ; gardez-vous de parler de vous-même, sauf de rares exceptions ; point de vanité ni d'ostentation. Promettez peu en commençant, et tâchez ensuite de donner beaucoup.

165. Il arrive aussi quelquefois qu'on tire l'exorde des *circonstances* du temps ou du lieu où parle l'orateur, d'un événement particulier ou des dispositions de l'auditoire. Dans ce cas, l'exorde produit ordinairement plus d'effet, parce qu'il ne paraît point étudié

et préparé à l'avance. L'exorde de saint Paul dans l'Aréopage est tiré des circonstances locales (Voir le n° XII).

166. L'exorde doit être *proportionné*, soit pour la longueur, soit pour le genre, au discours qu'il annonce. On ne met pas la tête d'un géant sur les épaules d'un pygmée, comme on ne place pas un vaste portique à l'entrée d'un petit bâtiment. Ne serait-il pas absurde de rendre l'entrée d'un tombeau aussi riante que celle d'un jardin? L'étendue et le style de l'exorde seront donc en rapport avec le corps du discours, et jamais il n'anticipera sur les réflexions qui doivent être développées plus tard.

§ II.

Défauts de l'exorde.

167. D'après Cicéron, l'exorde peut être vicieux de sept ou huit manières différentes; mais quelques-uns de ces défauts se ressemblent beaucoup et sont d'ailleurs particuliers à l'éloquence du barreau. Nous les réduisons à cinq, et nous disons que l'exorde peut être *vulgaire, commuable, inutile, trop long* et *à contresens*.

168. Il est *vulgaire* s'il peut s'appliquer indifféremment à plusieurs causes, à plusieurs sujets.

Il est *commuable* lorsque avec de légers changements on peut le rétorquer avec avantage contre celui qui l'emploie.

Il est *inutile* quand il ne fait rien à la cause ou au

sujet et n'est qu'un prélude oiseux qui ne se lie pas au reste du discours.

Il est *trop long* quand il renferme plus de mots et de pensées qu'il n'était nécessaire.

Il est *déplacé* ou à *contre-sens* quand il n'atteint pas le but qu'on se propose ou qu'il produit un effet différent de celui que le sujet demandait.

169. Dans tous les genres d'éloquence, on est exposé à tomber dans ces écarts; les jeunes gens surtout sont naturellement portés à des longueurs, à des préambules inutiles, à des idées vulgaires, et ils ne sauraient trop se mettre en garde contre ces défauts. Pour ne point se faire illusion, ils se rappelleront que l'exorde est mauvais s'il ne concilie à l'orateur ni l'attention, ni la bienveillance de l'auditoire, et plus mauvais encore s'il l'indispose contre lui.

Voulez-vous plaire et intéresser dans l'exorde, n'imitez pas ces orateurs qui, au lieu d'entrer d'abord en matière, se tournent et se retournent en tous sens comme un voyageur qui ne connaît pas sa route. Abordez franchement votre sujet et allez droit au cœur de la question.

§ III.

Divers genres d'exorde.

170. Comme l'exorde varie selon la nature du sujet et les dispositions de l'auditoire, on peut dire qu'il y a autant d'espèces d'exordes que de circonstances diverses où un orateur peut prendre la parole. Néanmoins, on a ramené toutes ces nuances infinies à

quatre espèces principales : l'exorde *simple*, l'exorde *insinuant*, l'exorde *pompeux*, et l'exorde *véhément* ou *ex abrupto*.

171. L'exorde **simple** *consiste à indiquer brièvement et sans art le sujet qu'on va traiter.* On emploie cet exorde dans les occasions de peu d'importance, ou quand on a un auditoire bien disposé. Démosthènes dans ses *Philippiques*, presque tous les orateurs de tribune et de barreau, entrent en matière simplement et sans détour :

> Athéniens, dit Démosthènes, si l'on eût annoncé la discussion d'une affaire nouvelle, j'attendrais que la plupart des orateurs qui fréquentent cette tribune eussent opiné ; et, si j'approuvais quelqu'un de leurs avis, je garderais le silence ; sinon, j'exposerais ma pensée. Mais, puisque le sujet qu'ils ont déjà traité tant de fois se trouve encore aujourd'hui soumis à l'examen, on me pardonnera, j'espère, de m'être levé le premier. Car enfin, si, par le passé, leurs conseils avaient répondu à vos besoins, vous ne seriez pas réduits à consulter encore. (1re *Philippique*.)

172. L'exorde **insinuant** *consiste à pénétrer adroitement dans l'esprit et le cœur de l'auditoire pour en changer les idées et les sentiments.* C'est là que l'orateur doit employer tous les moyens de plaire, et faire usage des précautions oratoires dont nous avons déjà parlé. Cet exorde s'emploie lorsqu'on craint des dispositions contraires, lorsqu'on veut combattre des erreurs ou des préjugés, ou qu'on a un adversaire puissant et redoutable. L'exorde du *pro Corona*, celui du *pro Milone*, celui de M. de Sèze sont des modèles du genre (Voir le n° XIII).

Démosthènes débute ainsi :

Avant tout, Athéniens, je demande à tous les dieux, à toutes les déesses, que mon zèle constant pour la république et pour chacun de vous se trouve égalé par votre bienveillance envers moi dans ce débat ; ensuite, et ce vœu intéresse hautement votre religion, votre gloire, puissent-ils vous persuader de consulter sur la manière dont vous devez m'entendre, non mon adversaire (ce serait rigoureux), mais les lois et votre serment ! Là. parmi tant de justes promesses, il est écrit : *Ecouter également les deux parties* ; c'est-à-dire non-seulement n'avoir rien préjugé, accorder à tous deux une faveur égale, mais encore laisser à chaque combattant le plan et le genre de défense qu'a choisis sa volonté...

Vous conviendrez tous, ô juges, que ces débats me sont communs avec Ctésiphon, et que je ne leur dois pas moins d'efforts que lui-même. Être dépouillé de tout est chose triste et cruelle, surtout dépouillé par un ennemi : mais perdre votre bienveillance, votre affection, est un malheur d'autant plus grand que cette possession est plus précieuse.

173. *L'exorde* **pompeux** *consiste à déployer, dès le début du discours, tout ce que l'éloquence a de plus magnifique et de plus élevé.* Il convient surtout aux occasions solennelles où un nombreux auditoire est réuni pour entendre traiter un sujet brillant. On l'emploie dans les discours académiques, les oraisons funèbres, les panégyriques des saints et les éloges des grands hommes. L'exorde de Bossuet dans l'oraison funèbre de la reine d'Angleterre, et celui de Fléchier dans l'oraison funèbre de Turenne, sont des exordes pompeux (Voir le n° XIV).

Voici les premières paroles du discours de Bossuet :

Et nunc, reges, intelligite, crudimini, qui judicatis terram.

Maintenant, ô rois, apprenez ; instruisez-vous, juges de la terre.

Celui qui règne dans les cieux et de qui relèvent tous les empires, à qui seul appartient la gloire, la majesté, l'indépendance, est aussi le seul qui se glorifie de faire la loi aux rois, et de leur donner, quand il lui plaît, de grandes et de terribles leçons. Soit qu'il élève les trônes, soit qu'il les abaisse, soit qu'il communique sa puissance aux princes, soit qu'il la retire à lui-même et ne leur laisse que leur propre faiblesse, il leur apprend leurs devoirs d'une manière souveraine et digne de lui; car, en leur donnant sa puissance, il leur commande d'en user, comme il le fait lui-même, pour le bien du monde; et il leur fait voir, en la retirant, que toute leur majesté est empruntée, et que, pour être assis sur le trône, ils n'en sont pas moins sous sa main et sous son autorité suprême. C'est ainsi qu'il instruit les princes, non-seulement par des discours et par des paroles, mais encore par des effets et par des exemples. *Et nunc, reges, intelligite, erudimini, qui judicatis terram.*

174. L'exorde **véhément**, qu'on appelle aussi *ex obrupto, consiste à se jeter brusquement en matière et à prendre dès le début un ton et un langage conformes aux dispositions de l'auditoire.* L'orateur l'emploie quand il ne peut contenir le sentiment qui le domine, et qu'il voit d'ailleurs ses auditeurs sous la même impression. C'est à ce genre qu'appartient la foudroyante apostrophe de Cicéron dans sa *première Catilinaire:*

Quousque tandem abutere, Catilina, patientia nostra? Quandiu etiam furor iste tuus nos eludet? Quem ad finem sese effrenata jactabit audacia? Nihilne te nocturnum præsidium Palatii, nihil urbis vigiliæ, nihil timor populi, nihil concursus bonorum omnium, nihil hic munitissimus habendi senatus locus, nihil horum ora vultusque moverunt? Patere tua consilia non sentis? Constrictam jam omnium horum conscientia teneri conjurationem tuam non vides? Quid proxima, quid superiore nocte egeris, ubi fueris, quos convocaveris, quid consilii ceperis, quem nostrum ignorare arbitraris ? O tempora ! o mores ! Senatus hæc intelligit, consul videt : hic tamen vivit. Vivit? imo vero etiam in senatum venit ; fit publici consilii particeps ; notat et designat oculis ad cædem unumquemque nostrum.

175. L'orateur a besoin de beaucoup de discernement pour savoir quel genre d'exorde il doit employer dans chaque circonstance. L'exorde véhément, surtout, exige de la prudence et suppose un grand ascendant sur l'auditoire. Il appartient à Bossuet de commencer ainsi l'oraison funèbre de la duchesse d'Orléans :

> J'étais donc encore destiné à rendre ce devoir funèbre à très-haute et très-puissante princesse Henriette-Anne d'Angleterre, duchesse d'Orléans. Elle que j'avais vue si attentive pendant que je rendais le même devoir à la reine, sa mère, devait être, sitôt après, le sujet d'un discours semblable, et ma triste voix était réservée à ce déplorable ministère ! O vanité ! ô néant ! ô mortels ignorants de leurs destinées ! L'eût-elle cru, il y a dix mois? Et vous, messieurs, eussiez-vous pensé, pendant qu'elle versait tant de larmes en ce lieu, qu'elle dût sitôt nous y rassembler pour la pleurer elle-même !

ARTICLE DEUXIÈME.

DE LA PROPOSITION ET DE LA DIVISION[1].

176. La **proposition** du discours est *l'exposé clair, net et précis du sujet*. Fénelon en a donné une idée fort juste quand il a dit : La proposition est le

---

[1] Auteurs à consulter : Quintilien, l. IV, c. IV et V; Blair, *Leçons de rhétorique*; 4e part., leçon XXXI ; Maury, XI et XII; le P. Marin de Boylesve, *Principes de rhétorique*, art. Proposition.

discours en abrégé, et le discours est la proposition développée.

Il importe beaucoup de mettre de la clarté dans la proposition ; car si l'auditeur ignorait le but où l'orateur veut le conduire, il lui serait impossible d'apprécier la valeur de ses arguments et même de les écouter avec intérêt.

177. Il y a deux sortes de propositions, la proposition *simple* et la proposition *composée*. La proposition est simple lorsqu'elle ne renferme qu'un seul objet à prouver. La proposition est composée quand elle renferme plusieurs objets dont chacun doit être prouvé séparément.

> Je vous ferai voir, dit Cicéron dans son *pro Archia*, non-seulement qu'Archias est citoyen romain, mais que, s'il ne l'était pas, vous devriez lui donner ce titre.

178. Lorsque la proposition est composée, ou lorsque, étant simple, elle doit être successivement prouvée par plusieurs moyens, il y a *division* dans le discours.

La **division** est le partage du sujet en plusieurs points qui doivent être traités les uns après les autres. Ces points sont ordinairement au nombre de deux ou de trois, mais comme ils peuvent eux-mêmes se prouver de plusieurs manières, il y a souvent aussi des *subdivisions*.

179. La division doit être *entière, distincte, progressive* et *naturelle*.

1° *Entière*, c'est-à-dire que les divers membres qui la composent doivent embrasser tout le sujet ;

2° *Distincte*, c'est-à-dire qu'un membre ne doit pas rentrer dans l'autre et présenter la même idée sous des termes différents;

3° *Progressive*, c'est-à-dire que le premier point doit conduire au second, le second confirmer et expliquer le premier et préparer au troisième, s'il y a lieu;

4° *Naturelle*, c'est-à-dire qu'elle doit être conçue en termes clairs et précis, sans répétitions inutiles, sans antithèses et sans ornements affectés.

180. La division renfermée dans de justes limites offre de grands avantages. Dans les sujets d'une certaine étendue, elle rend le discours plus clair, plus facile à comprendre et plus instructif pour la masse des auditeurs. Elle soulage l'esprit de celui qui parle et de ceux qui écoutent. « Les divisions, dit Maury, mettent l'auditeur en état de saisir l'unité du discours et d'en suivre la marche; elles lui indiquent certains lieux de repos où il peut réfléchir sur ce qui a été dit et pressentir ce qui doit suivre. »

181. Tous les sujets ne demandent pas de divisions. Quand le discours ne doit pas être long et que l'orateur ne doit développer qu'une seule pensée, il serait ridicule de vouloir à tout prix morceler cette pensée en deux ou trois parties. D'un autre côté, il y a des matières où la liaison des idées conduit l'esprit assez sûrement pour qu'il ne soit pas nécessaire d'annoncer la division en termes formels; l'orateur néanmoins aura toujours un plan dans son esprit, mais il lui sera peut-être utile de cacher sa marche.

Ainsi, s'abstenir de divisions dans toutes sortes de sujets, c'est se priver d'une grande ressource pour porter la lumière et la conviction dans l'auditoire; les multiplier outre mesure et les prodiguer en toute occasion, c'est être minutieux et froid, ôter au discours sa force et son aisance, et fatiguer vainement son auditoire.

182. Quelques auteurs ont blâmé l'usage des divisions, mais il y en a un plus grand nombre qui les ont approuvées et pratiquées dans l'occasion. Démosthènes et Eschine n'ont presque jamais annoncé de division et ont cependant un plan bien déterminé. Cicéron ne divise pas toujours; dans quelques discours toutefois les divisions sont parfaitement marquées. Au reste, dans leurs traités didactiques, Cicéron et Quintilien recommandent beaucoup le choix d'un bon plan. « Il faut regarder comme un Dieu, disait Platon, celui qui sait bien définir et bien diviser. »

A l'exemple des orateurs païens, saint Chrysostome et les autres Pères de l'Église n'indiquent presque jamais de division. Plus tard les scolastiques et les orateurs du moyen âge ont usé de division jusqu'à l'excès. Enfin les orateurs du dix-septième siècle, Bossuet, Bourdaloue, Massillon, ont saisi le vrai caractère de ce précepte, et nous ont laissé, sous ce rapport, les meilleurs modèles à suivre.

Dans beaucoup de rhétoriques, on s'appuie sur l'autorité de Fénelon pour combattre les divisions; mais Fénelon bien compris interdit seulement les divisions prodiguées à tout propos, celles qui sont puériles, trop compliquées ou présentées avec affectation et mauvais goût.

ARTICLE TROISIÈME.

DE LA NARRATION ORATOIRE[1].

183. La narration oratoire est *l'exposé d'un ou de plusieurs faits à l'appui d'une proposition*. La narration oratoire diffère beaucoup de la narration historique. « L'historien, dit Crevier, uniquement occupé du vrai, ne se propose que d'exposer la chose telle qu'elle est; l'orateur, sans détruire la substance du fait, le présente sous le point de vue le plus avantageux, appuie sur les circonstances favorables, glisse légèrement sur les autres, ou les passe même entièrement sous silence. »

184. Dans un discours, la narration peut se présenter sous *trois formes différentes*.

On peut avoir à citer certains faits pour servir de justification et d'exemple à ce qu'on avance, et alors ces sortes de récits trouvent leur place à côté des preuves ou des mouvements auxquels ils se rapportent.

D'autres fois, le discours tout entier n'est qu'un tissu de narrations accompagnées des réflexions convenables au but qu'on se propose; tels sont les panégyriques, les oraisons funèbres, certaines causes judiciaires, comme le plaidoyer contre Verrès. Dans ce cas, la narration constitue le fond perpétuel de tout

---

[1] Auteurs à consulter : Cicéron, *De Orat.*, l. II, 326-330; Quintilien, l. IV, c. ii; Crevier, 2e partie, ch. i, art. ii; Blair, 4e partie, leç. xxxi; Marmontel, art. Narration; Leclerc, 2e partie, art. iii; Lefranc, *Rhétorique,* ch. ii.

l'ouvrage, et l'orateur sera véhément, sublime, simple, concis ou étendu, suivant les actions qu'il décrit et l'effet qu'il veut produire.

D'autres fois enfin, le discours repose tout entier sur un fait, comme dans les causes judiciaires, et alors la narration fait vraiment une partie distincte qui a ses règles à part. C'est là proprement la narration *judiciaire* dont nous allons expliquer le caractère et les qualités.

185. La narration judiciaire se place naturellement après l'exorde, car il importe d'instruire au plus tôt les auditeurs du fait dont il s'agit. On en voit un exemple dans le discours pour la loi *Manilia*. Quelquefois cependant l'auditoire est prévenu relativement aux faits dont il s'agit; l'orateur doit alors dissiper ces préventions et placer la réfutation avant le récit des faits. C'est ce que font Démosthènes dans son *Discours pour la Couronne* et Cicéron dans sa *Milonienne*.

186. Le grand art de la narration judiciaire consiste à *préparer l'esprit des juges aux preuves* que l'on doit bientôt présenter dans la confirmation. Il faut, dit Crevier, qu'elle contienne le germe de tous les moyens qui seront employés dans la suite du discours. Une narration ainsi faite produira plus d'effet et d'impression que les arguments les plus solides. Car, dans la narration, l'auditeur tire lui-même la conséquence et s'y attache comme à son propre ouvrage; dans la confirmation, au contraire, le raisonnement est le travail de l'orateur, et l'auditeur s'en défie.

187. Outre cet art de présenter les faits d'une ma-

nière *démonstrative*, les rhéteurs exigent quatre qualités pour la narration judiciaire : la *clarté*, la *brièveté*, la *vraisemblance* et l'*intérêt*.

188. La *clarté*, qui est nécessaire dans toutes les parties, l'est surtout dans la narration, parce que c'est de là que doit partir la lumière pour se répandre dans tout le discours. Si le fait n'est pas bien exposé, les preuves et les raisonnements qui le suivent seront mal compris, et le travail de l'orateur sera perdu. *Narratio obscura totam obcœcat orationem* (Cic.). « La narration sera claire, dit Quintilien, si l'orateur distingue bien les personnes, les choses, les temps et les lieux, et s'il emploie des termes simples et naturels. »

189. La *brièveté* ne consiste pas précisément à se renfermer dans peu de mots, mais à ne rien dire d'inutile et de superflu. Un récit de deux pages sera court s'il ne contient que ce qui est nécessaire; un récit de vingt lignes sera long s'il peut être renfermé dans dix. Ne prenez donc pas les choses de trop loin, marchez droit au fait, éloignez les détails étrangers, et gardez-vous de noyer dans un déluge de paroles ce qui peut être dit dans un seul mot.

190. La *vraisemblance*, dit Cicéron, exige que la narration s'accorde avec le caractère et les intérêts des personnages, avec les circonstances de temps et de lieu, et elle veut aussi que les faits soient appuyés sur de bons témoignages. Étudiez donc les faits avec le plus grand soin, non pas pour altérer la vérité, mais pour lui donner toute la vraisemblance possible, car

Le vrai peut quelquefois n'être pas vraisemblable.

191. Pour rendre la narration *intéressante*, l'orateur s'efforcera d'attacher son auditoire, dans les grands sujets, par l'élévation et le pathétique, dans les sujets médiocres par l'agrément des détails. Le plaisir trompe et amuse, dit Quintilien; plus une chose nous en donne, moins elle semble durer. C'est ainsi qu'un chemin riant et uni, quoique plus long, fatigue moins qu'un autre qui est plus court, mais désagréable et escarpé.

Tous les rhéteurs ont cité pour modèle la narration de la *Milonienne*, et il est vrai qu'elle est un chef-d'œuvre d'adresse et d'habileté. Malheureusement elle est fondée sur le mensonge, et ce n'est point sur de pareils exemples que doivent se former de jeunes chrétiens. Nous aimons mieux citer une narration de Lally-Tolendal (Voir le n° xv).

ARTICLE QUATRIÈME.

DE LA CONFIRMATION[1].

192. La **confirmation** est *la partie du discours où l'orateur prouve la vérité qu'il a déjà avancée dans la proposition*. C'est comme le corps et la substance de tout le discours. Toutes les autres parties lui sont subordonnées, et elles n'ont de prix qu'autant qu'elles contribuent à la faire valoir; car partout les preuves

---

[1] Auteurs à consulter : Aristote, l. III, c. ix; Cicéron, *De Orat.*, l. II, 116-120 ; Quintilien, l. V, c. i-xii; Blair, leç. xxxi; Crevier. 2ᵉ partie, ch. 1, art. iii; Girard. l. II, ch. iv ; le P. Marin de Boylesve, *Rhétorique*, art. Confirmation.

sont la base et le nerf de la véritable éloquence.

193. En traitant de l'invention, nous avons indiqué les sources où l'on doit chercher les preuves, et nous avons dit qu'on trouvait les meilleures dans la méditation du sujet. Il nous reste à dire, en peu de mots, comment l'orateur doit les *choisir*, les *arranger*, les *enchaîner* et les *développer*. Nous parlerons donc 1° du *choix*, 2° de l'*arrangement*, 3° de la *liaison*, 4° du *développement* des preuves ou de l'*amplification*.

§ 1.

Du choix des preuves.

194. Il importe beaucoup de choisir les preuves et de n'employer que *les plus péremptoires*. Évitons, dit Quintilien, de vouloir tout dire sur le sujet en question. Celui qui ne veut rien perdre fait croire qu'il est indigent, et, lorsqu'il emploie des raisons médiocres, il donne lieu de penser qu'il n'en a point de fortes et de frappantes. Cicéron veut qu'on écarte toutes les preuves qui contiennent un mélange de bien et de mal, et il ajoute que, dans le choix de ses arguments, il s'occupe moins de les compter que de les peser.

195. Les preuves doivent être *propres au sujet*, et c'est ce caractère de propriété qui fait leur véritable force. Si elles sont vagues, indéterminées, elles ne produisent aucun effet. Il est peu d'orateurs qui n'admettent pas quelquefois ces preuves vulgaires et peu concluantes. Voulez-vous éviter ce défaut, exercez votre jugement par des lectures réfléchies, par

l'étude et l'analyse des bons auteurs, et n'admettez jamais une preuve dont vous ne voyez pas le rapport avec le sujet.

196. Les preuves doivent être *proportionnées à l'intelligence des auditeurs*. On ne démontrera pas l'existence de Dieu ou la spiritualité de l'âme devant une réunion de simples villageois, comme on le ferait devant une assemblée de philosophes et de savants. Rien de plus commun pourtant que l'oubli de cette règle. Une foule d'orateurs cherchent plus à se faire admirer qu'à se faire comprendre, et leurs discours, pleins d'érudition et de profondeur, sont inutiles pour la plupart de ceux qui les entendent. Que l'orateur joigne donc à la connaissance de son auditoire beaucoup de sagesse et de discernement.

197. On ne doit pas toujours juger de la valeur d'une preuve par sa force naturelle et intrinsèque : elle dépend souvent de la *disposition des auditeurs*. Telle raison qui paraît faible en soi devient triomphante auprès d'une personne qu'elle touche par son endroit sensible. C'est ainsi que, dans *Salluste*, Caton, parlant contre Catilina, emploie devant les sénateurs romains des raisons faibles peut-être, mais capables de toucher des hommes qui aiment par-dessus tout le faste, le luxe et les richesses.

§ 11.

De l'arrangement des preuves.

198. Il n'y a point, dit Quintilien, de marche invariable et déterminée pour l'arrangement des preuves.

Chaque sujet a des règles qui lui sont propres, et c'est au bon sens de l'orateur à les découvrir et à les suivre. Il consultera donc toujours la nature et le besoin de sa cause; seulement il s'imposera la loi de ne point finir par de faibles raisons après avoir commencé par les plus fortes : *ne e potentissimis ad levissima decrescat oratio.*

199. Quelques rhéteurs pensent que la meilleure manière d'arranger les preuves consiste à commencer par les moins frappantes pour s'élever graduellement jusqu'aux plus fortes, de sorte que le discours aille toujours en croissant : *semper augeatur et crescat oratio.* Cette marche est bonne, pourvu que le premier moyen soit capable de faire une impression favorable; mais, s'il en est autrement, elle est condamnée par Cicéron lui-même. Il faut, dit ce grand maître, répondre le plus tôt possible à l'attente des auditeurs; une cause va mal si, dès qu'on l'aborde, elle ne paraît pas devenir meilleure.

200. Cicéron veut, pour le début, des moyens puissants, pour le milieu, les preuves les moins fortes, et pour la fin, les raisons les plus frappantes et les plus décisives. Quintilien, qui conseille aussi cette disposition, l'appelle *homérique,* parce que, dans Homère, Nestor, rangeant ses troupes en bataille, met en tête ses chars armés en guerre, au milieu ce qu'il a de moins bons soldats, et à la queue sa brave et nombreuse infanterie.

201. Dans l'arrangement des preuves, il faut éviter, dit Blair, de *mêler confusément* des arguments de diverse nature. On doit, au contraire, unir et rappro-

cher ceux qui sont fondés sur le même principe et ont entre eux une étroite affinité. Ainsi, en parlant à un auditoire de l'amour du prochain, si je fonde le premier argument sur la paix intérieure que produit cet amour, le second sur l'obligation que Dieu nous impose, et le troisième sur les avantages extérieurs que nous procure l'accomplissement de ce devoir, j'aurai bien choisi mes arguments, mais ils seront mal rangés. Le premier et le troisième motifs devaient être réunis.

§ III.

De la liaison des preuves.

202. Quand une fois les preuves sont choisies et rangées à leur place, l'orateur doit les *lier* entre elles de manière qu'elles ne fassent qu'un seul corps.

Les idées intermédiaires dont on se sert pour passer d'une preuve à une autre, d'une partie du discours à une autre partie, s'appellent **transitions**.

Les transitions sont comme le nœud qui sert à lier des parties différentes, ou plutôt elles ressemblent à un pont qui unit ensemble les deux bords d'une rivière, et transporte le voyageur de l'un à l'autre sans peine et sans effort.

203. L'art des transitions est un des plus difficiles pour l'orateur comme pour l'écrivain. Cependant, quand le plan qu'on a choisi est convenable et naturel, quand l'ensemble et les détails d'un sujet ont été suffisamment étudiés, il est aisé de voir les liens qui doivent unir les preuves entre elles. Par une habile correction ou par d'autres artifices, l'orateur unit

quelquefois les idées les plus disparates. La noblesse
de la maison d'Auvergne et l'hérésie sont deux choses
bien différentes. Voyez comme Fléchier a su passer
de l'une à l'autre :

M. de Turenne sortait de cette maison qui a mêlé son sang à
celui des rois et des empereurs et qui a donné des reines à la
France. Mais que dis-je? au lieu de le louer ici, il faut l'en
plaindre. Quelque glorieuse que fût la source d'où il sortait,
l'hérésie des derniers temps l'avait infecté.

204. Voulez-vous lier étroitement toutes les parties
d'un discours, méditez profondément votre sujet, dis-
tinguez les idées principales des idées accessoires,
voyez nettement le but que vous voulez atteindre et
le chemin qui peut vous y conduire. C'est alors que
vous découvrirez les vrais rapports entre les idées,
et qu'elles s'enchaîneront facilement. Votre discours
ne sera plus un assemblage de pièces décousues qui
se rapprochent sans s'emboîter et s'unir ; vous aurez
un édifice solide et régulier, ou plutôt une statue de
bronze coulée d'un seul jet.

Pour acquérir ce difficile talent, il sera très-utile de
décomposer les discours et d'en étudier les détails,
comme l'a fait Rollin pour le discours de Pacuvius à
Pérolla, qui se trouve dans Tite-Live (Voir le n° XVI).

§ IV.

Du développement des preuves ou de l'amplification.

205. C'est dans la manière de présenter et de développer les preuves que brille surtout le talent de l'orateur. Les unes sont fortes et convaincantes ; d'autres
sont moins solides et même un peu fragiles. Quelques-

unes veulent être présentées sous une forme rigoureuse ; le plus souvent il faut voiler cette forme aride et compassée sous un tour rapide et gracieux. La difficulté consiste à faire valoir chaque preuve de la manière la plus avantageuse.

206. Il est rare qu'on doive présenter les preuves sous la forme sèche et didactique que nous avons indiquée dans l'invention. Un discours qui serait composé tout entier de syllogismes ne serait pas supportable. L'éloquence, dit Quintilien, aime la pompe et les richesses et veut charmer par les grâces de la diction. Elle n'y parviendrait jamais si le discours ne renfermait que des propositions courtes, mesurées et aboutissant toutes à une chute constamment uniforme. La parole d'un orateur veut une plus large carrière, et elle aime, comme un grand fleuve, à couler librement et avec majesté.

207. Quand vous avez des preuves peu fortes et que vous croyez utile de les employer, entassez-les ensemble pour qu'elles se prêtent un mutuel secours et qu'elles suppléent à la force par le nombre. Ces preuves ainsi réunies ont parfois une grande puissance ; si ce n'est pas la foudre qui renverse, c'est la grêle qui frappe à coups redoublés.

208. Quand on a des preuves fortes et solides, il ne faut pas les confondre dans la foule, mais les traiter séparément et avec le plus grand soin. *Développer une preuve et la présenter sous plusieurs faces pour en faire sentir tout le poids*, c'est ce qu'on appelle faire une **amplification**.

Amplifier n'est donc pas accumuler des mots sur

des mots, des phrases sur des phrases, mais c'est insister sur ses pensées en leur donnant tous les développements qui peuvent les rendre frappantes et palpables. A mesure qu'on amplifie, le discours doit devenir plus clair, plus fort, plus énergique, et tout ce qui est inutile doit être impitoyablement retranché.

209. Certains rhéteurs ont vu dans l'amplification une exagération ou une diminution de la vérité, et ils l'ont réprouvée comme un instrument de mensonge. Si l'amplification était l'art de donner aux choses une fausse grandeur, comme le prétendait Isocrate (τα μικρα μεγαλα ποιειν), il est certain qu'elle serait indigne du véritable orateur ; mais, à notre avis, *agrandir* n'est pas synonyme d'*exagérer*. Amplifier, c'est exposer *amplement* la vérité, afin qu'elle se grave plus profondément dans les âmes.

210. Si l'amplification bien entendue n'a rien que de légitime, il est vrai aussi qu'il y a une amplification vicieuse et incompatible avec les devoirs de l'orateur probe et sincère. Quand l'orateur manque de bonne foi, quand il grossit ou atténue, relève ou abaisse les objets au point de dire ce qu'il ne pense pas, il perd toute sa dignité et n'a plus de droit à la confiance de ses auditeurs. La rhétorique chrétienne condamne donc absolument toutes les amplifications sophistiques qui sortent des bornes de la vérité.

211. Puisque l'amplication n'est que l'art de présenter ses preuves avec plus de force et d'intérêt, l'orateur doit les développer, les étendre, les relever par les expressions et les tours qui peuvent les rendre frappantes.

Ce que la séve opère sur un simple germe ou sur une tige naissante, l'amplification doit l'opérer sur une preuve ou une proposition ; elle la développe, la grossit, l'embellit, et en rend toutes les parties plus fortes et plus saillantes. Tandis que le philosophe définit et divise avec une sévère précision, et qu'il se borne à démontrer la vérité par un syllogisme rigoureux, l'orateur reprend cette vérité ou ce fait, il les tourne et les retourne sous toutes leurs faces, il les rend tour à tour accessibles à toutes les facultés de l'homme et à toutes les différentes classes d'auditeurs ; en un mot, il déploie son sujet pour le montrer dans toute son ampleur.

212. Les principales sources de l'amplification oratoire sont les figures et les lieux intrinsèques dont nous avons déjà parlé. Ce qui a été dit en particulier sur les figures de pensées peut aider beaucoup les jeunes gens pour le développement des preuves[1]. En outre, on amplifiera aussi par la définition, par l'énumération des parties, par les causes et les effets, par les rapprochements, les comparaisons, les oppositions et les contrastes. Sans qu'il soit nécessaire de parcourir successivement ces différents chefs de preuves, si l'orateur est fortement pénétré du désir de convaincre l'auditoire, ce travail se fera comme à son insu : les raisons, les images et les tours ne lui manqueront jamais pour insister sur une vérité. Tantôt il présentera la chose sous un nouveau point de vue ; tantôt il parcourra les circonstances les plus

---

[1] Voir notre *Cours de littérature*, p. 83-98.

propres à produire l'effet qu'il désire; il aura recours à des similitudes, à des exemples, et enfin par une habile gradation il parviendra à dompter son auditoire.

213. L'amplification des preuves se fait quelquefois par une accumulation d'idées, d'expressions et de synonymes. Dans le plaidoyer pour Ligarius, Cicéron reproche à l'accusateur d'avoir été lui-même ennemi de César. Tubéron avait été en effet du côté de Pompée au combat de Pharsale. Mais l'orateur insiste tellement sur ce fait qu'il semble multiplier ce crime en le présentant sous tant de formes diverses.

> Car enfin, Tubéron, à qui en voulait cette épée nue que tenait votre main dans les plaines de Pharsale ! Quel sein brûlait-elle de percer ? Quel était le motif qui vous avait fait prendre les armes ? Votre courage, vos mains, vos yeux, quel ennemi cherchaient-ils ? Que vouliez-vous ! que prétendiez-vous?

214. L'amplification se fait souvent par image et par comparaison. Vous avez présenté une idée ou une argumentation d'une manière simple et lumineuse : mais vous voyez qu'elle n'a point produit sur l'auditoire l'effet que vous attendiez ; vous la faites valoir une seconde fois par des suppositions et des images; les auditeurs sont frappés, et vous triomphez de toutes les résistances. Voici un bel exemple d'amplification par des images :

> De quelque superbe distinction que se flattent les hommes, ils ont tous une même origine, et cette origine est petite. Leurs années se poussent successivement comme les flots; ils ne cessent de s'écouler, tant qu'enfin, après avoir fait un peu plus de bruit, et traversé un peu plus de pays les uns que les autres, ils vont

tous ensemble se confondre dans un abîme où l'on ne reconnaît plus ni princes, ni rois, ni toutes ces autres qualités superbes qui distinguent les hommes ; de même que ces fleuves tant vantés demeurent sans nom et sans gloire, mêlés dans l'Océan aux rivières les plus inconnues. (BOSSUET.)

215. Le meilleur genre d'amplification est sans contredit celui de Démosthènes. Il consiste uniquement à donner à ses raisonnements de la force, de l'ampleur et de la dignité. Quand Démosthènes veut agrandir les objets, dit Marmontel, il étend moins qu'il n'approfondit, il grave au lieu de peindre, et s'il déploie les bras avec moins de grâce que Cicéron, il les serre avec une plus nerveuse vigueur. En voici un bel exemple :

Quant à cette défaite dont tu triomphes, et dont tu devrais gémir, vous reconnaîtrez, Athéniens, que je n'y ai nullement contribué. Suivez mon raisonnement. Partout où vous m'avez envoyé en ambassade, les députés de Philippe ont-ils eu sur moi quelque avantage ? Non, jamais, non, nulle part, ni chez les Thessaliens, ni dans Ambracie, ni dans l'Illyrie, ni chez les rois de Thrace, ni à Byzance, ni dernièrement enfin à Thèbes. Mais ce que j'avais emporté par la parole, Philippe survenant le détruisait par les armes. Et tu t'en prends à moi ! et, dans tes sarcasmes amers, tu ne rougis pas de m'accuser de lâcheté, d'exiger que, seul, j'aie été plus fort que toute la puissance de Philippe, et cela par la parole !... Moi, je n'étais ni le maître ni le chef des troupes ; je ne suis donc pas responsable de ce qu'elles ont fait. Mais, en repoussant son or, j'ai vaincu Philippe. Quand un traître s'est vendu, l'acheteur a triomphé de lui ; mais qui demeure incorruptible a triomphé du séducteur. Du côté de Démosthènes, Athènes a donc été invincible. (*Discours pour la Couronne.*)

216. Les défauts les plus ordinaires dans les amplifications des jeunes gens sont la *prolixité*, la *stérilité*, la *futilité* et la *surabondance*.

217. La *prolixité*, qui est peut-être le vice le plus commun, consiste à noyer une pensée dans une multitude de mots superflus et à répéter les mêmes choses en des termes différents. Ces amplifications stériles, si fréquentes chez les jeunes gens, viennent ou de ce qu'ils ne prennent pas le temps de réfléchir, ou de ce que leurs connaissances sont encore trop peu étendues pour leur fournir de solides développements. Qu'ils aient donc toujours devant les yeux le conseil de Boileau :

Fuyez . . . . . . l'abondance stérile,
Et ne vous chargez point d'un détail inutile.

218. La *stérilité*, qui n'est autre chose que le manque d'idées, vient quelquefois de la nature de l'esprit et d'autres fois du défaut de culture. Quand la stérilité a pour cause un manque absolu de talent, il est impossible d'y remédier ; mais quand elle provient de ce qu'on n'a pas encore enrichi son intelligence par des études suffisantes, il faut lire beaucoup, méditer beaucoup sur ce qu'on lit, et la stérilité fait place à l'abondance.

219. La *futilité* consiste à se jeter dans des détails inutiles et frivoles. Lorsqu'on commence à écrire, on attache de l'importance à toutes les idées qui se présentent, on amplifie des bagatelles, on fait valoir des riens. On ne sait point distinguer l'accessoire du principal, et on croit que le sujet est d'autant mieux traité qu'on a pris soin de tout dire. Pour éviter ces défauts,

montrez-vous de bonne heure sévère envers vous-même, rejetez les ornements prétentieux, supprimez les périphrases et les longueurs et généralement tous les détails qui ne vont pas au but.

220. La *surabondance* est un défaut moins à craindre que la futilité : elle consiste à entasser avec profusion les expressions et les pensées, les sentiments et les images. J'aime, dit Cicéron, qu'il y ait dans le jeune homme un peu d'abondance que plus tard il faudra réprimer. Les fruits qui arrivent trop vite à leur maturité ne conservent pas longtemps leur saveur ; et d'ailleurs on peut émonder les ceps trop vigoureux, mais il n'y a pas de culture qui puisse féconder une vigne naturellement stérile. Il faut donc développer dans le jeune homme l'imagination et la sensibilité, et employer, suivant le besoin, comme le faisait Isocrate, la bride ou l'éperon.

ARTICLE CINQUIÈME.

DE LA RÉFUTATION[1].

221. La **réfutation** est *la partie du discours où l'orateur détruit les raisons contraires à la proposition qu'il a avancée.*

222. Cicéron ne veut pas qu'on distingue la réfutation de la confirmation, parce qu'on ne peut détruire les objections sans appuyer sa propre thèse, ni établir ses moyens sans détruire ceux de l'adversaire.

---

[1] Auteurs à consulter : Quintilien, l. V, c. xiii ; Girard, l. II, ch. vii ; Leclerc, 2e partie, art. v ; le P. Broeckaert, 5e part., 2e sect., ch. ii ; Lefranc, *Rhétorique*, ch. ii.

Dans tous les cas, il est certain qu'elle ne forme une partie distincte que dans les plaidoyers et les mémoires.

223. Il est impossible d'assigner une place constante à la réfutation ; tantôt elle précède, tantôt elle suit la confirmation, tantôt elle est mêlée avec elle ; c'est la nature et le besoin de la cause qui doivent fixer son rang. Mais il faut toujours qu'elle précède la confirmation quand l'orateur a de grands préjugés à vaincre. La méthode qui consiste à renvoyer toutes les objections à la fin du discours a quelque chose de froid et de monotone qui semble contraire à l'éloquence.

224. Si la réfutation tombe sur un fait, montrez ou que ce fait n'est pas fondé sur des témoignages certains, ou qu'il n'est pas tel qu'on le suppose, ou qu'on n'est pas en droit d'en tirer les conséquences qu'on prétend. Examinez donc le fait dans tous ses rapports et tous ses aspects, parce que vous ne connaîtrez bien un événement qu'en l'étudiant dans ses causes, dans ses détails et dans ses suites.

Démosthènes, accusé par Eschine d'être responsable des maux de la patrie, lui répond victorieusement en rétablissant les faits dans leur exacte vérité.

225. Quand la réfutation tombe sur un raisonnement, examinez si les principes sur lesquels s'appuie l'objection sont vrais ou faux, et si les conséquences sont bien ou mal déduites.

Si le principe est faux, on doit le démontrer par les absurdités qui en découlent, ou en lui opposant d'autres principes dont la vérité est évidente. Le principe détruit, toutes les conséquences que l'adversaire en a tirées tomberont d'elles-mêmes.

Si la conséquence est mal déduite, on le fera ressortir au moyen des règles que nous avons données pour connaître les sophismes.

226. Lorsqu'on est obligé de réfuter des présomptions ou des conjectures que l'adversaire a réunies en faisceau pour mieux les faire valoir, il faut en montrer la faiblesse en les divisant et les présenter seules et isolées. Examinez séparément celles qui tirent leur force de leur union ; ramenez à leur plus simple expression celles qui ont été développées avec éclat, afin d'en amortir l'effet. Il y a surtout, quand on le peut, un grand avantage à mettre son adversaire en contradiction avec lui-même (Voir le n° XVII).

227. Lorsqu'on a opposé des raisons solides aux objections les plus fortes, il est quelquefois utile de combattre les plus faibles par une fine plaisanterie. Un mot piquant produit souvent plus d'effet que les raisons les plus solides. Mais la plaisanterie, maladroitement employée, est un trait qui revient contre celui qui l'a lancé, et de tous les traits qui peuvent se rétorquer, c'est sans contredit le plus terrible et le plus acéré. Servez-vous donc de cette arme avec discrétion, et n'oubliez pas les règles que nous avons tracées à l'article des passions.

228. C'est à la tribune et au barreau qu'on fait le plus fréquent usage de la réfutation, et les préceptes que nous venons de donner s'appliquent spécialement à ces deux genres d'éloquence. Néanmoins, le prédicateur a aussi quelquefois des réfutations à faire. On

peut dire qu'il a autant d'adversaires qu'il se rencontre de préjugés et de passions dans le cœur de ceux qui l'écoutent, et il doit s'attacher à les combattre. Nous dirons ailleurs les précautions qu'il convient d'observer en ce cas.

ARTICLE SIXIÈME.

DE LA PÉRORAISON[1].

229. La péroraison est *la conclusion ou le couronnement du discours*. Dans cette dernière partie, l'orateur a d'ordinaire deux devoirs à remplir : achever de convaincre par la *récapitulation* des preuves, achever de persuader par l'emploi des *mouvements oratoires*. Il arrive quelquefois que la péroraison n'a pas ce double but, mais elle est toujours très-importante et souvent décisive pour le succès de l'orateur.

230. La fin du discours, dit l'abbé Girard, est le moment critique : c'est celui où l'auditeur doit porter son jugement et se décider sans retour. Il est donc nécessaire de lui présenter, comme dans un petit tableau, les principaux moyens qu'on a développés pour opérer sa conviction; mais il faut le faire avec intérêt, avec force, sans répétitions et sans longueurs. Résumez le discours, dit Cicéron, mais ne le recommencez pas : *Memoria, non oratio, renovata videatur.*

231. Dans les causes importantes et compliquées du barreau, dans les causes où il est difficile de gra-

---

[1] Auteurs à consulter : Aristote, l. III, c. IX ; Cicéron, *De Orat.*, l. II, 185-216, *orat.* 128-153; Quintilien, l. VI, c. I ; Blair, leç. XXXI ; Maury, LXXVI ; Marmontel, art. Péroraison; Leclerc, 2ᵉ part., art. VI.

ver dans la mémoire les points successivement discutés, la récapitulation est indispensable. Ayez soin toutefois de ne parcourir que les sommités des choses d'une manière rapide et presque inaperçue. Vous pouvez alors, dit Cicéron, montrer sur chaque point comment vous avez réfuté votre adversaire et présenter ainsi, dans un court parallèle, tout l'ensemble de la cause. Variez beaucoup les formes et les tournures, et, si vous le pouvez, mettez ce résumé dans la bouche d'un personnage que vous évoquez, au lieu de le faire vous-même.

232. La récapitulation peut aussi s'employer dans la chaire, et quelquefois l'orateur, ramassant ainsi toutes ses forces et tous ses moyens, remporte une victoire que n'avaient pu obtenir ses raisons prises séparément; mais il faut que cette récapitulation ait, comme au barreau, beaucoup de rapidité et d'énergie, une grande variété dans les tours. Massillon nous a laissé de beaux modèles de ce genre de péroraison.

233. Le second devoir de l'orateur dans la péroraison, c'est d'exciter des sentiments et des passions conformes au but qu'il veut atteindre. La péroraison pathétique doit être employée chaque fois qu'on a fait usage de mouvements passionnés dans le corps du discours. C'est alors qu'il faut pousser vivement l'auditeur, lui arracher des larmes, lui livrer le dernier assaut et le forcer à se rendre. Réservez pour ce moment, dit Cicéron, vos meilleures ressources, les tours animés, les figures hardies, les images attendrissantes, ce que vous avez de plus irrésistible et de plus véhément : *Quæ excellunt serventur ad perorandum.*

234. Les anciens ont souvent fait usage de la péroraison pathétique dans l'éloquence du barreau. En accusant Démosthènes, Eschine évoque l'ombre de Solon et d'Aristide pour accabler son adversaire. Cicéron excelle dans les péroraisons pathétiques ; celles du *pro Milone* et du *pro Murena* sont de véritables chefs-d'œuvre.

Dans le barreau moderne, ces péroraisons touchantes sont beaucoup plus rares, parce que nos formes juridiques sont plus simples et plus austères. Néanmoins, elles n'en sont pas entièrement bannies. Comme le juge est homme, dit Marmontel, il ne sera jamais inutile de l'intéresser en faveur de l'innocence et de la faiblesse, et ce moyen n'est indigne de l'éloquence que lorsqu'on l'emploie pour faire triompher le crime ou le mensonge.

235. Dans l'éloquence de la chaire, le pathétique de la péroraison a pour but d'émouvoir l'auditoire de compassion pour lui-même, d'horreur pour ses propres vices, de terreur pour ses propres dangers.

Quelquefois, à l'exemple de saint Vincent de Paul, le prédicateur emploiera le pathétique pour secourir l'indigence. Nous citons ici ces paroles qui se trouvent partout, mais qu'il ne faut jamais se lasser d'admirer :

Or sus, mesdames, la compassion et la charité vous ont fait adopter ces petites créatures pour vos enfants. Vous avez été leurs mères, selon la grâce, depuis que leurs mères, selon la nature, les ont abandonnées. Voyez maintenant si vous voulez aussi les abandonner pour toujours. Cessez à présent d'être leurs mères pour devenir leurs juges. Leur vie et leur mort sont entre

vos mains. Je m'en vais donc prendre les voix et les suffrages.
Il est temps de prononcer leur arrêt et de savoir si vous ne voulez
plus avoir de miséricorde pour eux. Les voilà devant vous ; ils
vivront si vous continuez d'en prendre un soin charitable, et, je
vous le déclare devant Dieu, ils seront tous morts demain si vous
les délaissez.

236. Pour réussir dans la péroraison, l'orateur
observera deux règles très-importantes.

Quintilien veut d'abord qu'il se mette tout son sujet
devant les yeux, qu'il examine ce qui ferait plus
d'impression sur lui-même s'il était du nombre des
auditeurs, et qu'il se livre ensuite à tout le feu que
ces considérations lui auront inspiré.

En second lieu, Blair recommande de choisir avec
précision le moment où il faut conclure. Si l'on termine d'une manière brusque et inattendue, rarement
le coup de théâtre réussit, et quand l'effet est manqué, on fait rire. Si l'on trompe l'attente des auditeurs
qui croient toucher à la fin, pour reprendre et recom-
mencer encore, on excite leur impatience et on les
laisse presque toujours mécontents (Voir le n° XVIII).

CHAPITRE DEUXIÈME.

Du plan du discours [1].

237. Par le mot **plan**, en général, on entend *ces
premiers linéaments qui tracent le contour et le dessin*

---

[1] Auteurs à consulter : Quintilien, l. IV, c. V ; Fénelon, *Premier
dialogue sur l'éloquence* ; Crevier, 3ᵉ part., ch. II ; Maury, V, VI, VII
et VIII ; Girard, l. II, ch. VIII.

d'un ouvrage. Ce mot est emprunté à l'architecture et il s'applique à toutes les œuvres littéraires.

238. Le **plan du discours** est donc *l'ordre et la distribution de tous les éléments et de toutes les idées qui doivent entrer dans ce discours.*

239. Tracer son plan, c'est se fixer sur la proposition, les divisions et les preuves, sur les passions et les mouvements qu'on peut employer, sur les idées qu'on veut faire entrer dans la narration, la réfutation et la péroraison, voir non-seulement l'ordre et la liaison des parties, mais encore les éléments que renferme chacune d'elles : en un mot, c'est faire le croquis de tout le discours.

240. Il est très-difficile pour l'orateur de se tracer un plan régulier et satisfaisant. On trouverait assez d'hommes capables de composer des morceaux brillants et de réussir dans les détails ; mais donner à un tout une belle ordonnance, c'est le propre d'un esprit supérieur. Pour considérer un vaste sujet dans son ensemble, pour en découvrir d'un coup d'œil toutes les parties, les combiner, les comparer, les faire rentrer toutes dans l'unité, il faut une intelligence forte et une grande étendue d'esprit. C'est ici que se présente l'écueil signalé par Horace :

> Infelix operis summa, quia ponere totum
> Nesciet.

241. Un plan heureux ouvre à l'orateur une large et brillante carrière ; mais un mauvais plan suffit pour ôter à son discours toute espèce de force et d'intérêt ; il équivaut à un mauvais choix de sujet. Maury cite

comme un plan vaste et fécond celui du P. Le Chapelain, dans son discours pour la profession religieuse de la comtesse d'Egmont :

> Dans le monde distingué qui m'écoute, il est un monde qui vous condamne ; il est un monde qui vous plaint ; il est un monde qui vous regrette. — Il est un monde qui vous condamne, et c'est un monde injuste que je dois confondre ; il est un monde qui vous plaint, et c'est un monde aveugle que je dois éclairer ; il est un monde qui vous regrette, et c'est un monde, ami de la vertu, que je dois consoler. Voilà ce qu'on attend de moi et ce que vous devez en attendre vous-même.

Le discours est pour ainsi dire fait dès qu'un plan aussi net est trouvé. L'orateur qui ne saurait le remplir serait incapable de le concevoir.

242. Un plan, pour être bon, doit réunir la *justesse*, la *netteté*, la *simplicité*, la *fécondité*, la *proportion* et l'*unité*.

243. Le plan est *juste* s'il embrasse le sujet dans toute son étendue, sans rester en deçà ni aller au delà ; il est *net* quand toutes les parties sont claires, distinctes et sans confusion ; il est *simple* quand le discours se réduit à quelques propositions principales qui toutes présentent le sujet sous une face nouvelle et dont on saisit bien le rapport ; il est *fécond* quand chaque pensée principale éveille dans l'esprit une foule d'autres pensées, et quand il devient pour l'intelligence ce que sont pour les yeux ces points de vue d'où l'on découvre une multitude d'objets.

244. Pour qu'il y ait *proportion* dans le plan, il faut que toutes les parties du discours soient en harmonie

et qu'elles reçoivent à peu près les mêmes développements. Ainsi l'exorde et la péroraison ne doivent pas être longs dans un discours de courte durée; de même les longs discours ne doivent pas être accompagnés d'exordes et de péroraisons trop resserrés. C'est aussi un défaut de s'étendre outre mesure sur une partie et de passer légèrement sur les autres. Dans ses *Sermons*, admirables d'ailleurs, Bossuet est souvent tombé dans cette irrégularité.

245. Il y a *unité* dans le plan quand toutes les parties, malgré leur multiplicité, tendent au même but et forment un seul tout, en sorte que celles qui précèdent ébauchent celles qui suivent, celles qui suivent complètent celles qui précèdent, et toutes se tiennent, s'embellissent et se fortifient de concert.

Cette unité est une règle essentielle à toute composition ; cependant, pour éviter la monotonie et pour se prêter à l'inconstance de l'esprit humain, l'orateur pourra se permettre quelques *digressions*. Ces digressions doivent être généralement courtes, agréables et tirées du fond du sujet. On cite comme modèle l'endroit où Cicéron fait l'éloge des lettres dans son discours pour le poëte Archias.

246. Un moyen infaillible de juger de la justesse et de la solidité d'un plan, c'est de réduire le discours en syllogisme. Tout discours, dit l'abbé de Besplas, est un syllogisme dont la majeure est dans l'exorde, la mineure dans la proposition et la division, les preuves dans le corps du discours, la conséquence dans la péroraison. Si votre composition oratoire ne peut subir cette épreuve, le plan repose

quelque part sur le faux, et il pèche nécessairement dans l'ensemble ou dans les détails.

Le syllogisme est également la pierre de touche pour connaître la solidité des preuves et des pensées qui composent chaque partie : il sera très-utile aux élèves de décomposer ainsi et de réduire en syllogisme le *pro Corona* et le *pro Milone*, ou quelques chefs-d'œuvre de Massillon et de Bourdaloue.

247. Tous les genres d'éloquence et de sujets ne sont pas également susceptibles d'un plan régulier : il est des matières qui se divisent facilement et où le plan est tout formé d'avance; il en est d'autres où la marche à suivre n'est pas aussi facile à découvrir.

Au barreau, l'avocat est obligé d'accepter la cause telle qu'elle se présente, et son plan peut être déterminé par une foule d'incidents; à la tribune on n'a pas le temps et les moyens de se faire un plan régulier, et il est souvent utile de cacher sa marche; mais dans la chaire on est plus exigeant, parce que le prédicateur choisit son sujet et le prépare à loisir.

TROISIÈME SECTION.

DE L'ÉLOCUTION.

248. L'**élocution** oratoire est *la partie de la rhétorique qui apprend comment il faut exprimer ses pensées.* Or, d'après Cicéron, la manière de s'énoncer consiste en deux choses, l'action et la parole : *Quo modo dicatur, id est in duobus, in agendo et in eloquendo.* Il ne suffit pas à l'orateur de s'exprimer par la parole écrite et d'avoir un bon style, il doit se montrer et agir en personne. A l'exemple de Cicéron, nous réunirons donc ensemble ces deux parties ; et puisque l'orateur a deux moyens de communiquer avec ses semblables, nous distinguerons dans l'élocution oratoire, l'élocution proprement dite ou le *style* et l'élocution par le débit ou l'*action*.

CHAPITRE PREMIER.

De l'élocution proprement dite[1].

249. L'élocution proprement dite est *l'art d'exprimer ses pensées par la parole écrite.* Tout discours, dit Cicéron, est composé de paroles et de choses : les pa-

[1] Auteurs à consulter : Aristote, *Rhétorique*, l. III, c. i-vi ; Cicéron, *De Orat.*, l. III, 37-55 ; Quintilien, l. VIII et IX ; Fénelon, *Premier dialogue sur l'éloquence ;* Batteux, *Genre orat.*, sect. iii ; Maury, ch. xxxv-l ; Crevier, 3ᵉ partie ; Girard, *Rhétorique*, l. III.

roles n'ont point de fondement si elles ne sont appuyées sur les choses ; et les choses n'ont point de grâce si elles ne sont ornées par les paroles.

250. L'élocution est à l'éloquence ce que le coloris est à la peinture. Les pensées et les choses, dit Crevier, fondent l'essence du discours ; l'ordre et la distribution en forment le dessin et le contour ; l'élocution achève l'ouvrage et lui donne l'âme et la vie. Pour connaître le mérite des pensées et apprécier une belle ordonnance, il faut des auditeurs instruits, mais une élocution vive et animée frappe et saisit le vulgaire. Aussi, comme c'est le peuple qui fait les langues, l'élocution, qui est un mérite principalement apprécié par le peuple, a donné son nom à l'art de la parole et l'a fait appeler *Éloquence*.

251. Nous nous arrêterons peu sur cette partie, parce qu'il est aujourd'hui d'usage de traiter du style avant d'initier les jeunes gens à l'étude de l'art oratoire, et ces questions ont été développées dans notre *Cours de littérature*[1]. Seulement, puisque le discours doit tout ensemble *instruire*, *plaire* et *toucher*, nous ferons quelques observations qui s'appliquent spécialement à ces trois devoirs de l'orateur, et nous dirons un mot, 1° de la *clarté* ; 2° de la *convenance* ; 3° du style *pathétique*.

---

[1] Voir notre *Cours élémentaire de littérature*, à l'article des *Figures de pensées*.

ARTICLE PREMIER.

DE LA CLARTÉ DU STYLE.

252. La clarté, qui a été définie ailleurs, est une qualité nécessaire à tout écrivain, mais elle est plus nécessaire encore à l'orateur; car le lecteur peut revenir sur un endroit qu'il aura mal saisi ; l'auditeur, au contraire, ne peut point suppléer au défaut d'un orateur qui n'a pas su se faire comprendre.

253. Le discours, dit Quintilien, doit être clair même pour ceux qui écoutent avec négligence, et l'esprit de l'auditeur doit en être frappé, sans aucun effort, comme les yeux le sont de la lumière du soleil. Chez les Grecs le même mot (φαω) signifie *luire* et *parler*. Ce peuple, qui savait tout peindre avec autant de vérité que de grâce, pensait que la parole doit produire la lumière avec tant de facilité et de promptitude, que la cause et l'effet semblent ne faire qu'une seule et même chose. « Que l'orateur, dit Quintilien, vise donc, avant tout, à la clarté : *nobis prima sit virtus, perspicuitas.* »

254. Pour être clair, il faut d'abord réfléchir beaucoup sur ce que l'on veut dire, et en avoir des notions nettes et distinctes ; en second lieu, quand on a exprimé ses idées, il faut s'assurer qu'on l'a fait sans obscurité, relire ce qu'on a écrit, et se demander si l'on a dit ce que l'on voulait dire; enfin, on peut se mettre à la place des auditeurs, examiner de sang-froid s'il est bien sûr qu'on en sera entendu, et se souvenir qu'il ne suffit pas qu'on puisse nous comprendre ; il faut de plus qu'on ne puisse en aucune manière ne pas nous comprendre : *non ut intelligere possit auditor, sed ne omnino non intelligere, curandum.* (Quint.)

255. Un dernier point très-essentiel pour être bien compris, c'est de ne pas écrire un discours comme on écrit un livre. Un discours est une conversation avec l'auditoire. Conversez donc avec lui, faites-lui part de vos preuves ; interrogez-le, attendez sa réponse ; prenez-le à partie, accusez-le, anéantissez ses excuses les plus séduisantes et tracez-lui sa conduite. Écrivez en parlant à votre auditoire, déclamez en composant. Que votre œuvre soit naturelle et animée, qu'elle ne sente pas le cabinet et le travail. Voilà le caractère de Démosthènes, le caractère de tout véritable orateur.

ARTICLE DEUXIÈME.

DE LA CONVENANCE DU STYLE.

256. La **convenance** *consiste à changer le style selon le sujet que l'on traite, la position de celui qui parle et de ceux qui écoutent.* « Celui-là seul, dit Cicéron, est vraiment éloquent qui s'exprime avec simplicité dans les sujets communs, avec majesté dans les grands sujets, et qui ne s'élève qu'à la hauteur convenable dans les sujets moyens. »

257. Les rhéteurs ont remarqué que la vieille classification du style en trois genres correspond aux trois devoirs de l'orateur. Le style simple serait destiné à *instruire*, le style tempéré à *plaire*, et le style sublime à *toucher*. Il y a quelque chose de vrai dans ce rapprochement ; mais gardez-vous de lui donner trop d'importance et de le prendre dans un sens trop exclusif. L'expérience prouve qu'il est à peu près inutile dans la pratique, et que le style change perpétuellement avec les objets qu'il doit exprimer.

258. Il n'est pas facile d'assigner le genre de style qui convient à chaque partie du discours. En général, le style simple s'emploie dans la proposition et la division, dans la narration judiciaire, dans la discussion des preuves et des faits ; le style tempéré convient ordinairement à l'exorde, à certaines parties de la confirmation, et au discours tout entier dans les éloges académiques ; le style pourra être sublime vers la fin de la confirmation et surtout dans la péroraison pathétique. Mais il n'y a point de règles fixes, et c'est au bon sens de l'orateur à discerner les tons qui conviennent à chaque endroit.

259. Les œuvres de l'homme sont d'autant plus parfaites qu'elles imitent mieux l'inépuisable variété de la nature. Les choses mêmes qui nous plaisent le plus nous lassent vite si elles sont prodiguées avec excès. Tous les sens se fatiguent aisément de ce qui cause un plaisir trop vif. Ne vous étonnez donc pas, dit Cicéron, que chez les orateurs un style toujours brillant et fleuri vous déplaise bientôt à force de plaire. Il faut des ombres à un tableau ; c'est la loi de tous les arts, c'est la loi de la nature.

ARTICLE TROISIÈME.

DU STYLE PATHÉTIQUE[1].

260. On appelle **style pathétique** *celui où l'orateur fait usage des passions pour émouvoir son auditoire.* Quand le sujet demande un style pathétique, on doit le puiser dans la nature. On sera toujours sûr de trouver des expressions fortes, énergiques et propres à émouvoir, lorsqu'on sera pénétré soi-même des sentiments qu'on veut faire passer dans les autres. La nature, dit Horace, nous a disposés d'avance à toutes les impressions, et la langue est un interprète fidèle des mouvements du cœur.

261. Le style pathétique évite le langage métaphysique et *abstrait*. Si vous voulez toucher le cœur, parlez à la partie sensible de l'âme humaine, peignez les objets réels de manière que l'auditeur croie les voir de ses propres yeux, et s'il s'agit de raisonnements ou d'idées, que tout prenne dans votre bouche un corps, une âme, un visage et de brillantes couleurs.

262. Les ornements *recherchés* sont aussi incompatibles avec le langage des passions ; mais les ornements que repousse le plus le véritable orateur, ce sont les artifices puérils et frivoles qu'on appelle communément *fleurs de rhétorique*. Efforcez-vous d'orner

---

[1] Auteurs à consulter : Longin, *Traité du sublime*, ch. xv-xx ; Cicéron, *Orator*, 129-139 ; Maury, ch. lxxiii-lxxv ; Marmontel, art. Pathétique ; Crevier, 3ᵉ partie, ch. iv.

7.

le style à la manière de Bossuet; empruntez à l'imagination les couleurs qu'elle fournit d'elle-même, appliquez-les à grands coups de pinceau, et surtout tenez-vous en garde contre les antithèses, les jeux de mots et autres figures banales et rebattues qui se trouvent partout.

263. Le style *pompeux* est encore contraire au pathétique, parce que l'auditeur, frappé de cette magnificence, se tient en garde contre les artifices de l'orateur, et ferme son cœur à l'émotion. Tout le monde sait très-bien que la douleur, la colère et les autres passions ne cherchent pas un langage brillant.

264. Enfin, le dernier obstacle au langage des passions, c'est le style *sentencieux*, qui procède par maximes détachées. L'esprit est froid quand il emploie ce langage, et il ne peut communiquer aux autres une chaleur qu'il n'a pas. Les sentences et les maximes ont toujours quelque chose de sec et de didactique, qui est contraire au mouvement des passions; car les passions, pour être profondément excitées, veulent une action continue et longtemps prolongée.

CHAPITRE DEUXIÈME.

Élocution par le débit ou action.

265. L'**action**, dit Cicéron, est *comme l'éloquence du corps et consiste dans la voix et le geste.*

Démosthènes, interrogé sur la première qualité

de l'orateur, répondit : c'est l'action. — La seconde ?
— L'action. — Et la troisième ? — Encore l'action.

Par là, le grand orateur a voulu faire entendre
que, sans l'action, tout le reste doit être compté
pour peu de chose. Quintilien dit aussi que, sans
cette qualité, le meilleur discours ne produit aucun
effet, et qu'avec elle un discours médiocre réussit et
triomphe.

266. Pour bien prononcer un discours, il faut que
la mémoire rappelle à l'orateur les pensées et les
sentiments qu'il veut exprimer; que par la voix ou
la prononciation il les fasse comprendre et sentir
à ses auditeurs; et enfin, que le geste anime sa
parole et complète l'effet qu'il veut produire. Nous
parlerons donc : 1° de la *mémoire*; 2° de la *voix*; 3° du
geste.

ARTICLE PREMIER.

DE LA MÉMOIRE [1].

267. La **mémoire**, en général, *est la faculté de se
ressouvenir*. Par elle, nous conservons comme en
dépôt ce que nous avons vu ou entendu , ce que nos
réflexions nous apprennent : elle est comme un trésor
domestique où l'homme met en sûreté des richesses
sans nombre, pour les en tirer ensuite et les employer
au besoin. La mémoire, dit Montaigne, c'est l'*étui de
la science*.

---

[1] Auteurs à consulter : Cicéron, *De Orat.*, l. II, 352-362; Quintilien, l. XI, ch. II; Maury, LXXVII; le P. de Boylesve, *Principes de
rhétorique*, art. Mémoire; *Principes de déclamation*, par le P. Champeau. Appendice.

268. Une bonne mémoire doit avoir deux vertus : recevoir promptement et sans peine les choses qu'on lui confie, les retenir fidèlement pour nous les rappeler dans l'occasion. Cette double faculté est un don de la nature, mais un don qu'on augmente en le cultivant, et qu'on perd en le négligeant. La mémoire, dit Quintilien, est comme un champ qui produit d'autant plus qu'on le travaille avec soin, et qui devient stérile aussitôt qu'on le laisse sans culture : *Nihil æque augetur cura, vel negligentia intercidit.*

269. La mémoire est indispensable à l'orateur. Sans elle, en effet, il est forcé ou de lire son discours, ou de le déclamer en hésitant.

Si l'usage a fait une loi de lire les discours académiques, partout ailleurs cette méthode est interdite, ou du moins très-nuisible à l'orateur. Il n'y a de mouvement et d'expression ni dans les mains, ni dans la tête, ni dans les yeux d'un homme qui lit un discours. Lire un discours, dit d'Aguesseau, c'est le priver de grâce et d'intérêt, c'est lui ôter la vie.

D'un autre côté, si l'orateur hésite et paraît embarrassé dans son débit, son action est nulle, et il fatigue son auditoire.

270. Celui qui joint une heureuse mémoire aux autres qualités de l'orateur, est toujours sûr de plaire, même en disant les choses les plus communes. Ses paroles semblent couler de source et sans préparation : l'illusion est entière, et les auditeurs sont charmés.

Quel est votre meilleur sermon, demandait quelqu'un à Massillon ? — C'est, répondit-il, celui que je sais le mieux. Cette parole montre quel est le prix de la mémoire, et combien il importe de la cultiver.

271. La mémoire des *mots* a beaucoup d'importance et d'utilité. Il est bon de la cultiver dans l'enfance et la jeunesse, parce qu'elle enrichit l'esprit d'une foule de morceaux qu'on est heureux de retrouver plus tard. On a vu d'ailleurs de grands orateurs, entre autres Bourdaloue et Massillon, forcés d'apprendre mot pour mot les discours qu'ils avaient composés. C'est toujours par là que doivent débuter ceux qui sont novices dans l'art de la parole.

Mais, comme le remarque Maury, cette méthode expose l'orateur à rester court, accident qui arrivait quelquefois à Bourdaloue lui-même. En outre, elle rend l'action contrainte et presque glacée, et condamne à un travail excessif. Ce travail fit renoncer Massillon à la chaire, durant les vingt-cinq dernières années de sa vie.

272. La mémoire des *choses* ou des idées est mille fois préférable. Elle consiste, non à retenir servilement le texte d'un discours, mais à saisir l'ordre et la liaison des pensées, et c'est à cette méthode que le jeune orateur doit s'efforcer d'arriver. Dans ce cas, l'auditoire a le plaisir d'entendre quelqu'un qui lui ouvre, non plus son manuscrit et son cahier, mais son intelligence et son cœur. Par une agilité étonnante, dit Rollin, l'esprit occupé en même temps des preuves, des pensées, des expressions, du geste et de la prononciation, allant toujours en avant et au delà de ce qui se dit, prépare de quoi fournir sans cesse et sans interruption à l'orateur : c'est presque une improvisation.

273. La mémoire des choses sert de base à celle des mots. Pour apprendre par cœur un long discours, il faut mettre de l'ordre dans la composition, et graver d'abord dans sa mémoire le plan, la division et les différentes preuves de ce discours. Les choses bien arrangées soulagent l'esprit et guident la mémoire par leur enchaînement.

En général, dit Maury, les discours qu'on a le plus de peine à graver dans la mémoire ne sont pas ceux qui valent le mieux.

ARTICLE DEUXIÈME.

DE LA VOIX [1].

274. Par **voix** ou **prononciation**, nous entendons ici *l'art de faire comprendre le sens et de faire sentir la force et la beauté d'un discours.* Cette partie de l'art oratoire, qui est sans contredit une des plus importantes pour celui qui veut parler en public, embrasse donc deux objets : se faire entendre pleinement et facilement, parler de manière à captiver et à émouvoir ses auditeurs.

275. Pour être pleinement et facilement entendu, il faut : 1° que la voix ait le degré de *force* convenable ; 2° que la parole soit *distincte* ; 3° qu'elle soit

[1] Auteurs à consulter : Cicéron, *De Oratore*, l. III, 223-28, *Orat.*, 55-60 ; Quintilien, l. XI, c. III ; Batteux, sect. IV ; Blair, leç. XXXIII ; Crevier, 5ᵉ partie ; Maury, LXXIV ; Lefranc, *Rhétorique*, ch. IV ; *Principes de déclamation*, par le P. Champeau, 2ᵉ partie : Hamon. *Traité de la prédication*, l. I, ch. II.

bien réglée; 4° que la prononciation soit *pure et correcte.*

276. Il importe beaucoup de savoir élever la voix au *degré convenable,* et de la ménager habilement jusqu'à la fin du discours. Tout homme, dit Cicéron, a trois tons dans la voix : le haut, le moyen et le bas. Il faut prendre sur le ton moyen, pour passer ensuite graduellement aux tons les plus élevés. Sans cette précaution ou l'on ne se fait pas entendre, ou l'on fatigue les auditeurs par des sons perçants et insupportables à l'oreille ; un excellent moyen de rencontrer le ton convenable, c'est de fixer les yeux sur les personnes les plus éloignées, comme si l'on parlait pour elles seules.

277. Il est d'expérience que, pour être bien entendu, une voix forte et élevée est beaucoup moins utile qu'une prononciation *distincte* et bien articulée. Une voix faible, mais parfaitement nette, pénètre toujours plus loin qu'une voix sonore mais confuse. Il faut donc, dit Batteux, parler doucement, distinguer les sons, soutenir les finales, séparer les mots et les syllabes, s'arrêter aux points et aux virgules, et partout où le sens et la clarté l'exigent. La prononciation est au discours ce que l'impression est à la lecture. Un ouvrage élégamment imprimé, exactement ponctué, justement espacé dans les lignes et dans les mots, acquiert un nouveau mérite et séduit tous les yeux. De même une prononciation distincte charme toujours l'oreille et gagne le cœur de l'auditoire.

278. La prononciation doit être *bien réglée,* c'est-à-dire ni trop lente ni trop rapide.

Si elle est trop lente, elle laisse croire que l'orateur a de la peine à trouver ce qu'il veut dire, et elle rend le discours insipide et languissant.

Si elle est trop rapide, on confond les articulations et les sons, on n'a pas le temps de saisir ce que dit l'orateur, ou du moins d'en être touché. C'est un défaut ordinaire et presque universel dans les jeunes gens. La plupart semblent impatients de soulager leur mémoire du fardeau qu'ils lui avaient confié; ils ne laissent point à l'auditoire le temps de respirer, et ôtent à leurs paroles toute force et toute dignité.

279. Enfin, la prononciation doit être *pure et exacte*, c'est-à-dire donner à chaque mot, à chaque syllabe, la valeur et la quantité qui lui conviennent. Elle ne doit avoir aucun accent vicieux et étranger, aucun accent de province, mais l'accent de la bonne compagnie. Le meilleur moyen d'acquérir ce talent c'est de s'exercer beaucoup à lire à haute voix, et sur un ton naturel, des morceaux variés et empruntés à tous les genres.

280. Comme l'orateur ne se propose pas seulement d'instruire, mais aussi de plaire et d'émouvoir, il ne lui suffit pas d'être pleinement compris; il faut encore que, par les inflexions de sa voix grave ou légère, lente ou rapide, il arrive jusqu'au cœur de son auditoire. Cet art de plaire par la variété des intonations et de donner au discours de la chaleur et de la vie s'appelle *déclamation* ou *débit*.

281. Pour bien déclamer, vous aurez soin, avant tout, de consulter la nature et de suivre son impul-

sion. C'est une erreur de croire que, dans le discours public, on doit parler autrement qu'on ne fait dans la conversation ordinaire. Tout le secret de l'art consiste à étudier ces nuances diverses dans les personnes qui causent bien, et à les reproduire dans le débit.

Trois choses sont nécessaires à une bonne déclamation : placer à propos les *appuis de la voix*, choisir convenablement ses *repos* et varier le *ton*.

282. On entend par *appui de la voix* un son plus plein et plus fort qui sert à faire remarquer les mots importants. Dans le langage animé, il existe toujours des mots essentiels où la force du sens réside ; c'est sur ces mots que la voix doit plus ou moins appuyer. Par là, le discours recevra la chaleur et la vie. Mais si, pour tout faire valoir, l'orateur prodigue trop ces appuis de la voix, le discours devient pénible et affecté. Il n'y a plus d'ombre pour faire briller les couleurs, et on a si bien tout relevé qu'il n'y a rien de saillant.

283. Il y a deux sortes de *repos* : ceux qui servent à la distinction du sens, et ceux qui signalent un mot important.

Pour bien distribuer les premiers, on étudiera le sens de la pensée avec ses nuances diverses ; on se rappellera surtout qu'il ne suffit pas de s'arrêter aux signes de ponctuation, et qu'en beaucoup d'autres endroits il y a de légères suspensions à faire.

La seconde espèce de repos consiste à s'arrêter avant ou après une pensée saillante ; ces repos sont soumis aux mêmes règles que les appuis de la voix.

284. Le *ton* du discours peut varier à l'infini selon le sujet que l'on traite et la pensée qu'on exprime, et il doit se former sur le ton d'une conversation sérieuse et animée. Quand un homme parle sur un objet qui le touche vivement, il a toujours les inflexions de voix convenables. Les orateurs sont ordinairement froids dans un discours public, parce qu'ils sortent du naturel. Ils récitent, ils chantent, ils psalmodient, mais ils ne *parlent* presque jamais.

Revenez donc à la *nature :* que votre voix s'élève, s'abaisse, s'enfle, se déploie, tonne ou caresse, affronte ou prie, chante ou pleure, bondisse ou tombe, alors que l'idée et le sentiment subissent eux-mêmes ces modifications. Là est le grand secret de la déclamation.

285. C'est dans une sensibilité réelle que la voix doit puiser les accents qui pénètrent et domptent les âmes. Une seule inflexion du sentiment donne plus de plaisir que les tons les plus étudiés de l'esprit et de l'art.

Attachez-vous donc, dit Dubroca, à réveiller de bonne heure en vous tous les germes de sensibilité dont la nature peut vous avoir doués. Accoutumez-vous à sentir avec force tout ce qui est juste et vrai. Entretenez dans votre âme un mépris invariable pour la mauvaise foi, la bassesse et la corruption. Ayez un amour ardent pour tout ce qui est noble et utile, une profonde vénération pour tous les grands caractères, une pitié active pour tous les malheurs et les souffrances de vos semblables. Avec l'habitude de ces dispositions morales, vous aurez les intonations du sentiment, et vous exprimerez tout avec justesse et chaleur.

ARTICLE TROISIÈME.

DU GESTE [1].

286. Le **geste** est *l'expression de la pensée par les mouvements du corps.* Pas une passion, dit Batteux, pas un mouvement de chaque passion, pas une seule partie de ce mouvement qui n'ait son geste et son ton particulier, ses degrés de gestes et de tons. Roscius exprimait par des gestes tout ce que Cicéron exprimait par la parole : l'orateur changeait les mots en conservant la pensée, le comédien changeait les gestes et rendait encore la pensée.

287. Le geste comprend tous les mouvements du corps propres à faire ressortir plus vivement une pensée ou un sentiment. Il a pour principaux instruments la *tête*, les *bras* et les *mains*.

288. La *tête* doit être tenue droite et dans une position naturelle. Baissée, elle donne un air bas ; haute, un air d'orgueil et de suffisance. Les divers mouvements de la tête, pourvu qu'ils ne soient pas trop multipliés, expriment merveilleusement les passions. Élevée, elle admire ; tournée vers la gauche ou la droite, elle craint, elle s'indigne, elle rejette, elle méprise ; médiocrement inclinée, elle compatit, elle

---

[1] Auteurs à consulter : Cicéron, *De Orat.*, 213-16, 220-224 ; Quintilien, l. XI, c. III ; Girard, l. V ; Cormenin, *Livre des orateurs,* l. I, ch x ; Bautain, *Étude sur l'art de parler en public,* 1er partie, ch. IV ; Hamon, l. I, 2e partie ; *Principes de déclamation,* 3e partie.

prie, elle conjure; ferme et assurée, elle confond, elle affirme, elle commande.

289. Ce qui domine principalement dans la tête c'est le *visage*, et il n'est point de passion qu'il n'exprime. *Sunt in ore omnia*. Le visage fait entendre une infinité de choses, et souvent il en dit plus que le discours même le plus éloquent. Mais il a lui-même une partie dominante : ce sont les *yeux*. Ardents et enflammés dans la colère, terribles dans la menace, sévères dans les reproches, tendres dans la pitié, baissés et obscurcis dans la honte, ils peignent admirablement toutes les émotions de l'âme.

290. Les gestes des *bras* et des *mains* varient à l'infini, et suivent toujours les sentiments et les passions qu'on exprime. On distingue ordinairement trois sortes de gestes faits avec la main : 1° les gestes *indicatifs*, par lesquels nous désignons les lieux, le temps, le nombre; 2° les gestes *imitatifs*, qui, par des signes pittoresques, font connaître les personnes et les choses; 3° les gestes *affectifs*, par lesquels on exprime les mouvements de l'âme.

291. Il est fort difficile de donner des règles sur la manière de faire les gestes des bras et des mains; ce n'est pas dans les livres qu'on peut apprendre cet art, c'est dans l'expérience et le commerce des hommes, c'est dans des exercices fréquents et bien dirigés. Néanmoins, nous croyons utile de poser ici quelques principes généraux consacrés par l'usage.

1° Les mains tournées en dedans, c'est-à-dire la paume vers l'orateur, attirent, demandent, prient;

2º Tournées en dehors et renversées, elles repoussent, dédaignent, détestent.

3º L'index allongé, pendant que les autres doigts sont pliés dans la main, *indique* avec force.

4º Dans leurs mouvements horizontaux, les bras ne doivent jamais passer entièrement devant le corps, au point que la main droite se trouve du côté gauche, ou la gauche à droite.

5º Le geste principal se fait le plus souvent avec le bras droit ; mais comme il doit toujours avoir lieu du côté des personnes à qui l'on s'adresse, si l'assemblée ou l'auditeur qu'on interpelle se trouve du côté gauche, il est naturel alors que le bras gauche prenne le premier rôle.

6º Les mouvements des bras ne doivent jamais être ni roides ni anguleux. L'orateur doit effacer les coudes et simuler une courbe de l'épaule à la main. Pour lever le bras et la main, il faut que le mouvement d'élévation parte de l'épaule et arrive successivement jusqu'à l'extrémité opposée, de sorte que le coude commence toujours à s'élever avant la main.

292. Parmi les règles particulières aux gestes *indicatifs* et aux gestes *imitatifs*, voici celles qui peuvent avoir le plus d'utilité dans la pratique :

1º On étend le bras légèrement courbé vers l'objet qu'on veut désigner.

2º Pour marquer la hauteur, on abaisse les deux bras, en tournant le dedans des mains vers le pied de l'objet, pendant que les yeux regardent en haut vers le sommet imaginaire.

3° Pour marquer la profondeur, on élève inégale-
ment les deux bras, en tournant cette fois le dedans
des mains vers le précipice, pendant que les yeux,
qui y sont fixés, en sondent la profondeur.

4° Pour marquer la largeur, on ouvre les bras à
partir du corps en les étendant modérément à droite
et à gauche, pendant que les yeux mesurent cette
étendue.

5° Pour marquer la longueur, le bras qui fait le
geste principal s'allonge presque dans toute son étendue, et l'autre prend, à partir du coude, la même direction, les deux mains étant bien allongées dans le
sens de l'objet qui se déroule aux regards.

293. Voici les observations les plus importantes
que les rhéteurs nous présentent sur les gestes *affectifs* :

1° Au début du discours et dans les morceaux de
dignité, le geste doit être calme ; il suffit d'avancer le
bras droit et d'y joindre quelquefois un léger mouvement du bras gauche.

2° A mesure que le sentiment devient plus vif
et le discours plus animé, le geste se développe
davantage, et les deux bras, à la fois en action,
exécutent des mouvements plus multipliés et plus
marqués.

3° Si on parle de sa conscience, de son cœur, de
quelque sentiment intime, on peut mettre la main
droite ou les deux mains croisées sur la poitrine. Mais
on ne fera jamais ce geste pour exprimer une idée
qu'on repousse.

4° Pour appeler ou attirer, le bras s'étend vers celui à qui l'on parle, et ensuite la main tournée tout à fait en dedans rame vers l'orateur.

5° Pour affirmer avec force, pour commander avec autorité, on étend les bras presque à la hauteur de l'épaule en tournant le dedans de la main vers la terre et en l'abaissant un peu à la fin comme si on appuyait sur quelque chose.

6° Pour marquer le repos avec affectation, pour indiquer le courage et la sécurité, on peut se croiser les bras, mais mollement et sans presser la poitrine.

294. Un principe général dans les gestes des bras et des mains, c'est que le mouvement doit ordinairement accompagner la parole, la précéder quelquefois et ne la suivre jamais. Puisque le geste est une partie du langage, il faut qu'il marche d'accord avec le sens. Mais comme il est naturellement plus rapide que la parole, il révélera presque toujours avant elle la pensée de l'orateur; souvent, en effet, dès les premiers mots de la phrase un geste expressif a pu tout dire, et, au lieu d'être un défaut, ce mouvement rapide est une perfection.

295. C'est la nature et le goût qui doivent guider l'orateur. Mais la pratique et l'habitude ne sont suppléées par rien. Pour être naturel, le geste doit naître de la pensée et du sentiment, sans qu'on y songe : or, dans une conversation animée, le jeu des physionomies varie sans effort au gré des pensées; les mouvements de la tête, des mains et des bras se font avec aisance et vérité; enfin tout l'extérieur du per-

sonnage en action s'harmonise avec ce qui se passe à l'intérieur.

La meilleure préparation à l'action oratoire est donc de s'y exercer, sans que cela paraisse, dans les conversations et les rapports habituels qu'on a avec les autres hommes.

DEUXIÈME PARTIE.

RÈGLES PARTICULIÈRES

DE RHÉTORIQUE

ou

ÉLOQUENCE

296. Les préceptes généraux sur la rhétorique ont une grande importance, et c'est à ces préceptes que se bornaient autrefois tous les traités élémentaires. Néanmoins, dans ces derniers temps, l'usage a prévalu de joindre à ces règles fondamentales des observations particulières sur les divers genres d'éloquence. Nous donnerons donc aussi quelques conseils pratiques sur ces genres spéciaux. Mais une classe de rhétorique n'est pas un cours d'éloquence sacrée, judiciaire ou politique, et il est évident que nous devons nous borner à de courtes indications.

297. Tous les anciens ont suivi la division donnée par Aristote. Les discours oratoires, dit cet illustre rhéteur, peuvent se rapporter à trois genres : le *déli-*

bératif, le *judiciaire* et le *démonstratif*. Le premier a pour objet de *conseiller* ou de *dissuader ;* le second, *d'accuser* ou de *défendre ;* le troisième, de *louer* ou de *blâmer*. Le genre délibératif a pour théâtre les assemblées politiques ; le judiciaire embrasse toutes les causes qui, dans les tribunaux, sont soumises à un jugement ; et le démonstratif comprend les éloges, les panégyriques et les discours satiriques.

298. Beaucoup de rhéteurs modernes condamnent cette division comme fausse et arbitraire. Ils disent que les trois genres sont presque toujours mêlés et confondus, et que rarement on peut s'occuper de l'un à l'exclusion des autres. Cette objection a du vrai : néanmoins, la distinction d'Aristote a des motifs solides et des racines profondes. Elle se rapporte aux trois objets de la pensée humaine, qui sont le *bon*, le *vrai* et le *beau*, et aux trois rôles de l'auditeur, qui sont de *délibérer*, de *juger* et d'*écouter* pour son plaisir. Quoique cette ancienne classification ne soit pas très-rigoureuse, il ne faut donc pas la dédaigner. Dans le cas où les genres sont mêlés, le discours prend le nom du genre qui domine.

299. Les modernes distinguent aujourd'hui cinq genres d'éloquence : l'éloquence *sacrée*, l'éloquence *politique*, l'éloquence *judiciaire*, l'éloquence *militaire* et l'éloquence *académique*.

Cette division est moins profonde et moins complète que celle d'Aristote : moins profonde, puisqu'au lieu de s'appuyer sur la nature de l'éloquence, elle porte sur une circonstance purement extérieure, sur le lieu où l'on parle ; moins complète, parce qu'elle n'indique même pas l'éloquence des écrivains. Malgré ces défauts, nous la suivrons dans la pratique, parce qu'elle est aujourd'hui plus commode et plus usitée.

Nous dirons aussi un mot de l'éloquence *écrite* et de l'éloquence de la *conversation*.

PREMIÈRE SECTION.

DE L'ÉLOQUENCE SACRÉE[1].

300. L'éloquence **sacrée** ou éloquence de la **chaire** a pour objet la *prédication évangélique*. Or, la **prédication** est la *parole de Dieu puisée dans les Écritures et la tradition et annoncée aux hommes pour les sanctifier et les sauver.*

301. Par la définition qui précède, on voit que l'éloquence sacrée est entièrement *supérieure* à l'éloquence profane. L'orateur sacré l'emporte sur tout autre, et par la *mission* dont il est revêtu, et par les *matières* qu'il traite, et par les *moyens* qu'il emploie, et par la *fin* qu'il se propose d'atteindre.

302. Par le caractère et la *mission* dont il est revêtu, l'orateur chrétien n'est pas seulement un homme qui parle plus ou moins éloquemment à ses semblables. C'est un envoyé céleste qui parle au nom du Très-Haut et publie ses oracles et ses volontés. Placé entre le ciel et la terre, médiateur entre Dieu et les hommes, ce n'est pas la science ou le talent qui lui

[1] Auteurs à consulter : saint Augustin, *De Doctrina christiana* l. IV ; saint Chrysostome, *De Sacerdotio*, l. IV, V ; saint François de Sales, *Lettre XXXI* à *l'archevêque de Bourges* ; Louis de Grenade, *Rhétorique chrétienne* ; le P. Gisbert, *De l'Éloquence chrétienne* ; Maury, *Essai sur l'éloquence* ; Laurentie, *De l'Étude et de l'enseignement des lettres,* ch. XII ; Cormenin, *Livre des orateurs,* l. II, ch. III ; Dupanloup. *Rhétorique sacrée.*

donnent l'autorité ; sa parole n'est pas une parole humaine, c'est la *Parole de Dieu.*

303. Par les *matières* qu'elle traite, l'éloquence sacrée est également supérieure à l'éloquence profane. Il ne s'agit point, en effet, pour le prédicateur des frivoles intérêts de cette vie ; il ne songe qu'aux intérêts éternels des âmes rachetées par le sang d'un Dieu. Ce ne sont point des opinions ou des idées contestables qu'il apporte à son auditoire ; ce sont des vérités révélées par Dieu lui-même, proclamées en son nom, conservées toujours pures par une Église infaillible, et fidèlement venues jusqu'à nous à travers les orages des siècles.

304. L'éloquence profane parle souvent aux hommes pour *exciter les passions* les moins nobles, l'orgueil, la colère, l'intérêt : le prédicateur s'attache, au contraire, à les combattre et à les dompter ; et pour le faire, il s'appuie sur les plus généreux sentiments du cœur de l'homme : or, il est facile de soulever les passions ; elles s'enflamment parfois d'elles-mêmes, et les triomphes qui se fondent sur de pareils *moyens,* sont trop commodes pour être glorieux. Ce qu'il y a de vraiment glorieux, c'est de réprimer les mouvements désordonnés du cœur, c'est de gouverner et de maîtriser l'homme quand tout en lui résiste à la parole de l'orateur.

305. « La *fin* ou l'intention du prédicateur doit être, dit Saint François de Sales, de faire ce que Jésus-Christ lui-même est venu faire en ce monde. Or il est venu pour que les pécheurs morts à l'iniquité vivent à la justice, et pour que les justes aient la vie avec plus d'abondance. » Ainsi, tandis que l'orateur profane ne cherche que des avantages fragiles et incertains, l'orateur sacré ambitionne par-dessus tout la destruction du vice, le triomphe de la vérité et le salut éternel de ceux qui l'écoutent.

306. Tous les préceptes qu'on peut donner sur l'éloquence sacrée se rapportent à la prédication en général ou aux différents genres de discours que peut faire le prédicateur. Nous parlerons donc 1° *des règles générales* de la prédication, 2° des différentes *espèces* de discours sacrés.

CHAPITRE PREMIER.

Des règles générales de la prédication[1].

307. D'après saint Augustin, la prédication embrasse trois fins principales : il faut que la vérité *brille*, que la vérité *plaise* et que la vérité *touche* : *Ut veritas pateat, ut veritas placeat, ut veritas moveat.* Dans un autre endroit, ce grand docteur rappelle le même principe en termes équivalents : *Prædicator laboret ut intelligenter, ut libenter, ut obedienter au-*

---

[1] Auteurs à consulter ; Presque tous ceux que nous avons cités plus haut ; Gerson, *De parvulis ad Christum trahendis* ; *Le Guide de ceux qui annoncent la parole de Dieu*, par M. de Baudry (cet ouvrage contient la Doctrine de saint François de Sales, les Règles de la société de Jésus, les lettres de saint Ignace, de saint François Xavier, du P. Aquaviva, etc., et l'enseignement de Benoît XIV et de saint Vincent de Paul sur la prédication); Gaichiès, *Maximes sur la chaire* ; Hamon, *Traité de la prédication*, t. I ; l'abbé Mullois, *Cours d'éloquence sacrée*, t. I.

diatur (Doct. chr.). Ces trois devoirs s'accordent exactement avec les trois parties de l'invention dont nous avons parlé précédemment; le prédicateur doit donc être capable : 1° d'*instruire*, 2° de *plaire*, 3° de *toucher*.

ARTICLE PREMIER.

NÉCESSITÉ D'INSTRUIRE OU SCIENCE DU PRÉDICATEUR.

308. « Quant à la **science** ou à la **doctrine**, il faut, dit saint François de Sales, qu'elle soit suffisante, mais il n'est pas requis qu'elle soit excellente. Le meilleur moyen d'apprendre et de devenir savant, c'est d'enseigner : en prêchant, on devient prédicateur. Le prédicateur sait toujours assez quand il ne veut pas paraître savoir plus qu'il ne sait. Ne saurions-nous bien parler du mystère de la Trinité, n'en disons rien... Il n'est pas question qu'on fasse tout. »

309. L'orateur sacré puisera la science dans la *Bible*, les *Pères de l'Église*, la *Théologie* et l'*Histoire* sacrée et profane.

310. La première source de la science pour le prédicateur, c'est la *Bible*, c'est-à-dire la parole de Dieu apportée sur la terre par Jésus-Christ lui-même, ou par les prophètes qui l'ont précédé, ou par les apôtres qui l'ont suivi. « Il n'y a point, dit le P. Lamy, de fonds plus riche et plus inépuisable. Les actions extraordinaires, les mots éclatants, les exemples, les comparaisons, les paraboles, tout ce qui nourrit et soutient l'éloquence s'y trouve abondamment. » Que le prédicateur ne se borne donc pas à citer de loin en

loin quelques textes de l'Écriture, mais qu'il se pénètre tellement de la substance des livres saints, que la parole de Dieu se trouve continuellement fondue dans la sienne.

311. La deuxième source de l'éloquence sacrée, c'est l'étude des *Pères de l'Église*. Les Pères de l'Église, dit saint François de Sales, qu'est-ce autre chose que l'Évangile expliqué, que l'Écriture sainte exposée? Ce sont les instruments par lesquels Dieu nous a communiqué le vrai sens de sa parole. Ils réunissent au plus haut degré le génie, la science, la sainteté; ils sont nourris de la substance de la religion, et pleins de cet esprit primitif qu'ils ont reçu de plus près et avec plus d'abondance. Bossuet faisait sa lecture assidue de Tertullien et de saint Augustin. Que le jeune prédicateur les feuillette donc jour et nuit; il trouvera surtout dans saint Chrysostome, saint Augustin et saint Bernard, des richesses vraiment inépuisables.

312. Pour que le prédicateur puisse annoncer la parole de Dieu d'une manière exacte et précise, il faut encore qu'il étudie la *Théologie* dogmatique et morale, qu'il approfondisse les preuves de la vérité catholique, et qu'il sache distinguer ce qui est de foi de ce qui ne l'est pas. Pour traiter un point de morale, il n'aura pas besoin de connaissances aussi étendues que pour le dogme; mais il évitera soigneusement de tomber dans un excès d'indulgence ou de sévérité, et il s'appliquera plus à toucher les cœurs qu'à convaincre les esprits.

313. L'orateur chrétien ne doit pas être étranger

aux sciences profanes ; quelques-unes surtout seront pour lui d'une grande utilité. La connaissance de l'*Histoire* lui fournira mille traits frappants qui viendront orner et fortifier son discours. La dialectique, la rhétorique, et surtout l'étude du cœur humain, sont des ressources précieuses pour le prédicateur.

ARTICLE DEUXIÈME.

NÉCESSITÉ DE PLAIRE OU ORNEMENTS DE LA PRÉDICATION.

314. C'est en vain que l'orateur sacré posséderait une science vaste et profonde, s'il ne savait **plaire** et faire accepter à son auditoire les utiles leçons qu'il lui donne. Quand la vérité se présente sous un air trop négligé, peu d'hommes sont capables de la goûter et de l'embrasser. Efforcez-vous donc de vous faire écouter avec plaisir et intérêt, et de rendre agréables les sublimes vérités que vous annoncez.

315. C'est une erreur de croire que le prédicateur ne doit point songer à plaire. Sans doute, il ne lui est permis de s'en occuper qu'en vue de convertir les âmes ; mais pourvu qu'il se propose ce noble but, il peut embellir la parole sainte de tous les charmes de la vraie et solide éloquence. Le respect qui est dû à la parole de Dieu exige qu'on la présente avec toute la dignité dont elle est susceptible. D'un autre côté, l'expérience prouve qu'il existe, pour le prédicateur éloquent, une involontaire et secrète estime qui captive l'attention, éveille l'intérêt et dispose un auditoire à mieux profiter de sa parole.

L'orateur sacré s'efforcera de plaire par *le fond des choses*, par *les ornements du discours*, par *la gravité de l'action*.

316. Le prédicateur plaira par le fond des choses s'il prend un sujet capable d'intéresser vivement les auditeurs. Maury conseille aux orateurs sacrés de choisir de préférence ces sujets vastes et vraiment évangéliques qui embrassent tous les intérêts du chrétien. Pour plaire et intéresser, il faut aussi que les considérations et les preuves soient appropriées au besoin et à la portée de l'auditoire, et qu'on évite dans les discours de morale tout ce qui sent la raillerie et la satire.

317. Dans l'éloquence sacrée, l'orateur doit s'attacher avant tout à la clarté, au naturel, à la gravité; cependant il ne doit pas entièrement négliger les ornements du discours. Presque tous les Pères de l'Église enseignent que, pour rendre la vérité plus aimable aux yeux des hommes, il faut lui donner une forme agréable et polie. La vérité revêtue de politesse et d'élégance, dit le P. Gaichiès, est comme un rayon qui passe à travers un cristal; elle en est plus vive, plus agréable, et en quelque sorte plus visible. Soyez donc simple, mais de cette simplicité qui n'exclut pas l'élégance et la noblesse.

318. Les ornements qui conviennent au prédicateur ne sont pas de ceux qui font admirer un orateur profane; ce sont ceux qui touchent et convertissent. La rhétorique sacrée dédaigne ces artifices frivoles dont l'école exagère souvent la puissance; elle s'occupe des choses beaucoup plus que des mots, et ne fait point consister l'éloquence à polir une phrase ou à compasser une période. Ornez donc la vérité, mais ne la fardez pas, et souvenez-vous que, si l'on aime peu la paresse, qui ne songe jamais à plaire, on est encore plus choqué de la recherche, qui songe toujours à plaire.

319. « L'action du prédicateur, dit saint François de Sales, doit être *libre, noble, généreuse, naturelle, forte, sainte, grave,* et un peu *lente.*

« Il faut parler affectueusement et dévotement, simplement et candidement, comme avec confiance ; être bien épris de la doctrine que l'on enseigne, et des choses que l'on persuade... On a beau dire ; mais le cœur parle au cœur, et la langue ne parle qu'aux oreilles.

« Je dis qu'il faut une action *libre* contre une certaine action étudiée et contrainte des pédants ;

« Je dis *noble,* contre l'action rustique de quelques-uns qui font profession de battre des poings, des pieds, etc. ;

« Je dis *généreuse,* contre ceux qui ont une action craintive, comme s'ils parlaient à leurs pères, et non pas à leurs disciples et enfants ;

« Je dis *naturelle,* contre tout artifice et affectation ; *forte,* contre une certaine action morte, molle et sans efficacité ; *sainte,* contre la manière adulatrice, parfumée et mondaine ; *grave,* pour exclure les révérences et les compliments à l'auditoire ; je dis un peu *lente,* contre une certaine action courte et retroussée, qui amuse plus les yeux qu'elle ne bat au cœur. » (Voir le n° XXI.)

ARTICLE TROISIÈME.

NÉCESSITÉ DE TOUCHER OU ONCTION DU PRÉDICATEUR.

320. Ce n'est point assez pour l'orateur sacré d'instruire et de plaire. Il faut que, par l'**onction** et le pathétique, il touche les cœurs et les détermine à des résolutions utiles à leur salut. L'onction est un mélange de foi et de charité qui nous pénètre des vérités de la religion, et nous donne la puissance de toucher les autres. Dans la chaire plus qu'ailleurs, on ne dit rien de touchant si l'on n'est touché soi-même des sentiments et des vérités que l'on exprime : d'un cœur sec et froid il ne sort que des paroles mortes et stériles.

321. Un second moyen de toucher son auditoire, c'est que le prédicateur ait une conduite exemplaire, et qu'il pratique lui-même ce qu'il conseille aux autres. « Quand les paroles ne sont pas soutenues par l'exemple, dit Fénelon, ce n'est qu'une belle image qui passe devant les yeux ; on regarde celui qui parle comme un homme qui joue une espèce de comédie, on le laisse dire pour la cérémonie, mais on croit et on fait comme lui. » Au contraire, la seule voix d'un homme que l'on croit saint réveille des idées pieuses, et donne du poids à ses discours : sa parole va droit au cœur.

322. Rien ne rend l'orateur sacré propre à toucher son auditoire comme une ardente charité et un zèle brûlant pour le salut des âmes. Quand le prêtre est

embrasé de ce feu, on résiste rarement à sa parole. Même avec un talent médiocre, ses exhortations ne sont jamais sans fruit. C'est là la véritable source des triomphes évangéliques; c'est par là que saint Paul, saint Chrysostome et saint Bernard ont opéré des prodiges qui nous étonnent encore aujourd'hui.

323. Pour attirer en lui cette onction, l'orateur sacré aura recours à la méditation et à la prière. S'il est vraiment attentif aux mouvements que Dieu excite dans son propre cœur, il les fera plus aisément passer dans le cœur des autres. « Les talents les plus rares, dit le P. Gaichiès, ne sont jamais mieux cultivés que par la prière; les Pères de l'Église, chargés d'affaires, priaient longtemps et prêchaient souvent. »

Voulez-vous donc obtenir de solides succès dans la prédication, pénétrez-vous à fond de ce que vous préparez pour les autres. C'est trop peu d'avoir dans ses recueils les plus beaux morceaux de l'Écriture et des Pères : il faut les avoir dans le cœur (Voir le n° XXII).

CHAPITRE DEUXIÈME.

Différentes espèces de discours sacrés.

324. Les principales espèces de discours sacrés sont l'*homélie*, le *prône*, le *sermon*, la *conférence*, le *panégyrique* et l'*oraison funèbre*. Nous allons donner quelques règles sur ces diverses formes de la prédication.

ARTICLE PREMIER.

DE L'HOMÉLIE[1].

325. L'homélie est *une explication de chaque partie de l'Épître ou de l'Évangile, d'où l'on tire des réflexions pieuses et utiles aux auditeurs.* Ce mot, d'après son étymologie grecque, veut dire *conférence* ou *entretien.* Dans les premiers siècles du christianisme, on lisait d'abord, dans l'assemblée des fidèles, un texte des saintes Écritures, et l'orateur sacré commentait cette lecture et en tirait des instructions pratiques. Le lecteur reprenait ensuite, et l'on continuait ainsi jusqu'à la fin ces lectures et ces explications successives.

326. L'homélie, dit le P. Gaichiès, porte avec elle une bénédiction apostolique. Expliquez votre Évangile, l'auditeur sera content. Une homélie, quoique faible, passera pour un sermon médiocre ; elle sera plus goûtée des gens de bien que les discours réguliers. Mieux que le sermon, elle permet d'embrasser tous les besoins de l'auditoire, et souffre les détails les plus simples et les plus familiers.

327. Bien qu'il faille moins de temps pour préparer une homélie, on a toujours besoin de soin et de travail si l'on veut instruire, intéresser et produire

---

[1] Auteurs à consulter : saint Augustin, *De Catechizandis rudibus ;* le P. Gaichiès, *Maximes sur le ministère de la chaire,* 2e part., ch. 1 ; Hamon, l. II, 2e partie, ch. III ; Audisio, *Leçons d'éloquence sacrée,* t. II, leç. XI, XII et XIII ; l'abbé Mullois, *Cours d'éloquence sacrée populaire,* t. I, ch. VI.

des fruits. Étudiez d'abord le texte que vous voulez expliquer, marquez le temps et l'occasion des paroles contenues dans l'Évangile, donnez l'intelligence du sens, faites-en l'application aux auditeurs, et tirez-en des leçons conformes à leur situation.

ARTICLE DEUXIÈME.

DU PRÔNE [1].

328. Dans le véritable sens du mot, dit M. Hamon, le **prône** est *une instruction courte et familière qui se fait pendant la messe de paroisse sur un sujet de dogme ou de morale.* Il diffère de l'homélie en ce qu'il se borne toujours à un sujet particulier; il diffère du sermon en ce qu'il n'est pas soumis à des formes régulières et à tous les préceptes de l'art oratoire.

329. Le prône ainsi entendu est souvent plus utile que le sermon. Son genre est plus simple, plus à la portée des esprits peu cultivés, et par conséquent plus propre à répandre l'instruction parmi le peuple. Il est aussi plus utile que l'homélie, parce que, ne partageant pas l'attention sur plusieurs objets, il peut mettre dans tout son jour la vérité dont il s'agit. Il est donc à souhaiter que le pasteur des âmes fasse un fréquent usage de ce genre de discours.

330. Pour réussir dans le prône, le prédicateur préparera avec soin tout ce qu'il doit dire. On ne

---

[1] Auteurs à consulter : saint François de Sales; Fénelon, *Dialogues sur l'éloquence;* Besplas, *Essai sur l'éloquence de la chaire;* Gaichiès, 2ᵉ partie, ch. I; Audisio, t. II, leç. II et III; Hamon, l. II, 2ᵉ part., ch. IV; l'abbé Mullois, ch. IV.

lui demande ni texte, ni exorde, ni préambule; il abordera simplement son sujet. Les divisions peuvent y être tolérées, mais elles n'y sont point nécessaires. Employez des preuves claires et solides, beaucoup de comparaisons et d'exemples, des explications naturelles, et de pressantes exhortations à la piété et à la vertu.

ARTICLE TROISIÈME.

DU SERMON [1].

331. Le **sermon** est *un discours solennel sur un sujet dogmatique ou moral, et où l'on observe plus rigoureusement les préceptes de l'art oratoire.* Ce qui le distingue des deux genres qui précèdent, c'est qu'il exige nécessairement un texte, un exorde, un plan régulier et une péroraison.

332. Le *texte* doit renfermer en substance tout le sujet du discours, et même, s'il est possible, en indiquer les divisions. Il doit être tel qu'après l'avoir entendu on puisse déjà prévoir quel sera le fond du sermon lui-même. Le texte ne doit être ni trop long ni trop court : trop long, il ne se retiendrait pas; trop court, il paraîtrait singulier. Un prédicateur prit un jour pour texte : *Siluit;* il se tut en effet, et l'assemblée se prit à rire.

333. Pour l'*exorde* du sermon, le prédicateur doit

[1] Auteurs à consulter : Gaichiès, 2e partie, ch. II-XXI; Maury, *Essai,* V-XII; *Pastoral de Limoges,* 2e partie, ch. I-IV; Hamon, l. II, 2e part., ch. I; l'abbé Mullois, t. I, ch. III; Audisio, *Leçons d'éloquence sacrée,* leç. VII-XXIII; le P. Broeckaert, *Guide du jeune littérateur,* 3e sect., ch. IV.

observer les règles qui ont été données dans la première partie. Il se souviendra surtout que l'exorde d'un sermon doit être adapté au sujet et aux dispositions de l'auditoire.

On faisait autrefois deux exordes dans le sermon, l'un pour conduire à l'invocation, et l'autre pour arriver à la division : aujourd'hui on se contente d'un seul, et il faut s'en tenir à cet usage.

Si les bienséances exigent un compliment à quelque personne distinguée, que ce compliment soit pieux, grave, instructif et exprimé en deux ou trois mots.

334. Nous avons indiqué dans la première partie les diverses opinions des rhéteurs sur l'usage des *divisions*. Le sermon est de tous les discours sacrés celui qui comporte le mieux une division régulière ; mais il faut savoir s'en passer quand le sujet n'en exige point. Si vous divisez votre sujet, choisissez des divisions simples, pratiques, faciles à comprendre et à retenir.

335. La *confirmation* ou corps du discours commence d'ordinaire par une sorte d'introduction ou d'exposé de principes qui amène les subdivisions. Cette introduction sera courte et conduira tout droit au fond du sujet. N'indiquez pas d'avance les subdivisions, à moins que la clarté ne l'exige ; mais n'affectez pas non plus de cacher votre marche aux auditeurs quand il leur importe de la connaître.

336. La *péroraison* d'un sermon peut renfermer jusqu'à quatre parties : une courte récapitulation des vérités contenues dans le discours, les conséquences

pratiques et les résolutions qui en découlent, une exhortation pathétique qui détermine les volontés, et enfin une invocation à Dieu ou aux saints pour obtenir la grâce ou la vertu dont il s'agit. Ces quatre parties ne se rencontrent pas dans toutes les péroraisons, mais elles sont comme les éléments divers qui peuvent être employés pour conclure un sermon.

La paraphrase d'une prière de la liturgie ou d'un psaume, ou quelque autre passage de l'Écriture pieusement commenté, fournissent quelquefois une péroraison touchante. Toutefois, il faut que ces genres de conclusions présentent une succession rapide de pensées, de sentiments et d'images.

337. Pour *préparer* un sermon, le prédicateur se fixera d'abord d'une manière nette et précise sur le choix du sujet; il le méditera profondément et repassera dans sa mémoire ce que l'Écriture, les Pères et la tradition ont dit de plus frappant sur cette vérité. Alors seulement il pourra trouver un plan et une division; alors il aura peut-être de véritables inspirations. Dans les commencements, il devra savoir parfaitement son discours; mais quand il aura acquis plus d'assurance et de facilité, il pourra se fixer seulement sur les pensées et les preuves principales, et laisser pour le moment du débit le choix de ses mots et la construction de ses phrases.

Cette dernière méthode est conseillée par Fénelon, et il est d'expérience qu'elle donne à un discours un naturel, une spontanéité qui plaît beaucoup aux auditeurs, et que le récitateur n'aura jamais (Voir le n° XXIII).

ARTICLE QUATRIÈME.

DE LA CONFÉRENCE [1].

338. La **conférence** est *un discours sacré où l'orateur présente les preuves de la religion et la défend contre les attaques des hérétiques ou des incrédules.* Elle diffère du sermon en ce que celui-ci s'adresse généralement à des hommes qui croient les vérités de la foi, tandis que la conférence est destinée à éclairer ceux qui doutent, ou à ramener les indifférents et les impies.

339. Dans un sens rigoureux, la conférence suppose deux interlocuteurs, dont l'un propose des questions ou des doutes sur un sujet dogmatique ou moral, et l'autre éclaircit ou résout les difficultés proposées. Mais, depuis longtemps, on est convenu de donner le nom de *conférence* à tous les discours où l'orateur sacré s'attache à défendre la religion contre ceux qui l'attaquent. Les conférences à deux voix ont sans doute quelque chose de piquant et de dramatique qui captive mieux un auditoire; toutefois elles demandent beaucoup de réserve, devant certains auditoires, pour ne pas ébranler la foi au lieu de l'affermir.

340. Comme il s'agit dans la conférence d'éclairer et de convaincre les esprits, on exige surtout de l'orateur des preuves fortes et concluantes, de la

[1] Auteurs à consulter: Gaichiès, 2e partie, ch. i, nos 3 et 8; l'abbé Marcel, *Chefs-d'œuvre d'éloquence, Chaire,* art. Conférences; Audisio, t. I, l. V et VI; le P. de Boylesve, *Rhétorique,* art. Conférence; Hamon, l. II, 2e part., ch. vi.

méthode et de la clarté dans la discussion, beaucoup de souplesse et de vigueur dans le raisonnement. Dans le choix des arguments, l'orateur laissera de côté ceux qui sont arides et abstraits, et il s'attachera de préférence à ceux qui se lient à la conduite des choses humaines et aux grands faits de l'histoire et de la société : ce sont les seuls qui nourrissent l'éloquence, lui donnent la chaleur et la vie, et préparent le triomphe de l'orateur.

341. Dans la réfutation, le prédicateur ne s'arrêtera qu'à des objections naturelles et qui naissent du fond du sujet; il les exposera loyalement et dans toute leur force, et devra surtout être bien assuré de détruire, dans l'esprit des auditeurs, l'impression qu'elles ont produite. Rien de plus dangereux et de plus funeste que de proposer, à un auditoire qui les ignore, les sophismes et les erreurs inventés par l'impiété. Si vous parlez à des chrétiens qui ne doivent jamais entendre certaines objections, laissez-les dans cette heureuse ignorance. Beaucoup de prédicateurs de nos jours oublient les véritables besoins de leur auditoire, et ils lui apportent de savantes et inutiles démonstrations, quand il lui faudrait des sermons pieux et solides.

342. Pour réussir dans la conférence, l'orateur sacré devra lire et méditer longuement les Pères de l'Église, en particulier l'*Apologétique et les prescriptions* de Tertullien, *la Cité de Dieu* de saint Augustin. Il pourra aussi consulter avec fruit quelques sermons dogmatiques de Bossuet et de Massillon, et les meilleurs discours de Frayssinous, de Mac-Carthy, de

Ravignan et de Lacordaire. Qu'il possède, avant tout, l'ensemble de la doctrine chrétienne, qu'il en embrasse tous les détails et tous les rapports, qu'il expose largement et amplement la vérité, et les objections tomberont d'elles-mêmes, avant qu'il les ait réfutées (Voir le n° XXIV).

ARTICLE CINQUIÈME.

DU PANÉGYRIQUE[1].

343. Le **panégyrique** chrétien, dont il est ici uniquement question, est *un discours exclusivement consacré à la louange des saints.* Cette sorte de discours, dit M. Laurentie, dérive d'un antique usage de l'Église qui ne voyait jamais mourir un serviteur de Dieu sans venir auprès de sa tombe rappeler ses exemples et encourager les fidèles à l'imiter.

344. L'éloge des saints se tire des diverses positions où ils se sont trouvés, de leurs actions principales et de leurs vertus les plus éminentes, des intentions qu'ils ont eues et des paroles qu'ils ont dites, et enfin des comparaisons qu'on établit entre eux et d'autres grands serviteurs de Dieu. Évitez toutefois, dans ces parallèles, de rabaisser un autre saint pour relever davantage votre propre héros.

345. En faisant l'éloge des saints, il vaut mieux in-

---

[1] Auteurs à consulter : Fénelon, *Dialogues sur l'éloquence ;* Gaichiès, 2ᵉ part., ch. ɪ, n° 5; Maury, *Essai sur l'éloquence,* XXVII-XXXIII ; Marcel, *Chefs-d'œuvre d'éloquence,* art. Panégyrique ; *Pastoral de Limoges,* 2ᵉ part., tit. II, ch. ɪv; Grenade, l. IV, ch. ɪv et v; Audisio, t. II, leç. XXVI-XXVIII; Hamon, l. II, 1ʳᵉ part., ch. vɪ.

sister sur les moyens qui les ont sanctifiés que sur les actions qui les ont rendus célèbres. C'est une grande erreur d'attacher la sainteté à des œuvres extraordinaires, et de n'estimer que les saints dont la vie porte le cachet du merveilleux. Le prédicateur doit combattre ce préjugé, et faire comprendre aux fidèles que la sainteté consiste dans les vertus communes et dans cette piété uniforme et constante qui est presque toujours sans éclat.

346. On peut donner au panégyrique la forme *morale* ou la forme *historique*.

La forme *morale* consiste à diviser le panégyrique d'après les deux ou trois vertus principales qui ont brillé dans le saint et qui forment le fond de son caractère.

La forme *historique* consiste à diviser le discours d'après les époques ou les divers états de la vie du saint. Quelques-uns aiment mieux le premier genre; mais d'autres, parmi lesquels il faut compter Fénelon, préfèrent la forme historique, et pensent que le meilleur moyen de louer un saint est de raconter sa vie. « Amas d'épithètes, mauvaise louange, dit La Bruyère; ce sont les faits qui louent, et la manière de les raconter. »

347. Les deux principaux écueils du panégyriste sont de tomber dans l'exagération et de ne pas dessiner assez nettement le caractère du personnage.

Certains prédicateurs exaltent les saints dont ils parlent au-dessus de tous ceux qui ont vécu avant et après eux, et leur décernent, sans aucune façon, la première place dans le ciel. Ces hyperboles sont de mauvais goût; montrez plutôt votre héros avec ses épreuves et ses faiblesses, afin que son exemple encourage ceux qui ont à soutenir les mêmes combats.

En second lieu, faites voir nettement le caractère qui lui est propre; c'est le moyen d'éviter ces idées vagues et ces banalités, qui font que tant de panégyriques se ressemblent.

348. Le style du panégyrique doit être grave, sérieux et édifiant. Il est cependant permis de l'embellir d'une certaine élégance. L'éloge est une couronne; ornez-la de fleurs et même de diamants, si vous le pouvez; mais que tout ne soit pas également riche et fleuri : il faut des ombres pour faire mieux paraître les couleurs du tableau.

Bossuet et Bourdaloue, parmi les orateurs modernes, nous ont laissé les meilleurs modèles de panégyrique (Voir le n° XXV).

ARTICLE SIXIÈME.

DE L'ORAISON FUNÈBRE[1].

349. **L'oraison funèbre** est *un discours solennel prononcé dans la chaire pour honorer la mémoire d'un illustre défunt.* L'oraison funèbre, telle que Bossuet l'a créée parmi nous, n'est ni un éloge, ni un panégyrique, ni un sermon; mais elle tient quelque chose

---

[1] Auteurs à consulter : La Harpe, *Cours de littérature*, art. Bossuet; Villemain, *Essai sur l'oraison funèbre*; Chateaubriand, *Génie du christianisme*; Marcel, *Chefs-d'œuvre d'éloquence*; Maury, *Essai*; Gaichiés, 2ᵉ part., ch. 1; Hamon, t. II, 1ʳᵉ part., ch. VI; Audisio, t. II, leç. XXIX; le P. Broeckaert, 3ᵉ sect., ch. IV.

de ces trois genres. C'est, dit l'abbé Marcel, le développement d'une morale puisée dans l'ensemble de la vie du héros, et, du moins en partie, appuyée sur son éloge.

350. Le premier devoir de l'orateur, dans l'oraison funèbre, est de rester dans les bornes d'une exacte et rigoureuse vérité. La religion ne souffre pas que, à la face des autels et au milieu des saints mystères, on fasse l'éloge d'un homme qui a toujours mal vécu. A chaque mot, l'auditeur indigné s'élèverait contre ces injustes louanges. Si le héros que vous célébrez a commis des fautes, gardez-vous de les nier ou de les dissimuler; avouez-les avec ménagement et discrétion; montrez la faiblesse de l'homme dans la grandeur du héros : vous serez plus intéressant, parce que vous serez plus vrai.

351. Le second devoir de l'orateur, c'est, dit La Harpe, de planer au-dessus de toutes les grandeurs humaines. Il faut que, pour remplir son sujet, il exalte magnifiquement ce que fut son héros selon le monde, et que, pour remplir son ministère, il termine tout cet héroïsme au néant selon la religion, si la piété ou la pénitence ne l'a pas consacré devant Dieu. En abattant d'une main ce qu'il a élevé de l'autre, l'orateur chrétien ne se combat pas luimême; il ne combat que des illusions et fait voir à ses auditeurs combien ce qu'ils admirent est peu de chose, puisqu'il ne faut qu'un mot pour en montrer le vide et qu'un instant pour en marquer le terme.

352. Si l'oraison funèbre est ce qu'il y a de plus grand et de plus capable de frapper l'imagination,

c'est aussi le genre le plus difficile et celui qui demande le plus de force et de génie. L'auditeur est prévenu en faveur du personnage, et l'orateur a plutôt à craindre de rester au-dessous que d'être trop riche et trop brillant. D'un autre côté, l'orateur doit éviter la flatterie qui est partout une lâcheté, mais qui serait dans la chaire un véritable sacrilége. La chaire ne connaît de vraiment grand que ce qui est fondé sur la religion et sanctifié par la grâce : ce serait la dégrader que de la faire servir à la vaine louange des créatures. Aussi le prédicateur consciencieux redoute ces discours comme des écueils pour la piété autant que pour l'éloquence.

Les modèles du genre sont Bossuet, et, à une immense distance après lui, Fléchier et Massillon.

DEUXIÈME SECTION.

DE L'ÉLOQUENCE POLITIQUE[1].

353. L'éloquence **politique** ou éloquence de la **tribune** est celle où l'on discute les intérêts de l'État, ou dans le conseil des rois, ou dans l'assemblée des grands, ou dans les réunions du peuple et de ses représentants.

C'est sans contredit le plus beau et le plus vaste théâtre où puisse briller l'éloquence purement humaine. L'aspect imposant de l'assemblée, l'importance des matières qu'on discute, la nature et la forme des débats, tout contribue à élever l'âme de l'orateur et à lui inspirer de nobles pensées.

La tribune, a dit un jour M. Berryer, est le champ de bataille des intelligences.

354. L'éloquence politique a une effroyable puissance pour le mal comme pour le bien. Elle fait la paix et la guerre, elle décide du sort des nations, elle défend la patrie et venge l'humanité : voilà certes une grande mission. Mais il arrive souvent, dit M. Laurentie, que dans la tribune d'où doit partir la foudre qui flétrit le crime et le mensonge, l'orateur use de

---

[1] Auteurs à consulter : Blair, 4ᵉ part., leç. xxv-xxvii ; La Harpe, art. Démosthènes et Mirabeau ; Cormenin, *Livre des orateurs*, toute la première partie ; Laurentie, *De l'Étude et de l'enseignement des lettres*, ch. xi ; Amar, *Cours de rhétorique*, Genre délibératif ; Lefranc, *Rhétorique*, 2ᵉ part., ch. i.

l'autorité de sa parole pour protéger la bassesse et consacrer l'iniquité. De nos jours, la tribune a plus d'une fois encouragé la révolte et bouleversé les empires, et il est d'excellents esprits qui pensent qu'elle est plus nuisible qu'utile au bonheur de la société.

355. Nous diviserons en deux parties les observations que nous allons faire sur l'éloquence politique : nous dirons 1º quelles *qualités* doit avoir l'orateur de tribune, 2º quel a été le *caractère* de cette éloquence chez les divers peuples.

CHAPITRE PREMIER.

Des qualités de l'orateur politique.

356. Les principales qualités nécessaires à l'orateur politique sont la *probité*, le *patriotisme*, la *science*, la *clarté d'élocution* et le *talent d'improviser*. Les orateurs de tribune réunissent rarement toutes ces conditions, mais pour faire face à toutes les situations, ils devraient les posséder toutes, au moins dans un certain degré.

357. La probité exige que l'orateur soit incapable de conseiller un parti qu'il sait n'être pas le meilleur, et de tromper des auditeurs qui mettent en lui leur confiance. L'intérêt et les passions pourront bien se faire entendre au fond de son âme; mais s'il ne reste pas sourd à leur voix, s'il se fait l'esclave d'un parti et aspire seulement à terrasser un adversaire, ses sentiments secrets se trahissent malgré lui, et il tombe bientôt dans le mépris. Peut-être parviendra-t-il à passionner et à soulever une assemblée, mais ce sera pour l'aveugler et la pousser à des résolutions funestes.

358. Le véritable orateur politique, disait autrefois Démosthènes, doit sympathiser avec le peuple; il doit aimer et haïr comme la patrie, défendre contre tous son honneur, ses intérêts et ses droits, et n'incliner jamais la balance du côté de l'or. L'accomplissement de ce devoir suppose une âme énergique et une vertu courageuse; avec ces qualités, l'orateur s'élèvera constamment au-dessus des petites passions, il bravera les aveugles clameurs d'un peuple en délire, le servira malgré lui, et sacrifiera sa vie, s'il le faut, plutôt que de trahir la vérité et la confiance de ses concitoyens.

359. Puisque les assemblées délibérantes ont à faire des lois, à se prononcer sur les relations du dehors, sur les armées de terre et de mer, sur l'industrie et le commerce, l'agriculture et les impôts, l'orateur de tribune ne doit être étranger à aucune de ces connaissances. Sans doute, il lui est impossible d'approfondir tant de sciences diverses; mais il aura des notions claires sur toutes, il s'attachera ensuite à une spécialité, et saura la place que cette partie occupe dans l'ensemble. La statistique, l'histoire nationale, l'histoire contemporaine surtout sont tout à fait indispensables pour lui.

360. Le style de l'orateur politique doit être toujours clair, souvent concis et énergique. Si quelque-

fois il s'élève, ce sera moins par l'éclat des figures et la pompe de l'expression que par ces images frappantes et hardies que suggère une forte conviction. L'ordre dans les idées et la justesse dans les mots sont pour lui deux qualités essentielles. Il faut que, dans ses discours, les conséquences se lient si étroitement aux principes que l'auditeur soit obligé de se rendre à l'éclat de la vérité. Par conséquent, il fera beaucoup mieux de s'attacher à la noble et puissante simplicité de Démosthènes qu'à l'harmonieuse abondance de Cicéron.

361. Pour persuader les autres, il importe de penser avec eux, en même temps qu'eux, c'est-à-dire qu'il faut *improviser*. L'improvisateur, dit Cormenin, n'est pas à la tribune pour lui, il y est pour ses auditeurs, et on dirait que ce sont leurs pensées qu'il exprime, leurs passions qu'il respire, leurs volontés qu'il déclare. Il y a de la vie dans sa parole, parce qu'il y a de la réalité; il y a de la force, parce qu'il la tire de tout ce qui l'entoure; il y a de l'à-propos, parce qu'il parle des hommes du moment devant les hommes du moment. Pour être un véritable orateur politique, il faut donc posséder le talent de l'improvisation.

362. L'improvisation n'exclut jamais la méditation du sujet et la préparation du discours. Parler sans avoir fait une étude sérieuse de la question qu'on veut traiter, c'est se condamner à des paroles confuses, vagues, embarrassées et presque toujours inutiles pour le bien de la cause. L'orateur doit connaître tous les points de vue de la question, le fort et le faible des moyens qu'il veut employer, les objections qu'on

pourra lui faire, et la manière dont il faudra les réfuter pour forcer la conviction et se rendre maître de l'auditoire (Voir le n° xxvɪ).

363. Pour réussir à la tribune, il faut considérer quatre choses : le caractère de la *nation*, car on ne parle pas à des Français comme on parlerait à des Américains ou à des Anglais; le génie de la *langue*, car la langue des Français, celle des Italiens et celle des Espagnols n'ont pas le même caractère et n'exigent pas les mêmes soins; l'*époque* où l'on parle, car on n'emploie pas les mêmes moyens dans les temps de troubles et de révolutions que dans les jours calmes et tranquilles; la physionomie de l'*auditoire*, car il faut savoir varier son discours selon le caractère de l'assemblée et la mobilité de ses impressions.

364. Voici comment M. de Cormenin résume les devoirs de l'orateur de tribune :

Entrez en matière avec simplicité et tirez naturellement votre exorde de votre sujet. N'affectez pas une fausse modestie ni un dédain superbe. Ne soyez ni humble, ni fier; soyez vrai. Ne vous noyez pas surtout dans le fastidieux parlage de vos précautions oratoires.

Choisissez, parmi les moyens qui s'offrent à vous, le moyen des gens du jour qui, peut-être, n'est pas le plus solide, mais qui, d'après la disposition particulière des esprits, la nature de l'affaire, et la singularité de la circonstance, est le plus propre à faire impression sur l'assemblée.

Emparez-vous fortement de son attention; soulevez sa gaieté ou son indignation, ou ses sympathies, ou ses répugnances, ou sa fierté. Paraissez vous animer de son souffle et recevoir ses inspirations, tandis que c'est vous qui lui communiquerez les vôtres (Voir le n° XXVII).

CHAPITRE DEUXIÈME.

Du caractère de l'éloquence politique chez les différents peuples[1].

365. Les gouvernements de la Grèce furent généralement favorables au développement de l'éloquence politique. Dans Athènes en particulier, les affaires importantes se décidaient dans l'assemblée du peuple ; c'est là qu'on portait les lois, qu'on décrétait la paix ou la guerre. D'un autre côté, les Athéniens étaient vifs, ingénieux, très-exercés dans le maniement des affaires ; leur goût était si pur que le mot *atticisme* est aujourd'hui synonyme de pureté de langage. De pareilles conditions étaient très-propres à élever l'éloquence à une haute perfection.

366. Le caractère général de l'éloquence politique chez les Grecs, c'est l'énergie de la pensée, la force du raisonnement, la simplicité du style et la véhémence des passions. Démosthènes est la grande personnification de cette éloquence : ses *Philippiques* sont

---

[1] Auteurs à consulter : Blair, 4e part., leç. xxv-xxvii ; La Harpe, *Cours de littérature*, t. II, ch. iii ; Amar, *Cours de rhétorique*, 1re partie ; Cormenin, *Livre des orateurs*, 2e part. ; Villemain, *Cours de littérature* (dix-huitième siècle) ; l'abbé Henry, *Histoire de l'éloquence*.

des modèles achevés dans ce genre, et elles présentent à nos orateurs de tribune un objet d'étude plus utile que les plus beaux chefs-d'œuvre de Cicéron.

367. A Rome, l'éloquence politique se développa moins heureusement et moins vite que chez les Athéniens. La direction des principales affaires appartenait aux Patriciens et au Sénat; quelques-unes seulement étaient réservées à l'assemblée du peuple. Les Romains n'avaient d'ailleurs ni la vivacité ni la sensibilité des Athéniens; longtemps ils n'estimèrent que les vertus guerrières, et la soif des conquêtes sembla les occuper tout entiers. Ce ne fut que bien tard que leur langue eut l'élégance et la flexibilité qu'exige l'éloquence.

368. Chez les Romains, comme chez les Grecs, l'éloquence politique fut inspirée par un ardent patriotisme, et dans les derniers temps de la République, tous les hommes considérables s'y appliquaient avec ardeur, parce qu'ils y voyaient un moyen de parvenir aux premières charges de l'État. Mais la différence qui existait entre les deux peuples se remarque aussi dans le caractère de leurs orateurs. Démosthènes, qui avait affaire à un peuple vif, intelligent, subtil, marche droit à son but, et ne songe qu'à soulever la multitude par la force de sa dialectique et la véhémence de ses mouvements. Cicéron a un style plus brillant et plus orné; pour captiver une assemblée fière et dédaigneuse, il cadence chacune de ses périodes et a recours à mille petites précautions oratoires.

369. Chez les peuples modernes, l'éloquence de la tribune est née avec les institutions parlementaires.

Tant que la nation elle-même fut éloignée des affaires, aucune discussion grave ne pouvait s'élever. En France, l'éloquence politique a commencé seulement à l'ouverture des états généraux. Alors presque toutes les grandes questions sociales furent agitées : mais les esprits n'étaient point assez calmes pour laisser place à la véritable éloquence ; l'orateur était souvent interrompu par les vociférations, les murmures et les personnalités outrageantes. Il y eut parfois de beaux mouvements oratoires, mais les meilleurs discours de cette époque sont encore loin des chefs-d'œuvre de l'antiquité. Les plus célèbres orateurs de l'Assemblée constituante furent Mirabeau, Maury, Cazalès et Barnave (Voir le nº XXVIII).

370. Sous la Convention, on entendit des cris de rage et des paroles de sang ; les passions grondèrent avec fracas ; mais ce n'était pas là, quoi qu'on ait dit, la véritable éloquence. Vergniaud lui-même était trop dominé par la haine et la colère pour arriver à la perfection de cet art, et souvent il ne fut qu'un rhéteur impuissant et vaniteux. Sous le Consulat et l'Empire, la voix de Napoléon imposa silence à toutes les autres voix.

Avec la Restauration, la tribune politique se retrouva debout, et plus d'une fois l'on vit briller une grande et noble éloquence. Les orateurs de cette époque furent : de Bonald, Royer-Collard, de Villèle, Martignac, Casimir Périer et le général Foy. Sous la monarchie de Juillet, la tribune se glorifia des noms de MM. Berryer, Guizot, Thiers, Montalembert et Odilon Barrot.

371. Vers la fin du dernier siècle, la tribune anglaise ouvrit un vaste champ à l'éloquence. La guerre d'Amérique et la révolution française soulevèrent une foule de questions de conquête, de justice, d'humanité, et ces questions trouvèrent chez nos voisins des orateurs dignes de les embrasser dans toute leur étendue. Les plus célèbres ont été Burke, William Pitt, Fox, Canning; et, de nos jours, on cite encore avec honneur lord Russell, Robert Peel, lord Brougham, et surtout le grand O'Connell (Voir le n° XXIX).

Par un petit nombre de discours prononcés dans le parlement espagnol, Donoso Cortès s'est placé au premier rang des orateurs contemporains.

TROISIÈME SECTION.

372. L'éloquence **judiciaire** ou éloquence du **barreau** comprend *tous les discours prononcés devant les tribunaux et les mémoires publiés pour des causes qui réclament la sentence des juges.* Elle a pour but d'éclairer la justice humaine et de l'aider ainsi à être droite et impartiale dans ses décisions.

373. Le barreau n'offre point à l'éloquence un théâtre aussi noble et aussi élevé que la tribune politique. On ne peut donc attendre ici cette élévation et ces mouvements pathétiques qui caractérisent l'éloquence de la tribune. Quelquefois pourtant il se rencontre au barreau des causes graves et importantes qui fournissent à l'orateur autant de ressources que la discussion des affaires publiques.

374. Il y a trois choses principales qui séparent et distinguent la tribune et le barreau : le *but*, l'*auditoire* et la nature des *sujets*.

Sous le rapport du *but*, l'orateur politique tend à la persuasion ; il veut déterminer ceux qui l'écoutent à tel choix, à telle action, à telle entreprise qu'il croit utile et convenable ; et pour atteindre ce but, il s'adresse aux passions au moins autant qu'à l'entendement. Au barreau, le grand objet est la conviction ; l'orateur doit montrer au juge ce qui est juste et vrai, c'est donc à l'entendement que son éloquence s'adresse à peu près exclusivement.

Sous le rapport de l'*auditoire*, l'orateur politique s'adresse à une assemblée nombreuse et mélangée; au barreau, l'avocat parle à un petit nombre de juges, quelquefois à un seul, et ces juges sont en général des hommes graves, d'un âge mûr et d'une réputation imposante. Dès lors la passion n'est pas aussi aisée à émouvoir, et l'on paraîtrait ridicule en prenant un ton de véhémence qui ne convient qu'en face d'une grande multitude.

Sous le rapport des *sujets*, l'orateur politique examine les plus hautes questions de l'ordre social; l'histoire et la morale lui prêtent leurs lumières; il fait parler la religion et la patrie presque toujours intéressées aux grands intérêts qu'il agite; l'avocat interprète avec finesse les ambiguïtés de la loi, prête sa voix à des intérêts souvent incertains, et ne peut éprouver qu'une émotion passagère. En général, il y a quelque chose qui agrandit l'orateur dans la tribune; il y a quelque chose qui l'abaisse dans le barreau.

375. Pour ne rien omettre d'essentiel, nous parlerons d'abord des *qualités* de l'avocat; secondement, des divers *genres* de discours usités dans le barreau; troisièmement enfin, du *caractère* de cette éloquence chez les divers peuples.

CHAPITRE PREMIER.

Des qualités de l'avocat[1].

376. Les qualités de l'avocat sont, du côté de l'esprit, la *droiture du jugement*, la *science suffisante* et la *clarté d'élocution;* du côté du cœur, la *probité* et la *bonne foi.*

377. L'avocat veut convaincre les juges qu'ils doivent prononcer en faveur de son client, et, pour obtenir ce résultat, il doit éclairer leur conscience, leur montrer la cause sous son vrai point de vue, et bien fixer les principes qui régleront leur décision. Or, sans un *jugement droit*, sans un esprit méthodique, il ne produira jamais cette lumière dans la conscience de ceux qui l'écoutent. Cette rectitude de jugement consiste à bien poser la question, à montrer nettement l'objet de la cause et le point précis où commence le dissentiment des plaideurs.

378. Les devoirs de l'avocat, par rapport à la *science*, sont graves et nombreux. Il doit d'abord connaître la jurisprudence ou le droit civil, qui est la science propre de sa profession. A cette connaissance il joindra une certaine notion du droit ecclésiastique, qui est aujourd'hui trop négligé. Il est plus utile qu'on ne

[1] Auteurs à consulter : Quintilien, l. XII; Rollin, *Traité des études*, l. IV, ch. 1; Blair, 4ᵉ part., leç. XXVIII; Marmontel, art. Barreau; Crevier, 1ʳᵉ part.; Maury, *Essai*, XIII-XV; Laurentie, *De l'Étude et de l'enseignement des lettres*, ch. XI; Cormenin, l. II, ch. IV; Marcel, *Chefs-d'œuvre d'éloquence*, art. Barreau.

pense de savoir les vrais rapports de l'Église et de
l'État, et de chercher dans les lois divines le fondement des lois humaines. En outre, l'avocat devra être
instruit des sentences et des arrêts prononcés par les
cours supérieures dans les causes analogues à la
sienne.

379. La *clarté d'élocution* est aussi une qualité essentielle à l'avocat. Un style simple, précis, élégant,
où l'on évite les termes de la chicane et une érudition pédantesque, voilà ce qui convient généralement au barreau. La précision et la clarté sont nécessaires à l'avocat, puisqu'il se propose d'instruire
les juges du droit de ses clients et des lois sur lesquelles il est fondé. Nous demandons aussi l'élégance,
parce que la sécheresse des matières a souvent besoin
de ce secours.

380. La *probité* exige que l'avocat ne prête son ministère qu'à la défense du droit et de la justice. C'est
souvent entre ses mains que se trouvent remis les
intérêts sacrés de la famille et de la société. Les faire
valoir en toute occasion, les défendre contre ceux qui
les attaquent, en poursuivre la réparation avec courage, voilà la sublime mission de l'avocat. Il ne peut
donc, sans fouler aux pieds les titres qui l'honorent,
se charger d'une cause qu'il croit injuste et mauvaise.
Quand il découvre une injustice, il doit avertir son
client. Si par amour du gain il manque à cette règle,
sa profession n'est plus qu'un vil métier et il se ra-
baisse aux yeux de tous les gens de bien.

381. Le respect de la vérité et la *bonne foi* de l'avocat
exigent encore qu'il n'emploie, même dans les bonnes

causes, que des moyens conformes à l'honneur et à l'équité. Que jamais il n'ait donc recours au mensonge ou au sophisme connu pour tel. Vainement il dirait que son devoir est de gagner sa cause, et qu'il doit tendre à ce but par tous les moyens. C'est au juge de chercher la vérité, mais c'est à l'avocat de la montrer; il est un faussaire s'il la déguise, un fourbe s'il donne au mensonge des couleurs capables de tromper et de séduire.

382. L'intérêt de l'avocat, d'accord avec la morale et le devoir, lui prescrit lui-même de ne se charger que de *causes justes*, et de respecter toujours la conscience et la vérité. C'est le moyen d'obtenir cette vive conviction qui produit les grands mouvements d'éloquence. Démosthènes, après avoir entendu les paroles d'un client qui lui demandait le secours de sa voix, refusait de croire à la justice de sa plainte, à cause du ton incertain et presque indifférent de celui qui lui parlait. Aussitôt le client s'échauffe et se récrie, et Démosthènes se charge de sa défense. Pour que ce grand orateur fût sûr de retrouver toute son éloquence, il fallait donc qu'il fût assuré de la justice d'une cause.

383. Les païens, moins éclairés que nous sur la vraie notion du juste et de l'injuste, défendaient quelquefois *toutes sortes de causes*, et souvent l'auteur tirait vanité du talent et de l'adresse qu'il avait mis à surprendre la bonne foi de ses juges. Cicéron et Quintilien enseignent ouvertement qu'on peut employer le mensonge en faveur de ses amis. Parmi les avocats actuels, il n'est pas rare de ren-

contrer encore des hommes qui partagent ces erreurs, et qui soutiennent cette étrange morale. Mais leur parole n'aura jamais une grande puissance. Au contraire, l'avocat qui dévoue son talent aux causes justes et aux intérêts légitimes, exerce dans le monde une espèce de sacerdoce; sa voix est considérée comme un oracle dans le sanctuaire de la justice.

384. Les orateurs du barreau manquent souvent de *naturel* et de *conviction*, parce qu'ils plaident une cause qui n'est pas la leur. Si les plaideurs étaient eux-mêmes leurs avocats, ils exposeraient les faits avec simplicité, ils diraient leur raison sans emphase; et s'ils employaient les mouvements d'une éloquence passionnée, ces mouvements seraient bien placés. Mais un avocat, revêtu du personnage du plaideur, a besoin d'un talent bien rare pour le remplir avec bienséance, avec dignité, et lorsque ce talent lui manque, il met à la place de la vraie éloquence une déclamation factice, ridicule, et souvent criminelle, par ses artifices et ses excès (Voir le nᵒ xxx).

CHAPITRE DEUXIÈME.

Des divers genres de discours du barreau[1].

385. Les compositions qui appartiennent au genre judiciaire sont les *réquisitoires*, les *plaidoyers*, les

---

[1] Auteurs à consulter: Cicéron, *De Oratore*, l. II, 24-26; Cormenin, l. II, ch. iv; Lefranc, *Rhétorique*, 2ᵉ part., ch. iii; Broeckaert, sect. iii, ch. ii; Marcel, *Chefs-d'œuvre d'éloquence,* — Barreau; Berryer, *Éloquence judiciaire.*

mercuriales, les *rapports*, les *conclusions*, les *consultations* et les *mémoires*.

386. Les *réquisitoires* sont les discours qu'un magistrat prononce au nom de l'autorité publique pour requérir, dans l'intérêt de la société, une sentence ou une peine contre les délits et les crimes publics. Ces discours peuvent être très-éloquents, quand il s'agit d'une cause importante et propre à produire de fortes émotions dans l'âme des auditeurs. Ils se prêtent d'ailleurs à toutes les formes et à tous les mouvements oratoires.

Le magistrat qui prononce ces discours est investi d'un *ministère public*, et il est obligé plus que tout autre à garder de la dignité, du calme et de la modération.

387. Les *plaidoyers* sont les discours que les avocats prononcent pour ou contre la question de droit ou de fait portée devant un tribunal. C'est là que l'éloquence peut se développer librement et que l'avocat trouve un large champ ouvert à son talent. Dans ce genre, l'orateur observera toutes les règles que nous avons données sur la composition du discours et en particulier sur la réfutation. Cicéron et Quintilien donnent d'excellents avis pour les plaidoiries.

388. On entend par *mercuriales* les discours solennels que les premiers présidents ou les procureurs généraux prononcent à la rentrée des cours ou des tribunaux. Ces discours roulent d'ordinaire sur la justice et les devoirs de la magistrature, et le ton doit en être grave, imposant et sans beaucoup de chaleur.

10.

Les mercuriales, ainsi nommées parce qu'elles se prononçaient le mercredi après la semaine de Pâques, étaient autrefois des discours dans lesquels les premiers magistrats signalaient les désordres commis dans l'administration de la justice.

389. Le *rapport* d'un procès est l'exposé d'une cause, rédigé par un juge, dans le but d'instruire les autres juges d'une affaire dont on lui a remis l'examen. Le rapporteur doit exposer avec méthode, précision et impartialité, l'origine, le fond et les incidents de la cause, sans chercher à influencer ses collègues : mais il ne doit plaider pour aucune des parties, il n'est point avocat.

390. On appelle *conclusion* ou *résumé* le discours que prononce un magistrat, avant de clore les débats d'un procès, sur les moyens de la cause et les arguments apportés pour et contre par les deux parties adverses. Ces résumés exigent beaucoup de clarté, de justesse et de précision, mais peu ou presque point d'ornements. Ils réclament surtout cette noble impartialité qui présente les raisons des deux parties, sans omettre ni affaiblir celles qui lui paraissent moins solides.

391. Une *consultation* est un document dans lequel un avocat indique par écrit les moyens qu'on peut faire valoir en faveur d'une cause. Il faut donc beaucoup d'exactitude, de précision et de solidité dans les preuves. Si l'avocat se fonde sur des moyens faibles ou équivoques, il compromet les intérêts du consultant.

392. Les *mémoires* sont des écrits sur les affaires

litigieuses, que les avocats distribuent aux juges ou même au public dans les causes importantes. Ils exigent donc, encore plus que les discours prononcés de vive voix, de la méthode et de la clarté dans les choses, de la délicatesse et de l'élégance dans le style. L'œil du lecteur, toujours plus subtil que l'oreille de l'auditeur, lui permet de saisir les plus légers défauts et les moindres négligences.

CHAPITRE TROISIÈME.

De l'éloquence du barreau chez les différents peuples.

393. L'éloquence du barreau chez les Grecs se personnifie tout entière dans Démosthènes. Il nous reste de ce grand orateur un bon nombre de plaidoyers qui nous permettent d'apprécier ses moyens et sa méthode. On y voit que les Athéniens étaient moins obligés de s'attacher au sens rigoureux de la loi, et que les juges, plus nombreux que parmi nous, formaient une espèce d'assemblée populaire. De là, des mouvements d'éloquence qui seraient ridicules et déplacés dans le barreau moderne.

394. Chez les Romains, le barreau eut à peu près la même importance et le même caractère que chez les Grecs. Souvent même on y souleva des questions plus graves, parce que la puissance de Rome surpassait de beaucoup celle d'Athènes. Si l'on excepte le discours pour la Couronne, les causes plaidées par

Démosthènes n'ont pas la même gravité que les causes plaidées par Cicéron. Du reste, les Romains donnèrent aussi plus de soin à la forme oratoire qu'à l'étude du droit.

395. L'éloquence du barreau a rarement aujourd'hui le ton pompeux et pathétique qu'elle avait chez les anciens, et on ne peut pas prendre absolument pour modèles les plaidoyers de Cicéron et de Démosthènes. Les formes sont plus simples et les juges moins nombreux. Cependant le barreau offre encore une assez belle carrière au talent véritable, et la France a produit un bon nombre de magistrats et d'avocats célèbres par leur éloquence.

396. Les principaux orateurs du barreau français furent, au dix-septième siècle, Le Maître, Patru, Pélisson ; au dix-huitième siècle, d'Aguesseau, Séguier, Loyseau de Mauléon, Beaumarchais, de Sèze et Lally-Tolendal. De nos jours, on a vu briller dans les cours judiciaires MM. de Martignac, Berryer et Odilon Barrot (Voir le n° XXXI).

QUATRIÈME SECTION.

DE L'ÉLOQUENCE MILITAIRE[1].

397. L'éloquence **militaire** comprend *les harangues prononcées par un général d'armée pour enflammer le courage des soldats.* L'usage de ces harangues était très-fréquent chez les Hébreux, les Grecs, les Romains et tous les anciens peuples.

398. La plupart des harangues que rapportent les historiens de l'antiquité n'ont pas été prononcées, du moins telles qu'elles sont présentées dans leurs histoires : le plus souvent l'œuvre tout entière est de l'écrivain lui-même; quelquefois elle ne s'accorde ni avec les idées de l'époque, ni avec le caractère du personnage qu'on fait parler. C'est ainsi que, dans un temps où la langue latine était informe et grossière, Tite-Live fait débiter à des hommes tirés de la charrue, des discours éloquents, harmonieux et travaillés avec art, comme aurait pu les faire un habile rhéteur.

399. Les historiens modernes n'ont pas inséré dans leurs récits des discours aussi longs et aussi nombreux. Mais l'histoire nous a conservé une foule de mots heureux inspirés par l'honneur et la bravoure, et ces mots ont été vraiment prononcés. Tout

---

[1] Auteurs à consulter : Cormenin, *Livre des orateurs*, 2ᵉ partie : Napoléon Bonaparte; Lefranc, *Éloquence écrite*, ch. ii; l'abbé Henry, *Éloquence moderne.*

le monde connaît certaines paroles chevaleresques échappées à François Ier, à Louis XII, à Henri IV, à Condé, à La Rochejacquelein, à Napoléon et à quelques autres.

400. L'usage de haranguer les troupes se réduit aujourd'hui à faire imprimer des proclamations ou ordres du jour, et à les répandre dans toute l'armée. Ces discours doivent être tels qu'on les ferait s'ils devaient être prononcés de vive voix. Il faut quelques phrases courtes, vives, pleines de feu, qui électrisent les courages et remplissent les soldats d'enthousiasme et de résolution.

Après la grande journée d'Austerlitz, Napoléon parle ainsi à son armée :

Soldats, je suis content de vous! Vous avez décoré vos aigles d'une immortelle gloire. Une armée de cent mille hommes, commandée par les empereurs de Russie et d'Autriche, a été en moins de quatre heures coupée ou dispersée : ce qui a échappé à votre feu s'est noyé dans les lacs.

Quarante drapeaux, les étendards de la garde impériale de Russie, cent vingt pièces de canons, vingt généraux, plus de trente mille prisonniers, sont le résultat de cette journée à jamais célèbre. Cette infanterie, tant vantée et en nombre supérieur, n'a pu résister à votre choc, et désormais vous n'avez plus de rivaux à redouter.

Soldats, lorsque le peuple français plaça sur ma tête la couronne impériale, je me confiai à vous pour la maintenir toujours dans ce haut éclat de gloire qui seul pouvait lui donner du prix à mes yeux.

Soldats, bientôt je vous ramènerai en France. Là, vous serez l'objet de mes plus tendres sollicitudes, et il vous suffira de dire : *J'étais à la bataille d'Austerlitz*, pour qu'on réponde : *Voilà un brave !*

Ce discours, dit Cormenin, est un chef-d'œuvre d'éloquence militaire. Napoléon est content de ses soldats. Il se mêle à eux. Il leur rappelle ce qu'ils ont vaincu, ce qu'ils ont fait, ce qu'on dira d'eux. Pas un mot des chefs. L'empereur et les soldats, la France en perspective, la paix pour récompense, la gloire pour souvenir. Quel commencement et quelle fin !

Les proclamations de Napoléon à son armée forment ensemble un incomparable monument d'éloquence militaire (Voir le n° XXXII).

401. Lorsque, dans les conseils, un officier propose son avis ou combat celui d'un autre, il doit s'exprimer avec mesure et faire une extrême attention aux convenances et aux égards qui sont dus à ceux qui l'écoutent. La susceptibilité est grande dans le métier des armes ; et trop souvent les querelles particulières, nées du plus léger oubli des convenances, ont influé d'une manière funeste sur le bien public.

Les adieux de Napoléon à ses soldats, dans le palais de Fontainebleau, appartiennent encore à l'éloquence militaire (Voir le n° XXXIII).

CINQUIÈME SECTION.

DE L'ÉLOQUENCE ACADÉMIQUE[1].

402. L'éloquence **académique**, ainsi nommée parce qu'elle a pour théâtre les académies ou sociétés littéraires, comprend les *discours de réception*, les *éloges historiques*, les *mémoires scientifiques* ou *littéraires*, les *harangues* ou *compliments*.

403. Sans doute, l'éloquence académique a une mission moins élevée que celle de la tribune ou du barreau; mais, pour celui qui s'en fait une juste idée, cette mission est encore assez importante et assez belle. Les discours académiques défendent les saines traditions littéraires et les principes du bon goût contre les innovations téméraires qui feraient perdre au langage son éclat et sa pureté. Or, s'il est vrai que le style est l'homme, si la littérature est l'expression de la société, il y a un rapport intime entre le bon goût et les bonnes mœurs, et en travaillant pour l'un, on combat aussi pour les autres.

404. Le discours que prononce le nouveau membre d'une académie, le jour même de sa réception, contient d'ordinaire un remercîment à cette compagnie et un éloge du prédécesseur. C'est Patru qui, en 1640,

---

[1] Auteurs à consulter : Fénelon, *Dialogues sur l'éloquence;* La Harpe, *Cours de littérature;* Marcel, *Chefs-d'œuvre d'éloquence;* Grandperret, *Traité de rhétorique,* sect. II, ch. I.

donna naissance à cet usage. Pour corriger la monotonie et la fadeur de ce genre de discours, on s'applique à faire ressortir le caractère de l'homme que l'on doit louer et on apprécie les événements auxquels il a été mêlé.

Quand on loue les qualités, l'esprit et les talents du prédécesseur, ces éloges se nomment *oratoires;* on les appelle *historiques* quand on parcourt les diverses phases de sa carrière. Dans tous les cas, l'orateur doit montrer une grande pureté de goût et une irréprochable perfection de style (Voir le n° xxxiv).

405. Puisque l'Académie est établie pour défendre et maintenir le bon goût, il faut que tous les discours prononcés dans son enceinte soient dignes de ce but, et qu'en matière de littérature ils donnent tout à la fois le précepte et l'exemple. Un terme impropre, une locution vicieuse qu'on excuserait aisément dans un autre genre, seraient ici sévèrement blâmés par la critique. Plus que tout autre, l'orateur académique doit chercher à plaire par la variété des ornements; mais il doit toujours les dispenser avec mesure. Souvent on fatigue et on éblouit par trop de beautés, et l'on déplaît à force de plaire. L'éloge que Racine fit du grand Corneille est un modèle du genre.

406. Au dix-huitième siècle, l'Académie française proposa pour prix d'éloquence l'éloge historique de nos grands hommes. Cette idée parut heureuse, et chaque pays s'empressa de l'imiter. A Londres on mit au concours l'éloge de Newton, à Berlin celui de Leibnitz, comme à Paris celui de Descartes et de

Pascal. Corneille, Racine, Bossuet, Fénelon, Molière, Catinat furent loués successivement. La philosophie alla elle-même emprunter à l'antiquité l'éloge de Marc-Aurèle, et l'académicien Thomas se rendit célèbre par le talent qu'il déploya en traitant ce sujet. Comme ces discours sont moins des monuments historiques que des tableaux faits pour réveiller de grandes et nobles idées, il ne suffit pas de raconter des faits, il faut parler à l'âme et captiver l'imagination.

407. Les mémoires sur les questions de science, d'art, de littérature, de philosophie ou d'histoire, ne sont pas le champ le plus favorable à l'éloquence. Tout ce qu'on demande à l'écrivain, c'est de discuter avec méthode et clarté. Ordre dans les idées, netteté dans les détails, élégance dans le style, telles sont les qualités propres à ce genre. Le discours du P. Guénard sur l'*esprit philosophique* peut servir de modèle (Voir le n° XXXV).

Les plaidoyers littéraires qui sont en usage dans les classes de rhétorique et les discours qui se prononcent dans les distributions de prix rentrent aussi dans l'éloquence académique, et ils doivent avoir les qualités que nous venons d'indiquer.

408. Les harangues ou compliments sont des discours qui se prononcent à l'occasion d'une fête ou de quelque grande solennité. Elles doivent contenir l'éloge des personnages qui ont été l'occasion de ces démonstrations publiques, mais ne jamais descendre jusqu'à la flatterie. Que les louanges soient courtes, fines et délicates, mêlées, s'il se peut, à quelque utile vérité ou à quelque sage conseil. Quand on adresse des

compliments à une personne qu'on veut honorer, l'éloge doit faire le fond du discours; mais si la louange est trop directe, elle est fade pour un homme de goût, et peut même devenir une offense. On a quelquefois cité pour modèle le discours de Fontenelle à Louis XV, le jour de son sacre.

SIXIÈME SECTION.

DE L'ÉLOQUENCE DE LA CONVERSATION ET DE L'ÉLOQUENCE ÉCRITE [1].

409. L'éloquence, dit La Bruyère, est un don de l'âme qui nous rend maîtres du cœur et de l'esprit des autres, et fait que nous leur persuadons tout ce qui nous plaît. Elle peut se trouver dans les entretiens et dans tout genre d'écrire. Elle est rarement où on la cherche, et elle est quelquefois où on ne la cherche point.

Il peut donc y avoir de l'éloquence dans les **conversations** et dans les **écrits**.

410. Les premières conditions nécessaires pour atteindre à l'éloquence de la conversation, c'est la sincérité et le naturel.

Avant tout, il faut être vrai et ne prononcer aucune parole qui ne soit inspirée par une conviction réelle. La société n'est point un théâtre où chacun puisse prendre le rôle qui lui convient. Soyez toujours d'accord avec vous-même, et montrez de la constance, même dans la conversation : un homme est souvent jugé sur un mot qui lui échappe.

En second lieu, que vos paroles soient simples et

---

[1] Auteurs à consulter : La Bruyère, *Caractères*, ch. VI; Filon, *Rhétorique française*, 3e part., ch. III et IV; Laurentie, *De l'étude des lettres*, ch. XIII et XIV; Cormenin, *Livre des orateurs*, l. II, ch. I et II.

ne sentent point la recherche. Fuyez les grands mots et les grandes phrases : on n'écoute pas en société ceux qui ont le malheur de parler *comme un livre*, ou, comme dit La Bruyère, *proprement* et *ennuyeusement*. En visant à la correction, prenez garde de tomber dans le *purisme*.

411. De même qu'il importe beaucoup à l'orateur d'avoir conquis à l'avance la bienveillance et l'estime de son auditoire, il importe aussi, pour s'assurer de l'autorité en conversation, d'observer sévèrement les règles de la politesse et les préceptes de la charité, de se faire la réputation d'homme aimable, doux, affectueux, modeste, mais prudent et éclairé.

Habituez-vous donc à prendre des manières gracieuses, un air ouvert et obligeant, une expression de regard qui indique le désir d'accueillir tout le monde avec bonté. Montrez-vous attentif à ce que les autres disent; ne vous hâtez pas trop de répondre, mais répondez à propos. Entrez un peu dans le sentiment des autres pour les amener ensuite tout doucement au vôtre : c'est le moyen de persuader dans les conversations.

412. Il ne suffit pas d'être vrai, simple, bienveillant, il faut aussi être modeste et ne parler qu'à son tour. Cicéron défend de s'emparer de la conversation et de l'exploiter comme son bien propre. Il faut, dit-il, que dans les entretiens familiers chacun ait son tour : on est en société pour échanger ses idées, et non pour entendre un orateur. Si vous voulez plaire à tout le monde, attachez-vous donc, non pas à montrer de l'esprit, mais à faire croire aux autres qu'ils en ont :

amenez-les adroitement à parler de ce qui les intéresse, de ce qu'ils savent le mieux. C'était, au dire de Bossuet, le grand art du prince de Condé. « Sa conversation était un charme, parce qu'il savait parler à chacun selon ses talents, et non-seulement aux gens de guerre de leurs entreprises, aux politiques de leurs négociations, mais encore aux voyageurs de ce qu'ils avaient découvert, et aux savants de toutes sortes de ce qu'ils avaient trouvé de plus merveilleux. »

413. Rien de plus attrayant pour les esprits d'élite qu'une conversation libre, intéressante, animée, où chacun parle avec franchise, sincérité, et parfois avec éloquence. Là point de confusion, point de rivalité; la parole est à qui veut la prendre; mais jamais la conversation ne languit. Chacun trouve dans ses souvenirs et dans ses connaissances quelque chose qui plaît et captive. Tous les sujets sont traités à leur tour, sinon avec profondeur, du moins avec justesse et bonne foi. Une saillie succède à un mot sérieux, un mot sérieux à une saillie. Tous contribuent pour leur part au plaisir général; et, à chaque instant, il jaillit de la discussion des étincelles qui brillent en éclairant.

414. Dans un sens propre et rigoureux, il n'y a de véritable éloquence que lorsqu'on s'adresse à une assemblée et qu'on emploie un discours revêtu de formes oratoires. Dans un sens plus large, on dit qu'il peut y avoir partout de l'éloquence comme il peut y avoir partout de la poésie. Ainsi entendue, l'éloquence se rencontre dans les écrivains de tous genres, et leurs *écrits* sont éloquents chaque fois qu'ils sont propres à

toucher, à persuader, à produire de fortes et durables impressions.

415. Lorsqu'un *philosophe* ou un *moraliste* est fortement pénétré des vérités qu'il enseigne, de leur importance pour le bonheur de l'homme et de la société, il lui arrive souvent de les exposer avec cette chaleur de conviction qui frappe également les esprits et les cœurs : on dit alors que ces écrits sont éloquents. De tous les philosophes profanes, Platon possède seul ce genre d'éloquence : mais, dans le sein du christianisme, quelle force et quelle chaleur depuis les Apôtres et les saints Pères jusqu'à Bossuet et Fénelon, de Maistre et Chateaubriand !

416. Quand on parle de l'éloquence des *historiens*, il n'est pas question des discours qu'ils ont insérés dans leurs écrits ; il s'agit de cette chaleur et de cette force de persuasion qui résultent de l'exposé des événements. Si un historien présente les faits d'une manière vive et animée, s'il en tire de grandes et solennelles leçons, si son récit remplit l'âme d'horreur pour le crime et d'enthousiasme pour la vertu, son histoire est vraiment éloquente. Dans ce genre, Bossuet a effacé tous ses rivaux anciens et modernes. Ce grand nom excepté, les anciens, et surtout Thucydide et Tacite, ont surpassé les modernes (Voir le n° XXXVI).

417. Il est vrai de dire, en un sens, que tout ce qui est véritablement *poétique* est aussi éloquent, et que tout ce qui est éloquent est poétique sous quelque rapport. Lorsque le génie du poëte produit des tableaux qui nous frappent et nous élèvent au-dessus de nous-mêmes, lorsqu'il nous présente de grandes scè-

nés qui nous émeuvent et font couler nos larmes, ce poëte est éloquent. Homère, Sophocle, Virgile, Corneille, Racine ont rencontré plus d'une fois cette éloquence. Mais les poëtes sacrés, et surtout les prophètes, surpassent beaucoup tous les autres en éloquence et en sublimité (Voir le n° XXXVII).

418. Puisque l'éloquence se trouve partout où un homme domine l'esprit et le cœur des autres hommes, elle peut se rencontrer dans les confidences d'une *lettre* comme au grand jour de la tribune. Dans une lettre, on pleure, on s'indigne, on supplie, on discute avec chaleur, on cherche enfin à produire dans le confident de ses pensées les émotions qu'on éprouve. Or, agir et parler ainsi dans une lettre, c'est être vraiment éloquent, et l'on peut citer des lettres où se trouve l'éloquence même la plus sublime (Voir le n° XXXVIII).

419. La *presse* est la tribune de l'écrivain, et il y a parfois beaucoup d'éloquence dans les inspirations soudaines du journaliste. Comme la tribune, la presse embrasse les questions religieuses, politiques, sociales, administratives ; elle a pour but de procurer le bonheur des empires par la vérité et la vertu ; mais souvent elle détruit au lieu d'édifier, elle propage l'erreur et sème l'anarchie. Quoi qu'il en soit, l'art d'écrire n'est plus un simple amusement pour quelques nobles esprits, il s'est élevé à la hauteur d'une mission sociale. « Plus puissante que la voix des orateurs, la voix des écrivains, dit Timon, est si rapide qu'elle vole par-dessus les monts et les mers, et si perçante qu'elle traverse les murs des palais » (Voir le n° XXXIX).

TROISIÈME PARTIE

CITATIONS ET MODÈLES

I. De la vraie éloquence.

Il ne faut pas faire à l'éloquence le tort de penser qu'elle n'est qu'un art frivole dont un déclamateur se sert pour imposer à la faible imagination de la multitude et pour trafiquer de la parole : c'est un art très-sérieux qui est destiné à instruire, à réprimer les passions, à corriger les mœurs, à soutenir les lois, à diriger les délibérations publiques, à rendre les hommes bons et heureux. Plus un déclamateur ferait d'efforts pour m'éblouir par les prestiges de son discours, plus je me révolterais contre sa vanité ; son empressement pour me faire admirer son esprit me paraîtrait le rendre indigne de toute admiration. Je cherche un homme qui parle pour moi et non pour lui, qui veuille mon salut et non sa propre gloire. L'homme digne d'être écouté est celui qui ne se sert de la parole que pour la pensée, et de la pensée que pour la vérité et la vertu...

Un homme qui a l'âme forte et grande, avec une grande facilité naturelle de parler et un grand exercice, ne doit jamais craindre que les termes lui manquent ; ses moindres discours auront des traits originaux que les déclamateurs fleuris ne pourront jamais imiter. Il n'est point esclave des mots, il va droit à la vérité ; il sait que la passion est comme l'âme de la parole...

Un discours n'est éloquent qu'autant qu'il agit sur l'âme de l'auditeur ; par là on peut juger sûrement de tous les discours qu'on entendra. Tout discours qui vous laissera froid, qui ne fera qu'amuser votre esprit et qui ne remuera point vos entrailles, votre cœur, quelque beau qu'il vous paraisse, ne sera point éloquent. Ainsi, consultez-vous vous-même pour savoir si les orateurs que vous écoutez font bien. S'ils font une vive impression sur vous, s'ils rendent votre âme attentive et sensible aux choses qu'ils disent ; s'ils vous échauffent et vous enlèvent au-dessus de vous-même, croyez hardiment qu'ils ont atteint le but de l'éloquence. Si, au lieu de vous attendrir et de vous inspirer de fortes passions, ils ne font que vous plaire et vous faire admirer l'éclat et la justesse de leurs pensées et de leurs expressions, dites que ce sont de faux orateurs.

(FÉNELON, Dialogues sur l'éloquence.)

II. Origine et objet de la rhétorique.

Dès que l'homme s'est exercé à manier la massue ou la fronde, l'art de la guerre a pris naissance ; dès que l'homme, avant de parler, a réfléchi à ce qu'il avait à dire, la *Rhétorique* a commencé. Depuis que l'on s'est aperçu que par la puissance de la parole on dominait les esprits et les âmes, depuis qu'entre la vérité et le mensonge, entre le bon droit et la fraude, s'est élevée cette guerre dont l'éloquence est tour à tour l'arme offensive et défensive, chacun à l'envi s'exerçant au combat, pour s'en procurer l'avantage, la rhétorique a dû former un art ainsi que la guerre elle-même. Si donc la rhétorique n'est que le résultat des observations faites par les meilleurs esprits, sur les procédés les plus ingénieux et les moyens les plus puissants de l'éloquence naturelle, il en sera de l'éloquence comme de tous les arts : inventés par l'instinct, ils sont éclairés par l'expérience et perfectionnés par l'usage.

La rhétorique n'est que la théorie de cet art de persuader dont l'éloquence est la pratique. L'une trace la méthode et l'autre la suit; l'une indique les sources et l'autre y va puiser; l'une enseigne les moyens et l'autre les emploie; l'une, pour me servir de l'expression de Cicéron, abat une forêt de matériaux et l'autre en fait le choix et les met en œuvre avec intelligence. La rhétorique embrasse les possibles; l'éloquence s'attache aux faits qui lui sont présentés; et c'est ainsi que le premier instinct de l'éloquence naturelle est devenu le plus savant, le plus profond de tous les arts...

Un petit nombre de grands principes appuyés sur de grands exemples, voilà qui doit suffire. La rhétorique, ainsi que la tactique, ne peut rouler que sur des hypothèses : dans l'un et l'autre genre de combat, il y a deux grands ordonnateurs, le jugement et le génie; mais ils sont tous les deux soumis à des hasards qui déconcertent toutes les méthodes et font fléchir toutes les règles.

Il faut donc simplifier l'art le plus qu'il est possible, ne pas ériger en principe ce qui n'est juste et vrai que sous certains rapports, n'enseigner que le difficile, ne prescrire que l'indispensable, en un mot laisser au talent autant de sa liberté naturelle qu'il en peut avoir sans danger. Les règles prescrites par les rhéteurs sont presque toutes de bons conseils et de mauvais préceptes.

(MARMONTEL, Dictionnaire de Littérature,
art. Rhétorique.)

III. Du raisonnement et des preuves comme fondement de la véritable éloquence.

Qu'est-ce qu'un orateur s'il n'est pas logicien, s'il n'est pas accoutumé à saisir avec justesse la liaison ou l'opposition des idées, à marquer avec précision le point d'une question débattue, à démêler avec sagacité les erreurs plus ou moins spécieuses qui l'obscurcissent, à bien définir les termes, à bien appliquer le principe à la question et les conséquences au principe, à rompre les filets d'un sophisme, dans lequel se retranche l'ignorance ou s'enveloppe la mauvaise foi? Sans doute, il doit laisser à la philosophie l'argumentation méthodique et la sèche dialectique, qui n'opèrent que la conviction. L'orateur prétend davantage, il veut persuader; car si la résistance à la vérité n'est souvent qu'une erreur, plus souvent encore peut-être cette résistance est une passion, et c'est l'ennemi le plus opiniâtre et le plus difficile à vaincre. Il faut donc que l'orateur, non-seulement montre le vrai, mais nous détermine à le suivre, non-seulement nous montre ce qui est honnête, mais nous détermine à le faire; et c'est pour cela que la logique oratoire doit joindre les mouvements et les raisonnements. Mais les mouvements ne seront puissants qu'autant que les raisonnements seront justes, et alors rien ne pourra résister à cette double puissance faite pour tout entraîner. C'était celle de Démosthènes, le plus terrible athlète qui jamais ait manié la parole. Il se sert du raisonnement comme d'une massue dont il frappe sans cesse et dont chaque coup fait une plaie. Malheur à qui se trouvait sous la main de ce rude jouteur!...

Ce qui manque à ceux qui n'ont d'autres facultés que celles de leur âme, c'est surtout la méthode et le raisonnement, c'est cette série d'idées fortifiées les unes par le autres, cette accumulation de preuves qui vont toujours en s'élevant jusqu'à ce que l'orateur, dominant de haut et comme d'un centre lumineux, finisse par donner une secousse impétueuse à cet amas et en écrase ses adversaires. C'est alors que les mouvements décident la victoire ; mais il faut que les raisonnements l'aient préparée, sans cela les mouvements heurtent et ne renversent pas. Que l'impérieuse vérité arrache d'abord à tous les esprits cet assentiment secret et involontaire : il a raison ; alors l'orateur qui se sent le maître commande en effet, ou plutôt la raison commande pour lui, et on obéit.

(La Harpe, Cours de litt., t. II.)

IV. Arguments extrinsèques. — Aveux d'un adversaire et paroles mémorables.

DIVINITÉ DE JÉSUS-CHRIST.

Après avoir prouvé la divinité de Jésus-Christ par de solides arguments fondés sur le caractère de l'Homme-Dieu, le P. Lacordaire termine ainsi une de ses plus belles conférences :

« Pendant que le dix-huitième siècle outrageait à plaisir le Fils de Dieu, il se trouva, dans le sein même de ce collége qui l'attaquait, un homme ne croyant pas plus que les autres, un homme aussi célèbre que les autres, plus célèbre que tous, un seul excepté, et qui eut par-dessus eux le privilége d'avoir des mouvements sincères. Dieu le voulait ainsi pour ne pas laisser son nom sans témoignage parmi ceux-là même qui travaillaient à détruire son règne. Cet homme donc au comble de sa gloire, initié par l'étude aux siècles passés, et par sa vie au siècle dont il était un ornement, eut à parler de Jésus-Christ dans une profession de foi où il voulait résumer tout ce que ses méditations sur les choses religieuses avaient laissé de doutes et d'incertitudes dans son esprit. Après avoir traité de Dieu d'une manière digne, quoique confuse, il en vient à l'Évangile et à Jésus-Christ. Là, cette âme flottante entre l'erreur et la vérité perdit tout à coup son hésitation, et d'une main ferme comme celle d'un martyr, oubliant son temps et lui-même, le philosophe écrivit la page d'un théologien, une page qui devait être le contre-poids du blasphème : *écrasez l'infâme*, et qui se termine par ces paroles que toutes les voûtes de la chrétienté répéteront jusqu'au dernier avénement du Christ : « Si la vie et la mort de Socrate sont d'un sage, la vie et la mort de Jésus sont d'un Dieu. »

On pouvait croire que la force de cette confession ne serait point surpassée, soit que l'on considérât le génie de l'homme qui l'avait écrite, l'autorité de son incroyance, la gloire de son nom et les circonstances du siècle qui avait été condamné à la subir. On se trompait. Un autre homme, une autre éloquence, une autre gloire, une autre incrédulité, un autre siècle, un autre aveu se sont rencontrés, et plus grands tous ensemble, si ce n'est chaque partie prise à part, que l'homme, l'éloquence, la gloire, l'incrédulité, le siècle et l'aveu que vous venez d'entendre.

Notre âge donc s'ouvrit par un homme qui surpassa tous ses contemporains, et que nous, venus après, nous n'avons point égalé. Conquérant, législateur, fondateur d'empire, il eut un nom et une pensée qui sont encore présents partout. Après avoir accompli l'œuvre de Dieu sans y croire, il disparut, cette œuvre achevée, et se coucha comme un astre éteint dans les eaux profondes de l'océan Atlantique. Là, sur un rocher, il aimait à ramener devant lui-même sa propre vie, et de lui remontant à d'autres auxquels il avait le droit de se comparer, il ne put éviter, sur ce théâtre illustre dont il faisait partie, d'entrevoir une figure plus grande que la sienne. Il la regarda souvent ; le malheur ouvre l'âme à des lumières que la prospérité ne discerne pas. La figure revenait toujours ; il fallut la juger. Un des soirs de ce long exil qui expiait les fautes du passé et éclairait la route de l'avenir, le conquérant tombé s'enquit d'un des rares compagnons de sa captivité s'il pourrait bien lui dire ce que c'était que Jésus-Christ. Le soldat s'excusa ; il avait eu trop à faire depuis qu'il était au monde pour s'occuper de cette question. « Quoi ! reprit douloureusement l'interlocuteur, tu as été baptisé dans l'Église catholique, et tu ne peux pas me dire, à moi, sur ce rocher qui nous dévore, ce que c'était que Jésus-Christ ? Hé bien, c'est moi qui vais te le dire. » Et alors, ouvrant l'Évangile, non pas de la main, mais d'un cœur qui en était rempli, il se mit à comparer Jésus-Christ avec lui-même et tous les plus grands hommes de l'histoire ; il releva les différences caractéristiques qui mettent Jésus-Christ à part de toute l'humanité, et après un torrent d'éloquence qu'aucun père de l'Église n'aurait désavoué, il termina par ce mot : « Enfin, je me connais en hommes, et je te dis que Jésus-Christ n'était pas un homme ! »

Vous qui êtes jeunes encore, messieurs, vous vivrez ; vous verrez les savants, les sages, les princes et leurs ministres ; vous assisterez aux élévations et aux ruines ; fils du temps, le temps vous initiera aux secrets de l'homme, et quand vous les saurez, quand vous aurez la mesure de ce qui est humain, un jour peut-être, redescendant de ces hauteurs auxquelles vous aspirez, vous direz à votre tour : Je me connais en hommes, et je te dis que Jésus-Christ n'était pas un homme.

Un jour aussi, sur la tombe de son grand capitaine, la France gravera ces paroles, et elles y brilleront d'un plus immortel éclat que le soleil des Pyramides et d'Austerlitz.

(Conférences, t. II, p. 441-444.)

V. Syllogisme oratoire.

Pour prouver que la fausse conscience n'est pas une excuse auprès de Dieu, Bourdaloue emploie le syllogisme suivant :

On demande si l'ignorance est un titre pour se justifier devant Dieu. Ah ! mes chers auditeurs, plût à Dieu que cela fût ainsi ! un million de péchés cesseraient aujourd'hui d'être péchés ; et le monde, sans grâce et sans pénitence, se trouverait déchargé d'une infinité de crimes dont le poids a fait gémir de tout temps et fait encore gémir les âmes vertueuses.

Mais si cela était, reprend saint Bernard, pourquoi David, ce saint roi, dans la ferveur de sa contrition, aurait-il demandé à Dieu comme une grâce qu'il oubliât ses ignorances passées : *delicta juventutis meæ et ignorantias meas ne memineris.* N'aurait-il pas dû dire au contraire : Seigneur, souvenez-vous de mes ignorances et ne les oubliez jamais ? Car, puisqu'elles me doivent tenir lieu de justification auprès de vous, il est de mon intérêt que vous en conserviez le souvenir et que vous les ayez toujours présentes. Est-ce ainsi qu'il parle ? Non, il dit à Dieu : Oubliez-les ; effacez-les de ce livre redoutable que vous produirez contre moi quand vous me jugerez dans toute votre justice. Ne vous souvenez point alors du mal que j'ai fait et que je n'ai point connu ; puisque de ne l'avoir pas connu, dans l'obligation où j'étais de le connaître, c'est déjà un crime dont vous seriez en droit de me punir : *et ignorantias meas ne memineris*. Il n'est donc pas vrai que l'ignorance, et par conséquent la fausse conscience, soit toujours une excuse recevable auprès de Dieu.

Réduisez à la précision de l'école ce syllogisme si majestueux et si beau, et vous aurez l'argument suivant :

Si l'ignorance était une excuse, David, au lieu de prier le Seigneur d'oublier ses ignorances, l'aurait supplié de s'en souvenir toujours; or il le conjure de les oublier; donc l'ignorance n'est point une excuse recevable auprès de Dieu.

Par ce seul exemple, on voit toute la supériorité de l'éloquence sur la logique. Il est très-utile d'exercer ainsi les jeunes gens à réduire en syllogisme rigoureux des fragments empruntés à divers orateurs.

VI. Dilemmes oratoires.

Dans son discours sur la couronne, Eschine avait reproché à Démosthènes d'avoir perdu la république d'Athènes en conseillant la guerre contre Philippe. Démosthènes lui répond par ces dilemmes pressants et rigoureux :

Quand Philippe s'appropriait l'Eubée et s'en faisait un avant-poste pour fondre sur l'Attique, quand il portait les mains sur Mégare, prenait Oréos, rasait Porthmos, installait, comme tyrans, dans Oréos, Philistide, Clitarque à Orétrie ; quand il soumettait l'Hellespont, assiégeait Byzance, détruisait les villes grecques, ou y ramenait les bannis, violait-il la justice et les traités ? Rompait-il la paix, ou non ? Fallait-il que, dans la Grèce, un peuple se levât pour l'arrêter ? S'il ne le fallait point, si la Grèce devait être, comme on dit, une proie mysienne, tandis qu'il y avait encore dans le monde des Athéniens dignes de ce nom, je l'accorde, nous nous sommes vainement agités, moi par mes conseils, vous en les suivant ; mais que tous les torts, que toutes les fautes en retombent sur moi seul ! Au contraire, s'il fallait une barrière, à quel autre qu'au peuple d'Athènes appartenait-il de paraître ?

C'est à cela que je travaillais alors, moi. Voyant qu'il asservissait tout, ce Macédonien, je lui résistais, et toujours dévoilant ses projets, toujours exhortant les peuples à ne pas courber la tête sous un Philippe, je fus inébranlable.

A la justesse et à la précision de ce raisonnement, à cette touche mâle et vigoureuse, on reconnaît Démosthènes. L'orateur cite d'abord un grand nombre d'actes d'hostilité de la part de Philippe, et demande à Eschine si le roi de Macédoine devait, à cette époque, être regardé comme ami ou comme ennemi de la république. Cette manière d'interroger son adversaire le met dans l'impossibilité d'échapper à l'évidence, et le force à se condamner lui-même. Déjà Eschine est donc réfuté dans ce qu'il avait dit des intentions pacifiques du Macédonien envers Athènes.

Mais si Philippe agissait en ennemi, fallait-il lui

résister, ou le laisser asservir la Grèce ? A cette inter-
rogation, la réponse est encore plus évidente qu'à la
première. Parmi les auditeurs de Démosthènes, pas
un seul qui ne s'écriât : Philippe n'eût-il pas attaqué
les alliés d'Athènes, il était souverainement impru-
dent de le laisser s'emparer des États voisins, et préparer ainsi la facile soumission de l'Attique. Il était
donc d'une sage politique d'entraver les desseins
ambitieux de Philippe, et de se joindre aux autres
Grecs contre l'ennemi commun qui voulait tout
envahir.

Mais il reste encore à faire un dernier pas. Puisqu'il fallait résister à Philippe, quel autre que les
Athéniens devait le faire ? Cette dernière question, si
glorieuse pour Athènes, ne devait-elle pas achever
le triomphe qu'avait si bien préparé la logique de
Démosthènes ? Par ce simple raisonnement, l'orateur
a terrassé son adversaire, et en même temps il a
flatté ses concitoyens et ses juges.

Si l'on veut mieux sentir la puissance de cette
argumentation oratoire, qu'on essaye de donner une
autre forme aux raisons de Démosthènes ; on verra
qu'il n'en existe pas de plus pressante, et qu'il est
impossible de les présenter avec plus de mouvement
et de chaleur.

VII. Mœurs et bienséances oratoires.

Dans la péroraison suivante, Massillon nous fournit un exemple où les bienséances sont parfaitement observées. Modestie, bienveillance, affection, dévouement à la religion et à la patrie, touchante piété, toutes les vertus, tous les nobles sentiments qui conviennent à un orateur sacré s'y trouvent réunis. Massillon s'adresse au jeune Louis XV :

Vous êtes, Sire, le seul héritier de leur trône (des Charlemagne et des saint Louis); puissiez-vous l'être de leurs vertus! puissent ces grands modèles revivre en vous par l'imitation plus encore que par le nom! puissiez-vous devenir vous-même le modèle des rois vos successeurs!

Déjà, si notre tendresse ne nous séduit pas, si une enfance cultivée par tant de soins et par des mains si habiles et où l'excellence de la nature semble prévenir tous les jours celle de l'éducation, ne nous fait pas de nos désirs de vaines prédictions; déjà s'ouvrent à nous de si douces espérances; déjà nous voyons briller de loin les premières lueurs de notre prospérité future; déjà la majesté de vos ancêtres, peinte sur votre front, nous annonce vos grandes destinées. Puissiez-vous donc, Sire, et ce souhait les renferme tous, puissiez-vous être un jour aussi grand que vous nous êtes cher !

Grand Dieu! si ce n'étaient là que mes vœux et mes prières, les dernières sans doute que mon ministère, attaché désormais par les jugements secrets de votre Providence au soin d'une de vos Églises, me permettra de vous offrir dans ce lieu auguste; si ce n'étaient là que mes vœux et mes prières : eh! qui suis-je pour espérer qu'elles puissent monter jusqu'à votre trône? Mais ce sont les vœux de tant de saints rois qui ont gouverné la monarchie, et qui, mettant leurs couronnes devant l'autel éternel, aux pieds de l'Agneau, vous demandent pour cet enfant auguste la couronne de justice qu'ils ont eux-mêmes méritée.

Ce sont les vœux du prince pieux surtout qui lui donna la naissance, et qui, prosterné dans le ciel comme nous l'espérons, devant la face de votre gloire, ne cesse de vous demander que cet unique héritier de sa couronne le devienne aussi des grâces et des miséricordes dont vous l'aviez prévenu lui-même. Ce sont les vœux de tous ceux qui m'écoutent, et qui, ou chargés du soin de son enfance, ou attachés de plus près à sa personne sacrée, répandent ici leurs cœurs en votre présence, afin que cet enfant, qui est comme l'enfant de nos soupirs et de nos larmes, non-seulement ne périsse pas, mais devienne lui-même le salut de son peuple.

Que dirai-je encore? Ce sont, ô mon Dieu! les vœux que toute la nation vous offre aujourd'hui par ma bouche; cette nation que vous avez protégée dès le commencement, et qui, malgré ses crimes, est encore la portion la plus florissante de votre Église.

Pourrez-vous, grand Dieu! fermer à tant de vœux les entrailles de votre miséricorde? Dieu des vertus, tournez-vous donc vers nous : *Deus virtutum, convertere.* Regardez du haut du ciel, et voyez, non les dissolutions publiques ou secrètes, mais les malheurs du premier royaume chrétien, de cette vigne si chérie que votre main elle-même a plantée, et qui a été arrosée du sang de tant de martyrs! *Respice de cœlo, et vide; et visita vineam istam quam plantavit dextera tua.* Jetez sur elle vos anciens regards de miséricorde, et si nos crimes vous forcent encore de détourner de nous votre face, que l'innocence du moins de cet auguste enfant que vous avez établi sur nous vous rappelle et vous rende à votre peuple : *Et super filium hominis quem confirmasti tibi.*

Vous nous avez affligés, grand Dieu ! Essuyez enfin les larmes que tant de fléaux que vous avez versés sur nous dans votre colère nous font répandre : faites succéder des jours de joie et de miséricorde à ces jours de deuil, de courroux et de vengeance ; que vos faveurs abondent où vos châtiments ont abondé, et que cet enfant si cher soit pour nous un don qui répare toutes nos pertes.

Faites-en, grand Dieu ! un roi selon votre cœur, c'est-à-dire le père de son peuple, le protecteur de votre Église, le modèle des mœurs publiques, le pacificateur plutôt que le vainqueur des nations, l'arbitre plus que la terreur de ses voisins, et que l'Europe entière envie plus notre bonheur et soit plus touchée de ses vertus, qu'elle ne soit jalouse de ses conquêtes et de ses victoires !

Exaucez des vœux si tendres et si justes, ô mon Dieu ! et que ces faveurs temporelles soient pour nous un gage de celles que vous nous préparez dans l'éternité !

VIII. Mœurs des différents âges.

Les jeunes gens sont vifs dans leurs désirs, et prompts à les satisfaire. Inconstants, ils se dégoûtent bientôt de ce qu'ils souhaitaient : leurs désirs sont violents, mais de courte durée ; leurs volontés sont impérieuses, mais passagères, comme la faim et la soif des malades. Colères, emportés, ils suivent facilement le mouvement qui les entraîne, et sont incapables d'y résister. Avides d'honneurs, ils ne souffrent pas le mépris, et leur ressentiment éclate dès qu'ils se croient offensés. L'honneur les flatte, mais la victoire encore plus : car la jeunesse veut dominer, et la victoire est une espèce de domination. Ces deux passions les occupent beaucoup trop pour qu'ils pensent aux richesses ; la cupidité n'a pas le moindre empire sur leur âme : ils n'ont pas encore éprouvé l'indigence.

Il sont vertueux plutôt que méchants : le spectacle des vices n'a point encore souillé leurs regards ; ils sont crédules : de nombreuses perfidies ne les ont point encore désabusés ; leurs espérances sont toujours flatteuses, d'abord parce que la chaleur du caractère les tient dans une espèce d'ivresse, ensuite parce que leur attente n'a pas été frustrée. Ils ne vivent, pour ainsi dire, que d'espérances ; en effet, l'espérance appartient à l'avenir, le souvenir au passé ; or, les jeunes gens voient l'avenir loin devant eux, pour eux le passé n'est qu'un point. Comme ils sont au premier jour de la vie, ils n'ont point de souvenirs, ils osent espérer tout. De là vient qu'il est aisé de les tromper, car ils espèrent aisément. La colère et l'espérance auxquelles ils se livrent les rendent courageux : la première en leur ôtant la crainte, la seconde en leur inspirant la confiance ; l'homme emporté ne craint rien ; l'homme qui espère le succès n'en a que plus d'audace.

Ils sont susceptibles de honte, parce qu'ils ne prennent pas encore pour honnête ce qui ne l'est pas, et n'ont de règle que la coutume et l'éducation ; magnanimes, parce que la vie n'a point encore flétri leur âme, et qu'ils ignorent les besoins des hommes : c'est que la magnanimité consiste à se croire capable d'exécuter de grandes choses, et que de pareils sentiments ont leur source dans l'espérance.

Ils préfèrent l'honneur à l'intérêt, car c'est plutôt le sentiment que le raisonnement qui les guide ; or, le raisonnement conduit à l'intérêt, le sentiment à l'honneur. Leurs amitiés et leurs liaisons sont plus vives que celles des autres âges, parce qu'ils se plaisent à vivre ensemble, et que, toujours désintéressés, ils le sont encore dans le choix d'un ami.

Leur défaut le plus commun, c'est de passer les bornes; ils violent à chaque instant la maxime de Chilon (*rien de trop*); tout en eux est exagéré; s'ils aiment à l'excès, ils haïssent à l'excès; il en est de même des autres passions. Ils croient tout savoir, ils prononcent en maîtres, et voilà ce qui rend tous leurs sentiments excessifs. S'ils font du mal, c'est plutôt pour insulter que pour nuire. Ils sont sensibles à la pitié, parce qu'ils croient les hommes vertueux et meilleurs qu'ils ne sont; exempts de méchanceté, ils jugent les autres d'après eux-mêmes, et s'imaginent qu'ils souffrent injustement. Ils aiment la gaieté et par conséquent la plaisanterie, manière adroite d'insulter avec grâce. Telles sont les mœurs des jeunes gens.

Les mœurs des vieillards et de ceux dont la vigueur est passée sont presque l'opposé de celles des jeunes gens. L'expérience d'une longue vie, la fourberie de la plupart des hommes, leurs propres erreurs, leurs disgrâces plus nombreuses que leurs succès, les empêchent de prononcer sur rien affirmativement : toutes leurs actions sont accompagnées d'une trop grande timidité. Ils doutent, et ne savent rien d'une manière positive. Dans leur incertitude, ils ajoutent à tout ce qu'ils disent : *peut-être*; *nous verrons*; tel est leur refrain ordinaire : jamais ils ne prononcent affirmativement.

Ils sont moroses, car le propre d'un tel caractère est de voir sous un jour défavorable; soupçonneux, parce qu'ils sont incrédules; incrédules, parce qu'ils ont de l'expérience. Pour la même raison, l'amour et la haine sont dans leur cœur sans vivacité; mais, suivant le précepte de Bias, ils aiment comme s'ils devaient haïr un jour; ils haïssent comme s'ils devaient un jour aimer. Leur cœur est petit, parce que la vie en a flétri les sentiments. Rien de grand, rien de sublime n'éveille leurs désirs; ils ne pensent qu'à ce qui peut les faire vivre. Ils sont avares, car l'argent est nécessaire pour vivre, et l'expérience leur a fait voir combien il est aisé de perdre et difficile d'acquérir. Ils sont timides, et craignent tous les maux avant qu'ils n'arrivent. En effet, leur caractère glacé est totalement contraire à celui des jeunes gens, toujours enflammé; aussi la vieillesse amène-t-elle la crainte à sa suite, car la crainte est de glace. D'autant plus attachés à la vie, surtout quand ils approchent de sa fin, que l'on désire davantage ce qu'on va perdre, et qu'on fait des vœux plus ardents pour ce qui nous est enlevé. Égoïstes à l'excès, défaut qui vient encore d'un petit esprit.

Plus amis de ce qui est utile que de ce qui est honnête, parce qu'ils sont égoïstes, et que l'utile leur paraît un bien réel, tandis que l'honneur n'est pour eux que l'honneur. La honte a peu d'empire sur leur âme, qui, moins sensible à la gloire qu'à l'intérêt, compte pour rien l'opinion. Rarement se repaissent-ils d'espérances : d'abord l'usage de la vie leur a prouvé qu'il ne faut guère s'attendre qu'au malheur, et que la plupart des événements ont une issue fâcheuse; ensuite ils sont timides. Ils vivent plus de souvenirs que d'espérances; car pour eux, l'avenir n'est rien en comparaison du passé : or, l'avenir est le domaine de l'espérance; le passé, celui du souvenir. Aussi sont-ils grands parleurs, racontant sans cesse les événements d'autrefois, tant le souvenir du passé les enchante. Leur colère est vive, mais elle a un caractère de faiblesse. Les passions les ont quittés, ou se sont affaiblies par l'âge : s'il en est une qui les agite et préside à leurs actions, c'est celle du gain. Ils paraissent donc modérés parce que la passion de l'intérêt absorbe en eux toutes les autres. Ils raisonnent plus qu'ils ne sentent; car le raisonnement conduit à l'intérêt, le sentiment à la vertu. S'ils font du mal, c'est plutôt pour nuire que pour insulter. Ils sont enclins à la pitié, mais non par les mêmes motifs que les jeunes gens : ceux-ci sont compatissants par humanité ; les vieillards parce qu'ils sont faibles, et se voient exposés à tout souffrir ; or, c'est une des causes dont la pitié dérive. De là vient qu'ils sont chagrins, ennemis du rire et de la plaisanterie. L'humeur chagrine et le rire sont incompatibles. Telles sont les mœurs des jeunes gens et des vieillards.

Il est évident que le caractère des hommes faits tiendra le milieu entre celui des jeunes gens et celui des vieillards, et s'éloignera également des excès de l'un et de l'autre. Ils n'ont pas en eux-mêmes une confiance aveugle, c'est le propre de l'audace : ils ne sont pas non plus timides, ils gardent une juste proportion. Ils ne donnent ni ne refusent indifféremment leur confiance à tout le monde ; mais c'est la vérité qui règle en tout leurs jugements. Ils n'agissent pas seulement d'après l'honneur, ni seulement d'après l'intérêt, mais d'après tous les deux. Exempts d'avarice et de prodigalité, la modération préside à leur conduite ; elle met un frein à leur colère et à leurs passions. Leur prudence ne manque pas de courage, ni leur courage de prudence, qualités partagées entre les jeunes gens et les vieillards : car les jeunes gens sont braves, mais emportés ; les vieillards sages, mais timides. En général, tout ce que la jeunesse et la vieillesse ont de bon séparément, l'âge mûr le réunit, et tout ce qui pèche dans ces deux âges, soit par excès, soit par défaut, est ramené dans celui-ci à un sage et juste milieu. Par âge mûr, j'entends, pour le corps, l'intervalle depuis trente ans jusqu'à trente-cinq, et pour l'esprit, vers quarante-neuf ans.

(ARISTOTE, Rhétorique, liv. II.)

IX. Précautions oratoires.

En rappelant les guerres civiles où avait échoué la fidélité de Turenne, Fléchier a ainsi recours aux précautions oratoires :

Souvenez-vous, messieurs, de ce temps de désordre et de trouble, où l'esprit ténébreux de discorde confondait le droit avec la passion, le devoir avec l'intérêt, la bonne cause avec la mauvaise, où les astres les plus brillants souffrirent presque tous quelque éclipse, et les plus fidèles sujets se virent entraînés malgré eux par le torrent des partis, comme ces pilotes qui, se trouvant surpris de l'orage en pleine mer, sont contraints de quitter la route qu'ils veulent tenir et de s'abandonner, pour un temps, au gré des vents et de la tempête. Telle est la justice de Dieu; telle est l'infirmité naturelle des hommes. Mais le sage revient aisément à soi, et il y a dans la politique, comme dans la religion, une espèce de pénitence plus glorieuse que l'innocence même, qui répare avantageusement un peu de fragilité par des vertus extraordinaires et par une faveur continuelle.

Que dirai-je donc? Dieu permit aux vents et à la mer de gronder et de s'émouvoir, et la tempête s'éleva. Un air empoisonné de factions et de révoltes gagna le cœur de l'État et se répandit dans les parties les plus éloignées. Les passions que nos péchés avaient allumées rompirent les digues de la justice et de la raison, et les plus sages même, entraînés par le malheur des engagements et des conjonctures, contre leur propre inclination, se trouvèrent, sans y penser, hors des bornes de leur devoir.

On peut comparer ce passage avec l'endroit où Bossuet rappelle la défection de Condé :

Puisqu'il faut une fois parler de ces choses dont je voudrais pouvoir me taire éternellement, jusqu'à cette fatale prison, il n'avait pas seulement songé qu'on pût rien attenter contre l'État, et dans son plus grand crédit, s'il souhaitait d'obtenir des grâces, il souhaitait encore plus de les mériter. C'est ce qui lui faisait dire : je puis bien ici répéter devant ces autels les paroles que j'ai recueillies de sa bouche, puisqu'elles marquent si bien le fond de son cœur : il disait donc, en parlant de cette prison malheureuse, qu'il y était entré le plus innocent de tous les hommes, et qu'il en était sorti le plus coupable. « Hélas ! poursuivait-il, je ne respirais que le service du roi et la grandeur de l'État!» On ressentait dans ces paroles un regret sincère d'avoir été poussé si loin par ses malheurs. Mais, sans vouloir excuser ce qu'il a hautement condamné lui-même, disons, pour n'en parler jamais, que, comme dans la gloire éternelle, les fautes des saints pénitents, couvertes de ce qu'ils ont fait pour les réparer et de l'éclat infini de la divine miséricorde, ne paraissent plus ; ainsi dans des fautes si sincèrement reconnues et dans la suite si glorieusement réparées par de fidèles services, il ne faut plus regarder que l'humble reconnaissance du prince qui s'en repentit, et la clémence du grand roi qui les oublia. Que s'il fut enfin entraîné dans ces guerres infortunées, il aura du moins cette gloire de n'avoir pas laissé avilir la grandeur de sa maison chez les étrangers.

X. Nécessité de l'imagination et de la sensibilité.

Dans son discours sur l'esprit philosophique, le P. Guénard montre ainsi les avantages de l'imagination et de la sensibilité :

Le philosophe, naturellement scrupuleux, pèse et mesure toutes ses pensées et les attache les unes aux autres par un fil grossier qu'il veut toujours avoir à la main. Il voudrait ne vivre que de réflexions, ne se nourrir que d'évidence ; il abattrait, comme le tyran de Rome, la tête des fleurs qui s'élèvent au-dessus des autres. Observateur éternel, il vous montrera tout autour de lui des vérités, mais des vérités sans corps, pour ainsi dire, qui sont uniquement pour la raison et qui n'intéresseraient ni les sens, ni le cœur humain. Rejetez donc ces idées ou changez-les en images ; donnez-leur une teinture plus vive. Libre des opinions vulgaires, et pensant d'une manière qui n'appartient qu'à lui seul, il parle un langage vrai dans le fond, mais nouveau et singulier, qui blesserait l'oreille des autres hommes. Vaste et profond dans ses vues, et s'élevant toujours par ces notions abstraites et générales qui sont pour lui comme des livres abrégés, il échappe à tout moment aux regards de la foule et s'envole fièrement dans les régions supérieures. Profitez de ses idées originales et hardies : c'est la source du grand et du sublime. Mais donnez du corps à ses pensées trop subtiles ; adoucissez par le sentiment la fierté de ses traits ; abaissez tout cela jusqu'à la portée de nos sens : nous voulons que les objets viennent se mettre sous nos yeux ; nous voulons un vrai qui nous saisisse d'abord et qui remplisse toute notre âme de lumière et de chaleur. Il faut que la philosophie, quand elle veut nous plaire dans un ouvrage de goût, emprunte le coloris de l'imagination, la voix de l'harmonie, la vivacité de la passion. Les beaux-arts, enfants et pères du plaisir, ne demandent que la fleur et la plus douce substance de votre sagesse.

Mais si la nature, en vous accordant le talent de penser en philosophe, vous a refusé cette heureuse sensibilité qui saisit le beau avec transport et le reproduit avec force; si vous n'êtes qu'un esprit toujours réfléchissant, la règle devient plus sévère à votre égard et vous bannit de l'empire du goût; éloignez-vous : la raison séparée des grâces n'est qu'un docteur ennuyeux qu'on laisse tout seul au milieu de son école. Vous n'apportez que des vérités tranquilles, un tissu de réflexions inanimées : cela peut éclairer l'esprit; mais le cœur, qui veut être remué, l'imagination qui veut être réchauffée, demeurent dans une triste et fatigante inaction. Une poésie morte et des discours glacés, voilà tout ce que l'esprit philosophique pourra tirer de lui-même : il enfante et ne peut donner la vie.

EXEMPLE DE SENSIBILITÉ.

XI. Extrait d'une oraison funèbre.

Saint Grégoire de Nazianze, dans l'éloge de son frère Césaire, fait entendre ces plaintes sublimes et touchantes :

Le voilà donc encore sous nos yeux, cet incomparable frère; voici, du moins, sa cendre précieuse et sa dépouille mortelle. Au milieu des chants répétés de nos sacrés cantiques et du pompeux appareil de nos cérémonies saintes, elle va se réunir au tombeau des martyrs, portée par les mains vénérables de ceux qui lui furent unis par les liens du sang, accompagnée de notre pieuse mère tenant à la main des flambeaux allumés, surmontant sa douleur par son courage, supérieure à son affliction, faisant taire ses soupirs par la psalmodie ; la voilà honorée enfin comme elle méritait de l'être, cette âme récemment régénérée par le baptême, et créée par le Saint-Esprit à une vie nouvelle.

Agréez, ô Césaire ! ce tribut de ma douleur. C'est à vous que sont consacrées les prémices de cette voix dont vous avez souvent accusé le silence. Hélas ! c'était donc pour vous-même que devaient éclater ses premiers accents...

Frère vénérable et chéri ! puisse ta bienheureuse âme être montée dans les cieux, pour s'aller reposer au sein d'Abraham, contempler les chœurs des anges, la gloire et la clarté des prédestinés, te mêler à leur sainte joie, jetant du haut de la céleste gloire un œil de mépris sur toutes les choses de ce monde, sur ce qu'on appelle ses richesses, sur ses dignités mensongères, sur ses vains honneurs, sur les illusions de nos sens et les agitations de cette vie, que l'on pourrait comparer à des combats de nuit, parce qu'elles en ont le désordre et l'ignorance ! Plaise au ciel, qu'en présence du Roi des rois, tu sois inondé des flots de cette lumière dont nous n'apercevons ici-bas que quelques rayons !...

Combien avons-nous encore à attendre, ô vieillards vénérables ! avant d'aller nous unir à Dieu ? Combien nous reste-t-il encore d'épreuves à subir ? La vie elle-même tout entière est d'une bien courte durée, comparée à l'éternité de Dieu ; à plus forte raison, ces restes de vie, ce dernier souffle qui commence à s'éteindre, cette dernière période d'une vie qui se précipite vers sa fin. De combien Césaire nous a-t-il devancés ? Combien avons-nous encore de temps à pleurer son départ du milieu de nous? Ne marchons-nous point, et à grands pas, vers la même demeure? N'allons-nous pas tout à l'heure entrer sous la même pierre? Ne serons-nous pas bientôt une même cendre? Que gagnerons-nous à ce surcroît de peu de jours? Quelques maux de plus à voir, à souffrir, peut-être à faire nous-mêmes; et pourquoi? pour payer enfin à la nature la dette commune et inévitable; suivre ceux-ci, précéder ceux-là; pleurer les uns, être pleurés par les autres, et recevoir de nos successeurs le tribut de larmes que nous avions apporté à nos devanciers. Telle est la vie de nous autres mortels, condamnés à des jours incertains et périssables. Telle est la scène du monde : nous sortons du néant pour vivre; à peine entrés dans la vie, nous revenons au néant. Que sommes-nous? Un songe inconstant, un fantôme qu'on ne peut embrasser et saisir, le vol de l'oiseau qui fend l'air, le vaisseau qui sillonne l'onde sans laisser de trace, une poussière, une vapeur, une rosée du matin, une fleur aujourd'hui naissante, aujourd'hui desséchée. Les jours de l'homme passent, dit l'Écriture, comme l'herbe des champs, comme la fleur de la prairie.

XII. Discours de saint Paul dans l'Aréopage.

Saint Paul, voulant gagner à la cause de Jésus-Christ ces Grecs fiers et orgueilleux, devant lesquels il avait osé prendre la parole, devait leur apprendre à rejeter l'idolâtrie et à reconnaître le Dieu invisible qui gouverne toutes choses; il devait leur indiquer les moyens de parvenir à la connaissance de cet être caché, et enfin leur annoncer le Christ, par qui seul il est donné aux hommes de parvenir au salut. Or les moyens oratoires qu'il emploie sont incontestablement les plus propres à obtenir cette noble fin.

Athéniens, dit-il, il me semble qu'en toutes choses vous êtes très-religieux.

Car, passant et voyant les statues de vos dieux, j'ai trouvé même un autel où était écrit : Au Dieu inconnu. Ce Dieu donc, que vous adorez sans le connaître, est celui que je vous annonce :

Le Dieu qui a fait le monde et tout ce qui est dans le monde, le Seigneur du ciel et de la terre, qui n'habite point dans des temples bâtis par les hommes;

Qui n'est point honoré par les œuvres des mortels, comme s'il avait besoin de quelque chose, lui qui donne tout à tous, et la vie et la respiration;

Il a fait naître d'un seul toute la race humaine pour habiter sur toute la face de la terre, déterminant les temps de la durée des peuples et les limites de leur demeure,

Afin qu'ils cherchent Dieu et qu'ils s'efforcent de le toucher, quoiqu'il ne soit pas loin de chacun de nous;

Car en lui nous avons la vie, le mouvement et l'être, et comme quelques-uns de vos poëtes ont dit : Nous sommes les enfants de Dieu même.

Puis donc que nous sommes les enfants de Dieu, nous ne devons pas croire que la Divinité soit semblable à l'or, à l'argent ou aux pierres, qui ont pris des figures par l'industrie de l'homme;

Et Dieu, irrité contre ces temps d'ignorance, annonce maintenant aux hommes que tous fassent en tous lieux pénitence,

Parce qu'il a établi un juge pour juger le monde selon la justice par celui qu'il a destiné à en être le juge, confirmant la foi de tous en le ressuscitant d'entre les morts (xvii, 21-31).

Rien de plus admirable que l'adresse avec laquelle saint Paul s'insinue dans l'esprit de ses auditeurs : « Athéniens, il me semble qu'en toutes choses vous êtes très-religieux. » Par une adresse et une habileté non moins remarquables, il fait concourir au dessein de prêcher un Dieu ennemi de toutes les idoles, les poëtes mêmes, à la voix desquels ces fausses divinités avaient été fabriquées, et des temples avaient été érigés en leur honneur. A l'aide de ce moyen, il réussit à se faire écouter, et par des épicuriens qui niaient l'existence d'une cause intelligente, créatrice de l'univers; et par des stoïciens, ennemis d'une Providence paternelle et toujours vigilante; et par des Juifs remplis d'erreurs sur la nature des perfections de Dieu. L'imprécation ne lui eût attiré que le mépris, le tour qu'il a adopté lui concilie l'attention. Athènes décernait le dernier supplice contre les auteurs d'un culte nouveau, et saint Paul a le talent de lui prêcher un Dieu qu'elle ignore, sans lui donner le moyen de le condamner. En effet, la religion qu'il vient annoncer aux Athéniens n'est pas nouvelle pour eux; il vient seulement leur manifester le Dieu qu'ils adorent sans le connaître, et que leurs pères ont aussi honoré.

Mais remarquons encore ici l'habileté du grand Apôtre; il ne dit point aux Athéniens que ce Dieu inconnu qu'il veut leur faire connaître est le Dieu d'Isaac et de Jacob; ces dénominations, empruntées des anciens prophètes, ne devaient être naturellement employées que devant les Hébreux; mais il le leur désigne par des idées purement philosophiques, qui avaient été exprimées déjà avant lui par tout ce qu'Athènes révérait le plus parmi les grands hommes. Platon avait dit que le monde était d'ouvrage des dieux; Euripide, que Dieu était trop grand pour être renfermé dans des temples. La fable de Prométhée indique assez clairement la formation du premier homme. Plusieurs poëtes avaient souvent chanté que tout était plein de Jupiter; Homère et quelques autres, que l'homme était de la race des dieux. Ainsi, par une admirable finesse, saint Paul se concilie l'attention de tous, tend heureusement à son but, sans heurter les préjugés de ses auditeurs, qui ne trouvent dans ce discours rien que de naturel, et qui ne peuvent même qu'être flattés en voyant l'éloge qu'un étranger fait de leurs philosophes et de leurs poëtes.

Poursuivons notre analyse. Le dessein véritable de l'orateur sacré en établissant ainsi l'excellence de l'homme n'est pas de flatter l'orgueil et l'amour-propre des Athéniens, c'est simplement une précaution oratoire qu'il emploie pour réfuter plus librement l'idolâtrie, obstacle fondamental au succès de la cause qu'il voulait faire triompher. C'est évidemment comme s'il disait : Si l'homme est d'une nature aussi sublime, quelle idée devons-nous nous former du Dieu qui a créé l'homme et qui lui a donné tout ce qu'il possède? Pouvons-nous croire avec quelque apparence de raison que ce Dieu soit semblable à la pierre, à l'or, à l'argent, aux ouvrages de l'art? Un orateur aussi zélé que saint Paul, mais moins habile, se serait certainement livré à toute l'impétuosité de son zèle pour reprocher aux Athéniens les dogmes monstrueux qui composaient leur religion; mais ce moyen, qui semble d'ailleurs fort naturel, puisqu'il est généralement très-propre, non-seulement à faire briller davantage le talent de l'orateur, mais encore à produire un effet salutaire sur l'auditoire, avait cependant un danger, celui d'irriter les Athéniens; revenus bientôt de la première impression qu'auraient pu leur faire des paroles énergiques et sévères, ils n'auraient pas manqué de s'élever contre l'excessive hardiesse d'un inconnu qui, en présence de l'assemblée la plus auguste, osait vouer au mépris et à l'exécration publique le culte que la nation entière avait de tout temps professé. Aussi le grand Apôtre s'y prend-il tout autrement; jetant un voile sur les horreurs et les abominations de ce culte, il se contente de les appeler des temps d'ignorance que Dieu veut bien oublier, en les invitant à la pénitence pour les prémunir contre le jugement qu'il doit faire des hommes par celui qu'il a établi juge de tous, et qu'il a proclamé comme tel et comme son véritable envoyé, en le ressuscitant d'entre les morts. Il semble que saint Paul eût pu s'étendre davantage sur la dignité et les mérites du Sauveur; mais il ne l'a point fait, parce qu'il a jugé avec raison que, s'adressant à des hommes qui n'étaient nullement préparés à ce qu'il aurait pu ajouter en faveur de Jésus, la réserve était par là même commandée.

XIII. Exorde du plaidoyer de M. Desèze pour Louis XVI.

Représentants de la nation, il est donc enfin arrivé ce moment où Louis, accusé au nom du peuple français, peut se faire entendre au milieu de ce peuple lui-même! Il est arrivé ce moment où, entouré des conseils que l'humanité et la loi lui ont donnés, il peut présenter à la nation une défense que son cœur avoue, et développer devant elle les intentions qui l'ont toujours animé; déjà le calme même qui m'environne m'avertit que le jour de la justice a succédé aux jours de colère et de prévention; que cet acte solennel n'est point une vaine forme; que le temps de la liberté est aussi celui de l'impartialité que la loi commande; et que l'homme, quel qu'il soit, qui se trouve réduit à la condition humiliante d'accusé, est toujours sûr d'appeler sur lui et l'attention et l'intérêt de ceux même qui le poursuivent. Je dis l'homme quel qu'il soit. car Louis n'est plus en effet qu'un homme. Il n'exerce plus de prestiges, il ne peut plus rien; il ne peut plus imprimer de craintes, il ne peut plus offrir d'espérances : c'est donc le moment où vous lui devez non-seulement le plus de justice, mais, j'oserai le dire, le plus de faveur.

Je voudrais pouvoir être entendu, dans ce moment, de la France entière ; je voudrais que cette enceinte pût s'agrandir tout à coup pour la recevoir ; je sais qu'en parlant aux représentants de la nation, je parle à la nation elle-même ; mais il est permis sans doute à Louis de regretter qu'une multitude immense de citoyens aient reçu l'impression des inculpations dont il est l'objet, et qu'ils ne soient pas aujourd'hui à portée d'apprécier les réponses qui les détruisent. Ce qui lui importe le plus, c'est de prouver qu'il n'est pas coupable : c'est là son seul vœu, sa seule pensée. Louis sait bien que l'Europe attend avec inquiétude le jugement que vous allez rendre, mais il ne s'occupe que de la France. Il sait bien que la postérité recueillera un jour toutes les pièces de cette grande discussion qui s'est élevée entre une nation et un homme ; mais Louis ne songe qu'à ses contemporains ; il n'aspire qu'à les détromper. Nous n'aspirons non plus nous-même qu'à le défendre ; nous ne voulons que le justifier. Nous oublions, comme lui, l'Europe qui nous écoute ; nous oublions la postérité dont l'opinion déjà se prépare. Nous ne voulons voir que le moment actuel ; nous ne sommes occupés que de Louis, et nous croirons avoir rempli toute notre tâche quand nous aurons démontré qu'il est innocent.

Cet exorde, tout à la fois modeste et courageux, était bien propre à concilier à l'auguste accusé la bienveillance des juges et des spectateurs, si un trop grand nombre d'entre eux n'avaient été également sourds à la voix de la justice et de l'humanité.

XIV. Exorde de l'oraison funèbre de Turenne.

Fleverunt cum omnis populus Israël planctu magno; et lugébant dies multos, et dixerunt : Quomodo cecidit potens, qui salvum faciebat populum Israel ?

Tout le peuple le pleura amèrement ; et, après avoir pleuré pendant plusieurs jours, ils s'écrièrent : Comment est mort cet homme puissant, qui sauvait le peuple d'Israël?

(Livre des Machabées, I, 9.)

Je ne puis, Messieurs, vous donner d'abord une plus haute idée du triste sujet dont je viens vous entretenir, qu'en recueillant ces termes nobles et expressifs dont l'Écriture sainte se sert pour louer la vie et pour déplorer la mort du sage et vaillant Machabée. Cet homme, qui portait la gloire de sa nation jusqu'aux extrémités de la terre; qui couvrait son camp du bouclier et forçait celui des ennemis avec l'épée; qui donnait à des rois ligués contre lui des déplaisirs mortels, et réjouissait Jacob par ses vertus et par ses exploits dont la mémoire doit être éternelle; cet homme, qui défendait les villes de Juda, qui domptait l'orgueil des enfants d'Ammon et d'Ésaü, qui revenait chargé des dépouilles de Samarie, après avoir brûlé sur leurs propres autels les dieux des nations étrangères; cet homme que Dieu avait mis autour d'Israël comme un mur d'airain où se brisèrent tant de fois toutes les forces de l'Asie, et qui, après avoir défait de nombreuses armées, déconcerté les plus fiers et les plus habiles généraux des rois de Syrie, venait tous les ans, comme le moindre des Israélites, réparer avec ses mains triomphantes les ruines du sanctuaire, et ne voulait d'autres récompenses des services qu'il rendait à sa patrie que l'honneur de l'avoir servie; ce vaillant homme, poussant enfin, avec un courage invincible, les ennemis qu'il avait réduits à une

fuite honteuse, reçoit le coup mortel, et demeure comme
enseveli dans son triomphe.

Au premier bruit de ce funeste accident, toutes les villes
de Judée furent émues ; des ruisseaux de larmes coulèrent
des yeux de tous les habitants. Ils furent quelque temps
saisis, muets, immobiles. Un effort de douleur rompant
enfin ce long et morne silence, d'une voix entrecoupée de
sanglots que formaient dans leur cœur la tristesse, la
pitié, la crainte, ils s'écrièrent : « Comment est mort cet
homme puissant qui sauvait le peuple d'Israël ! » A ces
cris, Jérusalem redoubla ses pleurs ; les voûtes du temple
s'ébranlèrent, le Jourdain se troubla, et tous ses rivages
retentirent du son de ces lugubres paroles : « Comment
est mort cet homme puissant qui sauvait le peuple d'Israël ! »   (Fléchier.)

NARRATION ORATOIRE.

XV. Lally-Tolendal raconte le procès et la mort de son père.

Un étranger, sans autre appui que son mérite, sans
autres sollicitations que ses services, parvient aux premiers grades militaires de France. Toute sa vie a été une
épreuve continuelle de fidélité et même de dévouement
pour les intérêts de la France, de haine et presque de fa-
natisme contre les ennemis de la France. Il est choisi à
cinquante-quatre ans pour aller à six mille lieues régir
les possessions de la France et détruire les possessions ri-
vales de celles de la France. On l'envoie avec des promesses qui ne sont pas exécutées, avec des pouvoirs qui
sont méconnus ; et cependant, dénué de tous moyens,
traversé par mille manœuvres, abandonné d'un côté, trahi
de l'autre, il crée d'abord des ressources et des succès, il
remporte des victoires, il fait des conquêtes pour la France.

Réduit bientôt à se défendre, il lutte seul contre la disette et la rébellion : il immole son repos, sa fortune, sa santé; il brave la pauvreté, la faim, le poison, l'assassinat, pour servir la France. Obligé enfin de succomber sous la nécessité, il est tourmenté par une moitié de ses vainqueurs, admiré par l'autre, à l'instant même de sa chute; et à son retour, il est diffamé, calomnié, accusé en France. Il invoque la justice du ministère contre ses calomniateurs, c'est-à-dire contre un ramas de subalternes coupables qui ne cherchent à flétrir sa réputation que parce qu'il a, le premier, dénoncé leurs prévarications; et, pour toute réponse, le ministère, qui voudrait éviter la honte d'être criminel, mais qui ne se sent pas le courage d'être juste, le presse de quitter la France. Il se refuse avec indignation à ce projet révoltant d'une fuite déshonorante; il demande des fers et des juges : le ministère lui donne sur-le-champ des fers. Quinze mois après, le hasard lui donne des juges, et l'on imagine de le poursuivre comme ayant pu voler et trahir la France. Ces premiers juges sont trouvés incompétents : une commission est créée, et l'on se hâte de la rendre aussi incompétente que le tribunal qu'elle remplace; on ne travaille qu'à lui faire perdre de vue ce qu'elle doit examiner, et à lui faire examiner ce qu'elle ne peut entendre; on lui prépare enfin une instruction formée par tout ce qu'il y a de plus vil et de plus coupable en France. On assemble d'abord cette commission quatre ou cinq fois, dans le cours de deux ans, pour ôter à cet étranger captif jusqu'à la faculté de défendre cette vie qu'il a tant de fois exposée pour la France. On l'assemble ensuite deux fois par jour, pour ne pas laisser aux parents de ce captif le temps de produire les pièces justificatives, et pour lui ravir ainsi jusqu'aux faibles moyens de justification que laissent à un accusé ce qu'on appelle les lois criminelles de France. Enfin, on fait lire rapidement à cette commission des dépositions fausses, des pièces fabriquées, des extraits infidèles; on écarte d'elle tout ce qui est suspect de vérité; on fait décider par cette commission de judicature qu'un général d'armée a mal ordonné une bataille, a mal soutenu un siége, a mal capitulé; on lui fait forger un délit, dresser un arrêt, prononcer une condamnation. Et ce général d'armée, après avoir confondu ses calomniateurs dans le secret d'une procédure impénétrable, après avoir inutilement imploré la justice contre la vexation, la tyrannie, la fureur dont il a été victime pendant toute cette procédure, est tiré du fond de la prison, où il languit depuis quatre ans dans la misère, dans les tourments et dans l'opprobre, pour subir le dernier supplice; et cet étranger, dévoué presque en naissant au service de la France, meurt à soixante-cinq ans sur un échafaud dressé dans la capitale de la France, vainement défendu dans ses derniers moments par les murmures impuissants de tous les guerriers de France, mais insulté, outragé, bourrelé arbitrairement par le despotisme sanguinaire d'un juge de France !

XVI. Discours de Pacuvius à Pérolla.

Rollin applique à une harangue de Tite-Live tout ce qui vient d'être dit sur le choix des preuves, leur arrangement, leur forme et leur liaison par des transitions. Cette analyse raisonnée est extrêmement intéressante.

Capoue, par les intrigues de Pacuvius, s'était rendue à Annibal et l'avait reçu dans ses murs. Deux frères, citoyens les plus considérables de la ville, donnèrent à manger au général carthaginois. Torrea et Pacuvius, seuls de tous les Capouans, furent admis à ce repas, et le dernier obtint avec beaucoup de peine cette grâce pour son fils Pérolla, dont les engagements avec les Romains n'étaient pas inconnus à Annibal, qui voulut pourtant lui pardonner. Après le repas, Pérolla conduit son père dans un endroit écarté, et là, tenant un poignard dessous sa robe, il lui déclare le dessein qu'il a formé de tuer Annibal. Pacuvius, hors de lui-même, entreprend de détourner son fils d'une résolution si funeste, et lui adresse un discours plein de force et de raisonnement.

La première opération de Tite-Live, en faisant parler Pacuvius, devait être de chercher les motifs par lesquels celui-ci pourrait déterminer son fils : il s'en est présenté trois à son esprit ; le premier, tiré du danger où Pérolla s'expose en attaquant Annibal au milieu de ses gardes ; le second regarde le père, qui est résolu de se mettre entre Annibal et son fils, et qu'il faudra par conséquent percer le premier ; le troisième se tire de ce que la religion a de plus sacré : la foi des traités, l'hospitalité, la reconnaissance. Voilà l'*invention*.

Après avoir fait choix des raisons, il fallait leur donner un ordre convenable. Dans une harangue comme celle-ci, qui, dans de telles circonstances, devait être fort courte, l'ordre demandait que les raisons allassent en croissant et que les plus fortes fussent mises à la fin. La religion, chez des païens, n'était pas ce qui devait toucher le plus un jeune homme du caractère de celui dont il s'agit ; c'est donc par là que commencera le discours. Son propre intérêt, son danger personnel le touchent bien plus vivement ; ce motif tiendra donc la seconde place. Le respect et la tendresse pour un père qu'il faudra égorger avant que d'arriver à Annibal, passant tout ce qu'on peut imaginer de plus fort, c'est aussi par où finira Tite-Live. Voilà la *disposition*.

On voit d'abord la solidité de ces raisons. On peut les réduire premièrement en syllogismes, ensuite en enthymèmes pour mieux faire sentir la différence des procédés de l'orateur et du logicien :

SYLLOGISMES.

Première preuve.

Majeure. Mon fils, vous ne devez pas entreprendre une action qui vous fera violer ce que la religion a de plus sacré ;

Mineure. Or, l'action de tuer Annibal vous fera violer ce que la religion a de plus sacré ;

Conclusion. Donc, vous ne devez pas tuer Annibal.

Deuxième preuve.

Majeure. Vous ne devez pas entreprendre une action qui vous expose au danger de périr ;

Mineure. Or, l'action de tuer Annibal vous expose au danger de périr ;

Conclusion. Donc, etc.

Troisième preuve.

Majeure. Vous ne devez pas entreprendre une action qui vous expose au danger de tuer votre père ;

Mineure. Or, l'action de tuer Annibal vous expose aussi à tuer votre père ;

Conclusion. Donc, etc.

ENTHYMÈMES.

Première preuve.

Antécédent. L'action de tuer Annibal vous fera violer ce que la religion a de plus sacré ;

Conséquent. Donc vous ne devez pas l'entreprendre.

Deuxième preuve.

Antécédent. L'action de tuer Annibal vous expose au danger de périr ;

Conséquent. Donc vous ne devez pas l'entreprendre.

Troisième preuve.

Antécédent. L'action de tuer Annibal vous expose au danger de tuer votre père ;

Conséquent. Donc vous ne devez pas l'entreprendre.

Les *mineures* et les *antécédents* des syllogismes et des enthymèmes exposés ci-dessus auraient dû être développés chacun à son endroit. Dans le syllogisme, lorsque le principe est évident, l'essentiel est de prouver la *mineure*, parce qu'elle renferme toujours le fort de l'argument. Par la même raison, c'est l'antécédent qu'il faut prouver dans l'enthymème. Si nous n'avons fait ni l'un ni l'autre, c'est que nous avons craint d'être long ; il sera facile d'achever de vive voix ce qui n'est ici qu'ébauché, et de déduire chaque preuve dans son entier, en suivant exactement la forme scolastique. Cette opération fait sentir tout le prix de l'éloquence et montre clairement par quelle grâce et par quels charmes elle sait embellir l'austère et froide raison. En effet, si les preuves que nous venons de rapporter sont solides et concluantes, peuvent-elles être présentées d'une manière plus sèche et moins agréable que par la forme usitée dans l'école? Mais voyons comment Tite-Live les a traitées. Sous sa plume éloquente, tout devient fort, énergique, animé. Il s'attache uniquement à faire voir la vérité de ce qui est contenu dans les *mineures* et les *antécédents* des syllogismes et des enthymèmes. Il n'explique point les majeures, parce qu'elles sont claires et se suppléent assez d'elles-mêmes. Par les mêmes raisons, il ne tire pas non plus les conclusions.

13.

L'entrée qui tient lieu d'exorde est vive et touchante :

« Per ego te, fili, quæcumque jura liberos jungunt parentibus, precor quæsoque, ne ante oculos patris facere et pati omnia infanda velis. » (TITE-LIVE, XXXIII, 9.)

Premier motif, tiré de la religion.

Il se subdivise en trois autres qui ne sont presque que montrés, mais d'une manière fort vive et fort éloquente, sans qu'il y ait aucune circonstance omise, aucun mot qui ne porte : 1° la foi des traités confirmés par les serments et par les sacrifices; 2° les droits sacrés de l'hospitalité; 3° l'autorité d'un père sur son fils.

« Paucæ horæ sunt, intra quas jurantes per quidquid deorum est, dextræ dextras jungentes fidem obstrinximus, ut sacratas fide manus digressi ab colloquio extemplò in eum armaremus! Surgis ab hospitali mensa, ad quam tertius Campanorum adhibitus ab Annibale es, ut eam ipsam cruentares hospitis sanguine! Annibalem pater filio meo potui placare, filium Annibali non possum! »

Deuxième motif, tiré du danger où Pérolla s'expose.

« Sed sit nihil sancti, non fides, non religio, non pietas; audeantur infanda, si non perniciem nobis cum scelere afferunt. »

Ce n'est là qu'une transition; mais combien elle est ornée! quelle justesse et quelle élégance dans cette distribution qui comprend en trois mots les trois parties du premier motif! *Fides*, pour le traité; *religio*, pour l'hospitalité; *pietas*, pour le respect qu'un fils doit à son père. La dernière pensée est fort belle, et conduit naturellement du premier motif au second.

« Unus aggressurus es Annibalem? Quid illa turba tot liberorum servorumque? quid in unum intenti omnium oculi? Quid tot dextræ? Torpescentne in amentia illa?

Vultum ipsius Annibalis, quem armati exercitus susti-
nere nequeunt, quem horret populus romanus, tu sustinebis ! »

Quelle foule de pensées et d'images ! Quelle admirable
opposition entre des armées entières qui ne peuvent soutenir l'aspect d'Annibal, le peuple romain même que ses regards font trembler, et un faible particulier, *tu !*

Troisième motif; le père qu'il faudra tuer avant d'arriver
à Annibal.

« Et alia auxilia desint (c'est la transition), me ipsum
ferire corpus meum opponentem pro corpore Annibalis
sustinebis ! Atqui per meum pectus petendus ille tibi trans-
figendusque est. »

La simplicité et la brièveté de ce dernier motif n'est
pas moins admirable que la vivacité du précédent. Un
jeune homme serait tenté d'ajouter ici quelques pensées.
Pourrez-vous tremper vos mains dans le sang d'un père?
Arracher la vie à celui de qui vous l'avez reçue? etc. Mais
un maître tel que Tite-Live sent bien qu'il n'faut que
montrer un tel motif, et que vouloir l'amplifier, c'est l'affaiblir.

Il finit par des prières, plus fortes dans la bouche d'un
père que toutes les raisons :

«Deterreri hic sine te potius, quam illic vinci : valeant
preces apud te meæ sicut pro te hodie valuerunt. »

L'éloquence triompha : *Lacrymantem inde juvenem cer-
nens, medium complectitur, atque osculo hærens, non ante
precibus abstitit, quam pervicit ut gladium poneret, fidemque
daret nihil facturum tale.*

XVIII. Réfutation par argument personnel.

Le P. de Mac-Carthy prêchait ses sermons sous la Restauration. Les impies de cette époque reprochaient aux orateurs sacrés de leur temps de n'avoir pas l'éloquence de leurs devanciers. Voici comment l'illustre religieux répond à cette accusation :

Ah ! mes frères, nous l'avouons sans peine : nous n'avons ni les talents, ni le profond savoir, ni sans doute aussi les vertus de ceux qui ont prêché la parole de Dieu avec tant d'éclat et de fruit avant nous. Nous n'avons pas la sainte et admirable éloquence de ces hommes qui, sans lui rien ôter de sa simplicité auguste et de cette vertu qu'elle tire de l'humilité de la croix, savaient néanmoins l'orner et l'embellir et la montraient dans leurs discours aussi brillante que forte et victorieuse. Ce luxe et ces délices de la parole sainte convenaient à des temps plus heureux, et pouvaient être une juste récompense que le ciel accordait au zèle et à la ferveur de nos pères. Mais les chrétiens de nos jours ont-ils droit de prétendre aux mêmes faveurs ? Oseront-ils se plaindre de ce que ces délicatesses et ces raffinements leur manquent, lorsqu'ils auraient mérité, par leurs dédains et leurs superbes dégoûts, que le pain même des enfants leur fût retranché, et que le Seigneur les condamnât à cette famine de sa parole, le plus terrible des châtiments dont il ait menacé son peuple ? Que dis-je, leurs dédains et leurs dégoûts ? Oh ! que je pourrais adresser des reproches bien plus amers et plus accablants, non pas à vous, mes frères, mais à un grand nombre de ceux qui témoignent tant de mépris pour notre ministère, et qui fuient opiniâtrément nos temples ! Depuis quand, en effet, l'éloquence évangélique s'est-elle affaiblie parmi nous? Il n'y a pas trente années encore, que nous avons vu les chaires chrétiennes remplies par des orateurs dignes des plus beaux siècles de l'Église. Leur voix était celle des Nathan et des Isaïe; leur zèle, celui des Paul et des Barnabé; leur langage, celui des Basile, des Chrysostome et des Ambroise. Nous les avons entendus dans notre jeunesse, bientôt après nous les cherchâmes des yeux. Qu'étaient-ils devenus? Comment avaient-ils disparu tout à coup? O Jérusalem, Jérusalem, qui tues les prophètes et égorges ceux qui sont envoyés vers toi, te convient-il de demander, les mains encore teintes de leur sang, pourquoi ils sont muets? Après avoir précipité le pontife, le prêtre et le lévite dans un même tombeau, est-ce à toi de reprocher à la tribu sainte mutilée l'affaiblissement de son éclat et de ses forces? As-tu droit d'exiger que nous, les tristes restes de nos frères morts, faibles et derniers débris de cette Église de France, naguère si illustre et si florissante, nous fassions nous seuls revivre toute sa gloire, et nous soutenions le poids de son antique renommée? Hélas! réduits à un si petit nombre, consumés de travaux, partagés entre tant de fonctions diverses et de pénibles ministères, attaqués par tant d'ennemis, abreuvés de tant d'amertumes, où est notre loisir pour nous livrer aux études et aux méditations profondes, dans lesquelles nos prédécesseurs plus heureux passèrent tranquillement leur vie? Ah! au lieu de dédaigner nos efforts et d'achever ainsi d'abattre nos courages, ne serait-il pas plus juste de consoler nos peines et d'animer notre confiance par plus d'empressement, plus de docilité que jamais? Eh! si la divine parole a perdu quelque chose de ses ornements extérieurs et de sa magnificence dans nos bouches, ne doit-elle pas d'autre part vous être plus précieuse, parce qu'elle est plus rare? Ne devriez-vous pas conserver avec un soin plus jaloux ces dernières étincelles du feu sacré

qui vous restent, et qui menacent à tout moment de s'é-
teindre?

XVIII. Réfutation par raisonnement.

Il y a quelques années, Donoso Cortès réfutait
ainsi un de ses collègues qui demandait des réformes
économiques et le licenciement partiel des armées
permanentes.

On affirme que les économies sont non-seulement possibles, mais encore faciles.

Il y a un seul moyen de faire des réformes et de grandes
réformes économiques : c'est le licenciement total ou le
licenciement partiel des armées permanentes. Ce licenciement pourrait garantir pour un temps les gouvernements
de la banqueroute; mais il serait la banqueroute de la société entière; parce que, Messieurs, et ici j'appelle toute
votre attention, les armées permanentes empêchent seules
aujourd'hui la civilisation d'aller se perdre dans la barbarie. Nous assistons à un spectacle nouveau dans l'histoire,
nouveau dans le monde. Le monde a-t-il jamais vu, si ce
n'est aujourd'hui, qu'on marche à la civilisation par les
armes, et à la barbarie par les idées? Voilà ce qui se voit
au moment où je vous parle.

Ce phénomène est si grave, si étrange, qu'il exige quelques explications. Toute vraie civilisation vient du christianisme. Cela est si certain que la civilisation tout entière
s'est trouvée dans la zone chrétienne; hors de cette zone,
il n'y a pas de civilisation, tout est barbarie : et avant le
christianisme, il n'y a pas eu de peuples civilisés dans le
monde, pas même un seul.

Pas un seul, Messieurs; je dis qu'il n'y a pas eu de peuples civilisés, car le peuple grec et le peuple romain n'ont pas été civilisés, ils ont été cultivés, ce qui est fort différent. La culture est le vernis, et rien de plus que le vernis de la civilisation. Le christianisme civilise le monde; il l'a civilisé par trois moyens : en faisant de l'autorité une chose inviolable; en faisant de l'obéissance une chose sainte ; en faisant de l'abnégation et du sacrifice, ou pour mieux dire de la charité une chose divine. Voilà de quelle manière le christianisme a civilisé les nations. Eh bien, et ici repose la solution de ce grand problème, les idées de l'inviolabilité de l'autorité, de la sainteté de l'obéissance et de la divinité du sacrifice, ces idées ne sont plus aujourd'hui dans la société civile, elles sont dans les temples où l'on adore le Dieu de justice et de miséricorde, et dans les camps où l'on adore le Dieu fort, le Dieu des batailles, sous les symboles de la gloire. Parce que l'Église et l'armée sont les seules qui conservent intactes les notions de l'inviolabilité de l'autorité, de la sainteté de l'obéissance et de la divinité de la charité, elles sont aujourd'hui les deux représentants de la civilisation européenne.

Je ne sais, Messieurs si votre attention a été frappée comme la mienne par la ressemblance, par la presque identité entre deux personnes qui paraissent le plus distinctes et le plus contraires, je veux dire entre le prêtre et le soldat : ni l'un ni l'autre ne vit pour sa famille ; pour l'un et pour l'autre la gloire est dans l'abnégation, dans le sacrifice. La charge du soldat est de veiller à l'indépendance de la société civile ; la charge du prêtre est de veiller à l'indépendance de la société religieuse. Le devoir du prêtre est de mourir, de donner sa vie, comme le bon pasteur, pour ses brebis. Le devoir du soldat est de donner, comme un bon frère, sa vie pour ses frères. Si vous considérez l'âpreté de la vie du prêtre, le sacerdoce vous paraîtra, et il l'est en effet, une véritable milice. Si vous considérez la sainteté du ministère du soldat, la milice vous paraîtra comme un véritable sacerdoce. Que deviendraient le monde, la civilisation, l'Europe, s'il n'y avait ni prêtres, ni soldats? Et maintenant, Messieurs, si après l'exposé que je viens de faire, quelqu'un croit qu'on doit licencier les armées, qu'il se lève et le dise. S'il n'y a personne, Messieurs, je me ris de toutes vos économies; car elles sont toutes des utopies. Savez-vous ce que vous prétendez faire, quand vous voulez sauver la société avec vos économies, sans licencier l'armée? Vous prétendez éteindre l'incendie de la nation avec un verre d'eau. Voilà ce que vous prétendez.

XIX. Péroraison pathétique.

Venez, peuples, venez maintenant; mais venez plutôt, princes et seigneurs; et vous qui jugez la terre, et vous qui ouvrez aux hommes les portes du ciel; et vous, plus que tous les autres, princes et princesses, nobles rejetons de tant de rois, lumières de la France, mais aujourd'hui obscurcies et couvertes de votre douleur comme d'un nuage; venez voir le peu qui nous reste d'une si auguste naissance, de tant de grandeur, de tant de gloire. Jetez les yeux de toutes parts : voilà tout ce qu'a pu faire la magnificence et la piété pour honorer un héros, des titres, des inscriptions, vaines marques de ce qui n'est plus; des figures qui semblent pleurer autour d'un tombeau, et de fragiles images d'une douleur que le vent emporte avec tout le reste; des colonnes qui semblent vouloir porter jusqu'au ciel le magnifique témoignage de notre néant; et rien enfin ne manque dans tous ces honneurs que celui à qui on les rend. Pleurez donc sur ces faibles restes de la vie humaine, pleurez sur cette triste immortalité que nous donnons aux héros. Mais approchez en particulier, ô vous qui courez avec tant d'ardeur dans la carrière de la gloire, âmes guerrières et intrépides ! Quel autre fut plus digne de vous commander? Mais dans quel autre avez-vous trouvé le commandement plus honnête? Pleurez donc ce grand capitaine, et dites en gémissant : Voilà celui qui nous menait dans les hasards ; sous lui se sont formés tant de renommés capitaines, que ses exemples ont élevés aux premiers honneurs de la guerre : son ombre eût pu encore gagner des batailles ; et voilà que, dans son silence, son nom même nous anime, et ensemble il nous avertit que, pour trouver à la mort quelque reste de nos travaux, et n'arriver pas sans ressource à notre éternelle demeure, avec le roi de la terre il faut encore servir le roi du ciel. Servez donc ce roi immortel et si plein de miséricorde, qui vous comptera un soupir et un verre d'eau donnés en son nom, plus que tous les autres ne feront jamais tout votre sang répandu ; et commencez à compter le temps de vos utiles services, du jour que vous vous serez donnés à un maître si bienfaisant. Et vous, ne viendrez-vous pas à ce triste monument, vous, dis-je, qu'il a bien voulu mettre au rang de ses amis? Tous ensemble, en quelque degré de sa confiance qu'il vous ait reçus, environnez ce tombeau ; versez des larmes avec des prières, et, admirant dans un si grand prince une amitié si commode et un commerce si doux, conservez le souvenir d'un héros dont la bonté avait égalé le courage. Ainsi, puisse-t-il toujours vous être un cher entretien ! ainsi, puissiez-vous profiter de ses vertus, et que sa mort, que vous déplorez, vous serve à la fois de consolation et d'exemple ! Pour moi, s'il m'est permis, après tous les autres, de venir rendre les derniers devoirs à ce tombeau, ô prince ! le digne sujet de nos louanges et de nos regrets, vous vivrez éternellement dans ma mémoire, votre image y sera tracée, non point avec cette audace qui promettait la victoire; non, je ne veux rien voir en vous de ce que la mort y efface. Vous aurez dans cette image des traits immortels : je vous y verrai tel que vous étiez à ce dernier jour, sous la main de Dieu, lorsque sa gloire sembla commencer à vous apparaître; c'est là que je vous verrai plus triomphant qu'à Fribourg et à Rocroi; et, ravi d'un si beau triomphe, je dirai en action de grâces, ces belles paroles du bien-aimé disciple : « *Et hæc est victoria quæ vincit mundum, fides nostra.* » — « La véritable victoire, celle qui met sous nos pieds le monde entier, c'est notre foi. » Jouissez, prince, de cette victoire : jouissez-en éternellement par l'immortelle vertu de ce sacrifice. Agréez ces derniers efforts d'une voix qui vous fut connue; vous mettrez fin à tous ces discours. Au lieu de déplorer la mort des autres, grand prince, dorénavant, je veux apprendre de vous à rendre la mienne sainte; heureux, si, averti par ces cheveux blancs du compte que je dois rendre de mon administration, je réserve au troupeau que je dois nourrir de la parole de vie les restes d'une voix qui tombe et d'une ardeur qui s'éteint.

BOSSUET.

XX. Supériorité de l'éloquence sacrée.

Le prédicateur est maître de son sujet, et ce sujet est magnifique comme la création, sublime comme Dieu, infini comme le temps. Il n'est borné ni par les montagnes ni par les mers. Il descend dans les profondeurs de l'Océan pour y interroger la végétation obscure du plus petit coquillage. Il monte au-dessus des nuées dans les palais du ciel, tout resplendissants de lumière et tout peuplés de séraphins harmonieux. Il foule à ses pieds la poussière des siècles et des mondes, et de sa verge prophétique, il chasse devant lui les générations qui n'ont pas encore vu le jour. Une fleur des champs que le vent arrache de sa tige dans un vallon solitaire, un volcan qui retombe en lave de flammes sur les toits d'une cité, un enfant qui meurt, un trône qui s'écroule, rien n'est étranger à l'éloquence sacrée.

Mais ce qui, pour le prédicateur est plus inépuisable que la nature, ce sont les mystères de la religion et les secrets plus incompréhensibles encore peut-être du cœur humain. Quels trésors! quelles grandeurs! quels sujets! Soit qu'armé de la parole de Dieu, il commande aux orgueilleux l'humilité, aux haineux le pardon des injures, aux égoïstes l'amour de leurs frères. Soit qu'il traîne les âmes épouvantées au bord des abîmes sans rivage et sans fond de l'éternité, qu'il les y suspende et qu'il les y plonge. Soit qu'il les ramène de la nuit des tombeaux, et qu'il les ravisse sur les ailes de son éloquence et qu'il leur ouvre les arcades du firmament. Soit qu'il torture les consciences mauvaises et qu'il les pique avec la pointe du remords. Soit qu'il dise aux malheureux : Espérez! et aux petits enfants : Aimez-vous les uns les autres.

Cependant l'immensité du sujet lui même accable la plupart des prédicateurs. Leur langue n'a pas assez de mots, leur poitrine assez d'élan, leur éloquence assez de figures, pour suffire à cette tâche. Il n'appartient qu'à l'Aigle de Meaux de planer au haut des airs, et de regarder fixement le soleil qui lance des torrents de feu dans l'enfoncement des sphères éternelles. Eux, ils baissent les yeux, ils se courbent, ils fléchissent sous l'éclat de ses rayons. Ces mots seuls, Dieu, néant, éternité, jetés au hasard, sans suite, sans autre parole, sur les dalles de l'église, s'en vont roulant du porche au sanctuaire, comme un merveilleux écho, et retentissent profondément dans les âmes. Dieu, c'est tout dire, et la mort aussi, et l'éternité aussi, et, après cela, qu'y a-t-il à ajouter? Quelle voix d'autrui vaudra pour nous le commentaire intime de notre conscience? Qui pourrait jamais atteindre, par le geste ou par l'expression, à la sublimité de la pensée humaine? Qui nous parlera mieux que nous de nous-mêmes?

L'orateur de la tribune déchire l'outre des passions, pour en faire sortir les vents et les orages. Tantôt il étalera, devant les peuples et les soldats, la tunique ensanglantée de César; tantôt il évoquera l'ombre de Napoléon; tantôt il poussera les peuples contre les peuples; tantôt il découvrira le sein nu de la patrie et il sondera ses plaies palpitantes, et ce sera son triomphe si des bras tendus se lèvent, si des cris de guerre l'interrompent, si les visages s'enflamment d'une subite rougeur, si les glaives brillent et sortent de leurs fourreaux, et si, quand il crie vengeance, un écho de voix éclatant, immense, indéfinissable, roule dans l'espace et répète : Vengeance! vengeance!

L'orateur chrétien embrasse dans son amour tout le genre humain. Il se baisse pour laver les pieds des pauvres, pour relever les suppliants, pour toucher les plaies hideuses des infirmes. Il réchauffe à son foyer les proscrits poussés par la tempête des révolutions sur le rivage. Il se dépouille de sa robe pour les couvrir; il se jette entre les hommes de guerre; il a horreur du sang; il ne se préoccupe pas de la différence des intérêts, des alliances, des langues, des climats, des couleurs de l'étendard, des nuances de la peau, ni même de ce que la vanité appelle la gloire; il ne voit dans tous les malheureux que des frères, dans les étrangers comme dans les concitoyens, que des enfants également chers à Dieu, et dans le ciel, que la patrie commune de tous les hommes. Et tandis que l'enthousiasme et les acclamations du peuple décernent des palmes à l'orateur de la tribune, pour avoir peut-être provoqué, excité l'incendie des villes, l'explosion des vaisseaux et des citadelles, le massacre des femmes, des vieillards et des enfants, le pillage organisé des caisses publiques, le renversement des institutions et des lois, les contributions de guerre, les ruptures des douanes, les confiscations directes ou déguisées, l'orateur sacré descend de sa chaire et se dérobe, laissant à ses auditeurs, pour dernière exhortation, ces mots : « Aimez-vous, faites le bien pour le mal, et priez le Père céleste ! »

(CORMENIN.)

XXI. De l'action du prédicateur.

Soyez naturel dans le débit, soyez *vous-même*. Articulez parfaitement chaque mot et surtout les derniers mots de vos phrases. Donnez à chaque expression la force qu'elle doit avoir ; parlez avec assurance, mais sans audace ; soyez plutôt lent que rapide ; ne pensez pas à vos gestes, mais pourtant ne vous en permettez pas de ridicules ; qu'ils soient naturels et dignes ; tenez-vous droit sans roideur ; regardez votre auditoire en bloc, et ne regardez pas un seul auditeur en particulier. Ne vous accoudez pas sur les bords de la chaire. Soyez assis quand vous exposerez quelque chose, ou quand vous disserterez ; levez-vous quand le discours s'animera et que vous toucherez à un mouvement.

Voilà les règles principales concernant le débit oratoire ; mais on pèche si souvent contre ces règles que nous croyons devoir signaler leurs plus insignes infracteurs.

Prenons garde d'abord à la monotonie. Il n'y a guère de prédicateurs qui ennuient plus les peuples que ceux qui ont un débit monotone.

Les uns récitent leur sermon à peu près *recto tono;* pas d'inflexions, pas de mouvements variés ; c'est presque une lecture de réfectoire dans un séminaire.

Les autres ont deux ou trois inflexions ; mais comme ce sont constamment les mêmes, et qu'elles reviennent à des intervalles à peu près égaux, cela produit une monotonie qui endort forcément ceux-là même qui avaient, avant le sermon, le moins de prédisposition au sommeil. Comment ne voient-ils pas qu'il n'y a rien de moins naturel que de parler trois quarts d'heure sur le même ton ou avec deux ou trois inflexions qui ne varient jamais?

Tel homme qui prêche ainsi, discutera vivement et très-naturellement avec un ami; voyez-le : il s'empare de la conversation ; il expose le sujet de la controverse ; il dit quelle est son opinion ; il l'appuie par des preuves solides, convaincantes ou du moins qu'il croit telles ; il les développe avec vigueur et précision ; puis, il combat les objections de son adversaire avec une chaleur croissante, et tout cela se fait du ton le plus naturel et le plus varié ; il est si animé qu'il oublie qu'il va falloir monter en chaire dans quelques instants; on vient l'avertir, il quitte son ami, se rend à l'église ; le voilà en chaire ; adieu le naturel! Voilà la monotonie qui recommence ; voilà le *recto tono,* ou les trois inflexions périodiques ; n'est-ce pas inconcevable?

D'autres ont un débit langoureux; c'est comme une variété du genre monotone; ils joignent à l'identité des sons, un ton élevé, suppliant, plaintif, langoureux, en un mot, qui est antinaturel au suprême degré. Il y a quelque chose dans leur débit, il y a même beaucoup du ton pieusement suppliant de ces pauvres qui demandent l'aumône sur le bord des chemins : comme ces mendiants aussi, ils regardent le ciel ou tiennent continuellement la tête penchée sur l'épaule ; et c'est de cette manière que tout le sermon se déclame, et que l'on dit des choses qui, quelquefois, exigeraient un ton véhément et saintement passionné.

En voici qui ont plus de feu; ils en ont même beaucoup trop. On dirait qu'ils regardent un sermon comme manqué quand on ne crie pas bien fort d'un bout à l'autre et qu'on termine sans extinction de voix. Les oreilles des auditeurs en tintent; on plaint le prédicateur que l'on suppose très-fatigué, mais on ne pense seulement pas à profiter de ce qu'il dit.

Un médecin distingué, entendant un jour un prédicateur qui avait le défaut de crier trop fort, nous dit, après le sermon, qu'il avait été beaucoup moins occupé du discours, que de la crainte des accidents que pouvait éprouver celui qui le débitait. De bonne foi, est-ce en parlant ainsi que l'on gagne les cœurs? Et n'est-ce pas plutôt ainsi qu'on les refroidit et qu'on les rebute?

Quelques-uns vont encore plus loin dans la voie de l'impétuosité. Non-seulement ils crient, ce qui pour eux est tout naturel; mais leur corps et tous les membres de leur corps sont dans une agitation perpétuelle; on les dirait galvanisés; les pieds frappent le fond, en même temps que les mains ou plutôt les poings, frappent les bords de la chaire; le corps se penche, se redresse subitement pour se pencher encore; il semble qu'on lutte corps à corps avec son auditoire, et qu'on regrette de ne pas pouvoir broyer de ses mains cette masse de péchés contre laquelle on s'indigne avec tant de violence.

On en voit qui ne crient pas avec excès, qui ne s'agitent pas démesurément, mais qui ont un débit si rapide qu'il est presque impossible de les suivre. Quelquefois leur grande précipitation fait qu'ils articulent mal plusieurs mots; dès qu'ils s'en aperçoivent, ils répètent avec une grande vitesse les mots mal prononcés, ce qui

fatigue singulièrement les auditeurs, c'est le bredouil-
lement.

Pourquoi donc cette précipitation qui donne l'idée d'un
écolier récitant sa leçon avec toute la volubilité dont sa langue
est susceptible ? Comment peut-on se persuader qu'un sermon, débité de la sorte, touchera ceux qui l'entendent ?
Comment ne voit-on pas qu'il n'y a rien de grave et d'imposant comme la parole de Dieu, annoncée dans le temple
même de Dieu, sous les yeux et à quelques pas de Jésus,
vrai Dieu, par le ministère de Dieu, pour sauver toute une
assemblée de pécheurs rachetés du sang d'un Dieu ? Et
comment ne pas se dire à soi-même que c'est avec une
pieuse modestie, avec une sainte gravité, et même avec une
imposante majesté, que le prêtre doit toujours annoncer
au peuple les divins oracles ?

D'autres cependant se jettent parfois dans un excès opposé. Ils sont d'une lenteur capable de refroidir et d'impa-
tienter l'auditoire le mieux préparé. Ayant contracté l'habitude de cette lenteur excessive, et se persuadant que
c'est la bonne méthode, ils la suivent constamment.
Chaque mot est séparé de celui qui le précède et de celui
qui le suit par un intervalle très-appréciable. Une phrase
commence ; dès les premiers mots, on voit ce qu'elle va
dire ; on devance l'auteur en achevant soi-même d'un
trait cette phrase interminable ; mais vous avez beau faire,
on ne vous fera pas grâce d'un seul mot. Il est clair qu'un
tel débit n'ayant ni mouvement, ni chaleur, ni véhémence,
ne peut qu'ennuyer un auditoire.

Nous avons des prédicateurs hardis, et pour ainsi dire
audacieux. Sans s'en apercevoir, ils ont un air presque
effronté. Ils n'ont pas encore commencé, qu'ils regardent
déjà leurs auditeurs en gros et en détail, avec une assurance
et un aplomb qui semble dire : je ne vous crains pas. En
effet, ils ont l'œil ferme, le front haut, le verbe arrogant,

et un ensemble si peu modeste et si peu composé que les auditeurs les plus indulgents en sont eux-mêmes péniblement affectés. Est-ce là, nous le demandons, la dignité du saint prêtre, l'attitude pieuse de l'apôtre?

D'autres se portent à l'extrémité opposée; ils sont excessivement timides. Pauvres petits agneaux! La chaire les impressionne presque autant qu'une selette de cour d'assises. Leur visage pâlit, leurs lèvres tremblotent, leurs jambes fléchissent, et leurs genoux frappent à coups répétés le panneau de la chaire. Il est impossible que la parole ne se ressente pas de cet affaissement universel; aussi est-elle faible, lente, péniblement entrecoupée et incapable assurément de produire sur l'auditoire un effet tant soit peu prononcé.

Il y en a qui, ne se connaissant pas tels qu'ils sont, veulent absolument passer pour onctueux, quoiqu'il n'y ait ombre d'onction dans leur manière de dire.

Rien n'est froid, en fait d'éloquence, comme une chaleur factice. Croire qu'on va toucher, émouvoir un auditoire, quand on n'est nullement touché ni ému soi-même, c'est une illusion complète. Vous avez beau lever les yeux et les bras vers le ciel, faire un appel à la divine miséricorde, donner à votre parole je ne sais quoi de doux et de mielleux, tous vos auditeurs, et même les plus ignorants, voient ou plutôt sentent tout d'abord si votre cœur s'accorde avec vos paroles et vos gestes; et quand ils reconnaissent que cet accord n'existe pas, ils sont d'autant plus froids que vous faites plus d'efforts pour les échauffer.

Enfin nous dirons un mot des prédicateurs mous et sans énergie. Ce n'est pas par timidité qu'ils sont ainsi; autrement nous les rangerions parmi les timides. Non, la timidité n'est pas leur fait; mais ils sont par nature sans nerf et sans énergie. Rien ne les émeut, ou du moins rien ne met leur émotion en relief. Les vérités les plus

terribles sont à peu près dites sur le même ton que les
vérités consolantes. Ils ne savent pas chasser leurs paroles
devant eux avec une mâle vigueur; non, la langue les
forme tout doucement, et les amène posément sur le bord
des lèvres où elles expirent. Tout au plus, dans les grands
mouvements, tombent-elles vivantes encore du bord des
lèvres; mais c'est pour aller s'éteindre au pied de la chaire.
Nous le répétons, ces prédicateurs ne savent pas chasser
leurs paroles; ils ne savent ce que c'est qu'une articulation
nette et énergique; et c'est un grand malheur; car on ne
se figure pas les heureux effets que cette articulation, quand
elle est bonne, produit sur un auditoire.

L'action! L'action! le bon débit, presque tout est là, en
fait de moyens extérieurs de prédication. Une page de
Rodriguez, parfaitement débitée, produira plus d'effet que
le plus beau sermon de Bourdaloue et de Massillon, prononcé mollement et sans énergie.

L'abbé Dubois.

XXII. Intérêt et mouvement dans la prédication.

Avant tout, il faut intéresser, c'est la condition du bien...
Le monde veut qu'on l'intéresse : il est peut-être exigeant,
c'est peut-être faiblesse; mais que voulez-vous? ne faut-il
pas se faire tout à tous, ne faut-il pas le prendre tel qu'il
est? Il est malade, on le répète chaque jour; ne faut-il
pas que l'on passe quelque chose aux malades? Après tout
la question n'est pas de savoir s'il a tort ou s'il a raison. La
question est de le sauver, par conséquent de se faire écouter, de faire arriver la vérité évangélique à son oreille, à
son esprit, à son cœur. Car, à quoi bon se donner tant de
peine pour composer un sermon, s'il ne doit pas être
écouté? C'est un désolant et stérile travail. Aussi quelqu'un
disait : on m'apprend à faire de magnifiques sermons,

je voudrais bien qu'on m'apprît aussi à faire venir le monde les écouter... »

Voilà le but : se faire écouter. Pour cela, d'abord il faut intéresser...

Il y a différentes manières de créer l'intérêt. On peut intéresser par un langage vrai, sympathique, varié, par des études de mœurs bien faites, par des traits piquants, par des images liées aux incidents de la vie, par des mouvements et des élans du cœur...

Lorsque vous voyez que l'attention s'échappe, on peut la rappeler par un trait qui réveille, épanouit l'âme ; et parfois amène sur les lèvres ce léger sourire qui signifie : « C'est bien vrai. » Les Français aiment beaucoup cette manière, et qui peut y trouver à redire ? Le peuple a tant d'occasions de s'attrister, que l'on doit être heureux de voir son âme s'épanouir un peu sous le souffle de la divine parole. De plus, c'est un moyen de dire de bonnes vérités.

Le peuple français aime les traits alors même qu'il en est percé.

Tous les grands orateurs n'ont pas manqué de s'en servir. Saint Jean Chrysostome lui-même, ce docteur si grave et si grand, ne les dédaigne pas : il se moque spirituellement de la vanité des hommes de son temps : « Voyez donc, dit-il, ce jeune homme, il marche délicatement sur le bout du pied, de peur de salir sa chaussure. Eh! mon ami! si vous craignez tant la boue pour votre chaussure, mettez-la sur votre tête, et elle en sera garantie. »

Le R. P. Lacordaire excelle en ce genre, c'est encore un de ses talents, et plus d'un de ses auditeurs a été attiré *par ses malices.*

Un jour, il voulait prouver que le rationalisme n'a pas la charité de la doctrine et de l'apostolat; au lieu de faire une longue démonstration, il s'exprime ainsi :

« Je ne dirai qu'un mot du rationalisme sur la question qui nous occupe : je n'ai jamais ouï parler d'un rationaliste qui ait reçu des coups de bâton à la Cochinchine. Ces esprits-là sont trop polis et trop ingénieux pour se hasarder dans une semblable gloire, au profit de la vérité. Il sera toujours temps de s'occuper d'eux lors de la prochaine place vacante à l'Académie. Nous sommes trop bien élevés pour leur offrir autre chose qu'une branche de laurier, et ils la méritent sans contestation. »

Une autre fois, il dit avec un sourire sur les lèvres, à ceux qui affectent l'incrédulité : « Eh! Messieurs, vous avez de l'esprit, vous en avez beaucoup; mais sachez-le, c'est Dieu qui vous l'a donné.... preuve qu'il n'en a pas peur! »

« Pour faire du bien aux enfants, disait quelqu'un qui s'y connaît, il faut les intéresser, les faire rire, les faire pleurer, et puis les renvoyer contents. » Le peuple n'est-il pas encore enfant? Ne sommes-nous pas encore tous enfants... par plus d'un côté?

Un autre moyen d'intéresser, c'est une peinture vive, fine, spirituelle et délicate de mœurs... Le Français aime beaucoup qu'on lui parle de lui-même, de ses travaux, de ses qualités, de ses souffrances, même de ses faiblesses et de ses travers. Parlez donc de l'Évangile et des Français, des Français et de l'Évangile, et encore des Français de ce siècle-ci, des qualités et des vices des hommes de ce temps-ci; alors vous intéresserez, vous forcerez l'intérêt.

Les études de mœurs sont de tous les temps, de tous les lieux; elles sont comprises de tout le monde et elles intéressent tout le monde, parce qu'elles font répéter la parole de la femme de Samarie : « *J'ai vu un homme qui m'a dit ce que j'étais.* »

Cependant il n'en faut pas rester là. Après avoir dépeint

le mal, il faut le combattre, le vaincre, le chasser par la puissance de la logique... L'esprit français, avant tout, est logique, mais aussi il est prompt et vif, et il n'aime ni ce qui est long, ni ce qui est pesant, ni ce qui affirme sans prouver, ni ce qui veut trop prouver.

Jetez donc vos principes d'une manière nette et incisive, et puis avec une parole presque magique démontrez votre vérité; que du premier coup l'auditeur sente que l'affaire va être sérieuse, que la résistance ne sera pas possible à à la bonne foi et même à la mauvaise foi, et qu'en vous entendant, il répète la parole du grand Condé lorsqu'il voyait monter Bourdaloue en chaire : *Attention! voilà l'ennemi!*

Il faut animer, passionner la raison elle-même; c'était la marche de Démosthènes et c'est la marche de tous les grands orateurs. Il faut en quelque sorte mettre la vérité en action. Quelle aille, qu'elle vienne, qu'elle parle, qu'elle questionne et qu'elle réponde, que la scène soit toujours occupée et que l'esprit de l'auditeur ne puisse pas un instant se distraire.

Mais ce n'est pas assez de bien parler à l'esprit, ce n'est presque rien; l'esprit n'est que le vestibule de l'âme, entrons jusque dans le sanctuaire du temple, c'est-à-dire jusqu'au cœur. Le cœur, c'est presque tout l'homme, nous ne sommes quelque chose que par le cœur. C'est le cœur qui croit, *corde creditur*; c'est le cœur qui enfante les vertus, c'est le cœur que Dieu demande.

Mais pour parler au cœur, il faut avoir soi-même un cœur et s'en servir. Or, c'est une question aujourd'hui de savoir si beaucoup de prédicateurs ont un cœur. Nul ne peut s'en apercevoir : le cœur est descendu de la chaire, et c'est à peine s'il ose y remonter quelquefois... On se figure que c'est assez pour le bien que de démontrer clairement ou non clairement la vérité aux hommes. Mais entre

14.

savoir et faire, il y a la différence de la terre au ciel, et c'est avec son cœur qu'on franchit cette distance.

Ah! le cœur, si on voulait lui parler, on le trouverait souvent si bon, si vrai et si sincère! et pour le changer, il faut si peu de chose, une parole, un souvenir, une larme, un regard, un soupir; et nous avons négligé ce puissant moyen... Il est pourtant si facile! Tout le monde ne comprend pas une belle démonstration, mais tout le monde comprend un beau sentiment.

En résumé, le discours doit être intéressant, animé, vivant; il doit y avoir pour dix ans de vie dans un sermon d'une demi-heure. Parlez à l'esprit, au bon sens, à l'imagination, au cœur de l'homme; mettez le feu dans tout cela, saisissez-le par tout ce qu'il y a d'émotions vives et profondes, par la douleur et par les joies, par la colère et par la pitié, par la haine et par l'amour, par l'enfer et par le ciel. Que votre parole soit toujours puissante et victorieuse. Faites bien ce que vous faites; vous raisonnez : que vos raisonnements coupent, tranchent, abattent; vous faites de la charité : qu'elle coule à pleins bords, qu'elle inonde, qu'elle enchante; vous lancez des colères : qu'elles s'échappent en saillies ardentes et irrésistibles. Vous ne savez plus quelle puissance invoquer : alors faites un appel à la pitié. De temps en temps, des repos, des retours, comme pour adoucir... pour rejeter ce que vous avez fait, mais au fond pour enfoncer le trait plus avant, en vous jetant sur une autre corde du cœur.

Mais après cette suspension d'armes, il faut retourner à la charge avec plus de verve et de vaillance, enfoncer de nouveau le trait dans le cœur, le tourner et le retourner dans la plaie. Que la pensée soit encore plus énergique, le sentiment plus puissant; qu'il y ait du drame, quelque chose de tragique; que la vérité et l'erreur se serrent de près, se prennent corps à corps; que la lutte soit ardente, acharnée, mais que la vérité abatte, terrasse l'erreur, qu'elle triomphe du vice, et puis, qu'elle relève l'homme, l'embrasse et l'emporte avec elle, à la vertu, au bonheur, au ciel...

(L'abbé MULLOIS.)

XXIII. Plan du sermon de Massillon sur la vérité de la religion.

Au lieu de citer ici un fragment de sermon, nous aimons mieux donner pour exemple un plan de sermon vraiment complet et régulier : c'est celui de Massillon sur la vérité de la religion chrétienne.

Exorde.

Malgré les preuves solides et éclatantes qui établissent la vérité de la religion, il y a des hommes qui refusent de la reconnaître.

Proposition.

Prouvons-leur que la vérité de la religion est incontestable.

Division.

Cette vérité se fonde sur trois grands caractères qui distinguent éminemment la religion chrétienne : 1º elle est raisonnable; 2º elle est glorieuse; 3º elle est nécessaire.

Confirmation.

Première partie.

La religion chrétienne est raisonnable.

Subdivision

En ce qu'elle repose 1º sur l'autorité la plus grande, la

plus respectable et la mieux établie qu'il y ait sur la terre; sur les idées les seules dignes de Dieu et de l'homme, les seules conformes aux principes de l'équité, de l'honnêteté, de la société, de la conscience ; 2° sur les motifs les plus décisifs, les plus triomphants, les plus propres à soumettre les esprits les moins crédules.

1er membre de la subdivision. La religion chrétienne a pour elle l'ancienneté, la perpétuité et l'uniformité, c'est-à-dire qu'aussi ancienne que le monde, elle s'est conservée jusqu'à nos jours sans altération ; or, de toutes les religions, c'est la seule qui possède cet avantage.

2e membre. 1° La religion chrétienne donne les seules idées convenables de Dieu ; 2° elle met l'homme à sa véritable place en lui faisant connaître sa nature et sa destination ; elle règle mieux que toute autre doctrine ses devoirs à l'égard des autres hommes.

3e membre. Les motifs de soumission et de crédibilité qu'elle nous présente, sont appuyés : 1° sur des prophéties incontestables ; 2° sur des faits miraculeux, éclatants, publics ; sur le témoignage de la foi de l'univers entier.

Conclusion de la 1re partie : Donc la religion chrétienne est raisonnable.

Deuxième partie.

La religion chrétienne est glorieuse.

Subdivision.

1° Du côté des promesses qu'elle renferme pour l'avenir ; 2° du côté de la situation où elle met le fidèle pour le présent ; 3° du côté des grands modèles qu'elle lui propose à imiter.

1er membre de la subdivision. Développement de ces promesses qui apprennent à l'homme que son origine est divine et ses espérances éternelles. Son avenir est plein de gloire.

2ᵉ *membre.* Peinture de la grandeur et de l'élévation du chrétien dans toutes les circonstances de la vie. Rien n'est plus glorieux que lui, soit devant Dieu, soit devant les hommes.

3ᵉ *membre.* Les hautes vertus de tous les grands hommes, de tous les héros chrétiens, depuis Abel jusqu'à nos jours, sont proposées à l'imitation du fidèle. Quelle plus glorieuse carrière peut être ouverte devant lui ?

Conclusion de la 2ᵉ partie : Donc la religion chrétienne est glorieuse.

Troisième partie.

La religion est nécessaire.

Subdivision.

1° Parce que la raison de l'homme est faible et qu'il faut l'aider ; 2° parce qu'elle est corrompue et qu'il faut la guérir ; 3° parce qu'elle est changeante et qu'il faut la fixer.

1ᵉʳ *membre de la subdivision.* Peinture de l'ignorance où l'homme est de lui-même et de tout ce qui est hors de lui. C'est la religion qui seule le guide et le soutient au milieu des ténèbres qui l'environnent.

2ᵉ *membre.* Peinture de la dépravation de la raison humaine, relativement à Dieu et à la morale. C'est la religion qui guérit en redressant ses erreurs.

3ᵉ *membre.* Peinture des variations infinies de la raison humaine et de l'incroyable mobilité de ses opinions… C'est la religion qui la fixe, en lui donnant une règle infaillible, invariable, indépendante des lieux, des temps, des hommes, etc.

Conclusion de la 3ᵉ partie : Donc la religion chrétienne est nécessaire.

Conclusion de tout le discours ou péroraison,

Donc la religion est vraie ; donc il faut s'y attacher, vivre selon ses lois et rendre sa foi certaine par ses bonnes œuvres.

XXIV. Extrait d'une conférence.

AVANTAGES DE LA CONFESSION.

L'âme a ses maladies, l'esprit ses troubles, le cœur ses chagrins, la conscience ses tourments, la vie morale tout entière de l'homme a ses cruelles alternatives de luttes, de revers et de succès. Qui le guérira ? qui lui tendra une main secourable ? qui deviendra son guide et sa lumière ? Connaissez-vous, en dehors du christianisme, beaucoup de ces grandes institutions applicables à tous les temps, à tous les pays, à toutes les races, à toutes les situations de la vie, propres à guérir les maux de toutes les âmes, les angoisses de toutes les consciences et les ravages les plus secrets et les plus intimes du vice ?

Cependant, dans le voyage si agité de l'âme vers son terme, on porte toujours avec soi le sentiment impérissable de la vertu et du péché. Le mal moral porte toujours le mal, et la conscience qu'il trouble de sa présence a beau s'étourdir, le pécheur n'est pas heureux, c'est la loi. Il souffre surtout à ces moments solennels où la solitude l'avertit, où le malheur le réveille, où la mort le menace. Tout homme éprouve alors un besoin, expression et témoignage du Dieu qui se rend justice à lui-même, et qui combat pour le bien et le vrai dans nos cœurs.

Ce besoin, cette disposition d'une conscience coupable, on les nomme le repentir ou le remords. Sans doute, ils ne sont pas nouveaux, ils naquirent avec le crime ; on les retrouve partout, dans les sacrifices, dans les expiations publiques ou privées. Mais vous en conviendrez également, ce n'est que dans le christianisme fondé, propagé, maintenu par l'Église catholique, que nous retrouvons, auguste et vénérable, cette institution de la pénitence aux conditions exigées de l'aveu sincère, du regret effectif et de la peine volontairement acceptée.

Mais quoi donc! Ce besoin de l'âme est rempli; l'âme se relève, délivrée d'un poids immense, alors qu'elle a pu verser dans le sein du prêtre le secret qui l'oppressait. Oui, la nature et l'expérience, tout nous le prouve et nous l'atteste : l'aveu soulage, il soulage par la souffrance qu'il cause, de même qu'une opération douloureuse que l'on subit, mais pour être sauvé.

Malheur à celui qui est seul! *væ soli!* c'est la sentence de l'Écriture. Enfin, un ami véritable, un père de notre âme nous est donné : on pourra tout lui dire. Il partagera toutes nos douleurs, entendra toutes nos peines, assistera à tous nos combats. Le poids de cruels secrets ne nous accablera plus, ce poids sera porté et laissé au fond d'un impénétrable tombeau par le seul être qui nous connaisse au monde, le seul qui puisse nous faire entendre la parole de confiance, d'encouragement et de pardon.

Dans la vie, rien n'est préférable à un ami fidèle. Qu'est-ce donc quand on le sait appliqué tout entier, par l'inviolable religion d'un serment divin, à nous garder fidélité, à nous porter secours?

Étrange et douce merveille! ces trois choses, l'aveu, le repentir, le pardon, consacrées dans l'institution catholique, garanties par la mission du prêtre, ont apporté au monde plus de paix, plus de joies, plus de changements heureux, plus de déterminations généreuses, plus d'héroïques sacrifices, plus d'œuvres utiles ou sublimes, que les inspirations du génie et tout l'enthousiasme de la gloire.

(DE RAVIGNAN.)

XXV. Plan du panégyrique de saint François de Sales, par Bourdaloue.

On peut citer comme un modèle le panégyrique d'un grand saint loué par un grand prédicateur : c'est l'éloge de saint François de Sales par Bourdaloue. En voici l'analyse :

Sujet. Dieu l'a fait saint par l'efficace de sa foi et de sa douceur. C'est l'éloge que l'Écriture fait de Moïse, et qui convient parfaitement à saint François de Sales; sa douceur a été tout évangélique, et doit nous servir d'instruction et de modèle.

Division. François de Sales, par la force de sa douceur, a triomphé de l'hérésie (1re partie). François de Sales, par l'onction de sa douceur, a rétabli la piété dans l'Église (2e partie).

Première partie. François de Sales, par la force de sa douceur, a triomphé de l'hérésie. En quel état se trouvait le diocèse de Genève lorsqu'il en fut fait évêque? l'hérésie y était dominante, et ce saint pasteur y convertit plus de soixante-dix mille hérétiques. Mais par où s'opéra ce miracle? Ce fut par sa douceur : 1° douceur patiente qui lui rendit tout supportable; 2° douceur entreprenante et agissante qui lui rendit tout possible.

1° *Douceur patiente.* Il a eu à supporter les calomnies, les révoltes, les attentats. Mais sa douceur à souffrir tout et à pardonner tout le faisait aimer de ceux qui s'étaient élevés contre lui, et par là il les gagnait.

2° *Douceur entreprenante et agissante.* Il a paru dans les cours des princes comme un Élie. De tous les avantages qu'ils lui ont offerts, il n'en a accepté aucun; l'unique grâce qu'il en voulut obtenir, ce ut l'extirpation de l'hérésie. Combien de courses apostoliques et de voyages lui en a-t-il coûté! combien de veilles et de travaux! Mais ce qui donnait à cela une merveilleuse efficace, c'était sa douceur : par la doctrine on convainc les esprits, mais par la douceur on gagne les cœurs.

De là, double instruction. 1º Apprenons à estimer la foi par laquelle saint François de Sales a si dignement combattu, et cultivons-la dans nous-mêmes comme il l'a cultivée dans les autres. 2º *Traitons le prochain avec douceur.* C'est par là que nous le corrigerons, plutôt que par une autorité dominante et par une sévérité outrée. Si nous sommes sévères, soyons-le plus pour nous-mêmes que pour les autres.

Deuxième partie. François de Sales, par l'onction de sa douceur, a rétabli la piété dans l'Église. Il l'a rétablie : 1º par la douceur de sa doctrine; 2º par la douceur de sa conduite; 3º par la douceur de ses exemples.

1º *Par la douceur de sa doctrine.* Ce n'est pas qu'elle ne fût très-sévère dans ses maximes; mais l'onction qu'il y mettait, soit en prêchant, soit en conversant, soit en écrivant, lui donnait une grâce particulière et la faisait recevoir avec plus de fruit.

2º *Par la douceur de sa conduite dans le gouvernement des âmes.* Témoin cet ordre illustre de la Visitation qu'il a institué et dont le principal esprit est un esprit de charité.

3º *Par la douceur de ses exemples.* La Providence l'a attaché, ce semble, à une vie assez commune, afin qu'elle nous devînt imitable. Il a borné toute sa sainteté dans les devoirs de son ministère, et c'est surtout dans les devoirs de notre condition que doit consister notre piété; mais, du reste, que cette parfaite observation des devoirs de chaque état coûte dans la pratique! qu'il faut pour cela se faire de violences et remporter de victoires!

XXVI. Disposition nécessaire à l'improvisateur.

Les plus vaillants soldats sont toujours émus au premier coup de canon, et j'ai entendu dire qu'un des plus célèbres généraux de l'empire, qu'on avait surnommé le brave des braves, était chaque fois obligé de descendre de cheval à ce moment solennel; puis il s'élançait au combat comme un lion.

Les fanfarons, au contraire, sont pleins d'assurance avant la bataille, et faiblissent pendant l'action.

Ainsi de ces beaux parleurs, qui se croient en mesure d'aborder tous les sujets, d'affronter tous les auditoires, et qui, dans la bonne opinion qu'ils ont d'eux, ne songent pas même à se préparer sérieusement. Après quelques phrases débitées avec assurance, ils hésitent, s'embarrassent, restent court, ou, s'ils ont assez d'audace pour pousser en avant au milieu de la confusion de leurs pensées et de la divagation de leurs discours, ils bavardent sans se comprendre et noient leurs auditeurs dans les flots de leur intarissable faconde.

Il est donc salutaire d'avoir peur avant de prendre la parole, d'abord pour ne pas s'y exposer légèrement et s'épargner de la confusion; puis surtout, si l'on est obligé de parler, pour considérer mûrement ce qu'on doit dire, étudier sérieusement son sujet, le pénétrer, s'en rendre le maître, et se mettre ainsi en mesure de parler utilement au public.

Cette peur est encore salutaire, en ce qu'elle fait sentir à l'orateur le besoin d'un secours supérieur qui lui donne lumière, force et vie. Les hommes qui ont l'expérience du discours en public, et qui ont été quelquefois éloquents, savent tout ce qu'ils doivent à l'inspiration du moment et à cette puissance mystérieuse qui la donne.

C'est justement parce qu'on a reçu quelquefois cette vertu d'en haut qui nous rend supérieurs à nous-mêmes, qu'on craint d'être réduit à ses propres forces dans cette situation critique, et ainsi de rester au-dessous de la tâche qu'on doit accomplir.

Il y a encore à cette frayeur qui agite l'âme de celui qui va parler une autre cause d'un ordre moins élevé, et qui malheureusement domine la plupart du temps : c'est l'amour-propre, la vanité, qui craint de tomber au-dessous de soi-même et de l'attente des hommes; c'est le désir du succès et de la louange. La parole en public met singulièrement en évidence; elle expose à tous les jugements des hommes. Il n'y a pas de mal sans doute à rechercher l'estime de ses semblables, et l'amour d'une bonne réputation est un motif d'action honorable qui peut produire de bons effets. Mais, poussé à l'excès, il devient l'amour de la gloire, la passion de paraître avec éclat et de faire parler de soi; alors, comme toutes les passions, il est prêt à sacrifier la vérité, la justice et le bien à sa jouissance ou à son triomphe.

Que l'orateur s'inquiète de plaire à ses auditeurs et de les satisfaire, rien de mieux : cette envie le portera à faire de nobles efforts et à déployer tous ses moyens; mais qu'en parlant, cette fin le préoccupe par-dessus tout et que le soin de sa gloire l'inquiète plus que la vérité qu'il doit annoncer, que l'âme des auditeurs qu'il doit éclairer ou édifier, c'est une prévarication; c'est un abus du talent et du ministère qui lui a été confié par la Providence, et tôt ou tard il lui portera malheur. Cette préoccupation excessive de lui-même et de son succès l'agite, le trouble et le rend malheureux : trop souvent elle le pousse à des choses exagérées pour faire de l'effet. Elle lui ôte, avec la simplicité, le sens droit, le tact, le bon goût, et il devient déplaisant à force de vouloir plaire.

Loin de nous cependant la pensée d'interdire à l'orateur l'amour de la gloire, surtout aux orateurs du monde! L'homme encore jeune a besoin de cet aiguillon, qui produit quelquefois des merveilles de travail et de talent, et on peut affirmer qu'en général il faut être bien avancé dans la sagesse et dans la perfection pour s'en passer entièrement. Là même où il devrait le moins se faire sentir, il excite encore trop souvent, et le ministre de la parole sacrée, qui doit s'inspirer de l'esprit d'en haut et rapporter uniquement à Dieu tout ce qu'il peut faire, a bien de la peine à rester insensible à la louange des hommes, la cherchant trop souvent et se faisant ainsi lui-même presque à son insu la fin de sa parole et de son succès. Dans ce cas, les mouvements de la nature et de la grâce se confondent dans son cœur; il est difficile de les discerner et de les séparer. C'est pourquoi tant de personnes s'y trompent, et la piété elle-même a ses illusions.

S'il est bon d'avoir peur avant de parler, il serait cependant nuisible d'avoir trop peur, d'abord parce qu'une grande frayeur trouble la parole, et, en second lieu, parce que, si elle ne vient pas d'un caractère timide, elle naît souvent d'un amour-propre excessif, d'une trop forte attache à la louange, ou de la passion de la gloire, qui l'emporte sur l'amour de la vérité.

Voilà ce qu'il faut tâcher de combattre et de diminuer en soi. Le véritable orateur doit n'avoir en vue que le vrai; il doit s'effacer devant la vérité et la faire paraître seule; ce qui arrive naturellement, spontanément, quand il en est profondément pénétré, quand il s'identifie avec elle par son cœur et par son esprit. Alors il devient grand, puissant, éclatant comme elle. Ce n'est plus lui qui vit, c'est la vérité qui vit, qui agit en lui; sa parole est vraiment inspirée; l'homme disparaît dans la vertu de Dieu, qui se manifeste par son organe, et c'est sa plus belle, sa vraie gloire. Alors aussi se produisent les miracles de l'éloquence, qui changent les volontés et convertissent les âmes.

C'est à ce but que doit tendre l'orateur chrétien. Il doit travailler à se diminuer, à s'anéantir, pour ainsi dire, dans son discours, pour laisser parler et opérer celui dont il est le ministre ; et c'est ce qui a lieu le plus souvent quand il croit n'avoir rien fait, comme aussi, par contre, il arrive quelquefois de ne rien faire par un désir trop ardent et surtout trop naturel de faire beaucoup.

O vous qui avez pris le Seigneur pour héritage et qui préférez à toutes les gloires et à toutes les œuvres de la terre la lumière et le service du Ciel ; vous surtout qui avez la vocation de l'Apôtre, et qui brûlez du désir d'annoncer aux hommes la parole de Dieu, rappelez-vous que, là plus que partout ailleurs, la vertu est dans le désintéressement et la puissance dans l'abnégation de soi-même. Efforcez-vous de ne voir qu'une chose dans le triomphe de la parole, s'il vous est donné : la gloire de Dieu. Ne cherchez qu'une chose, si vous avez reçu le don de toucher les âmes : les ramener à Dieu. Pour cela, combattez, étouffez dans votre cœur les mouvements naturels de l'orgueil, qui depuis le péché tend à tout rapporter à lui, même les dons les plus évidents et les plus précieux, et, toutes les fois que vous aurez à porter au peuple la parole du Ciel, demandez instamment à Dieu la grâce de vous oublier et de ne penser qu'à lui.

(L'abbé BAUTAIN.)

XXVII. Devoirs de l'orateur politique.

L'éloquence parlementaire ne doit pas s'abandonner sans frein à ses transports ; elle a besoin pour plaire, pour convaincre ou pour émouvoir, de guide, de règle, d'expérience, et je dirai à l'orateur :

Entrez en matière avec simplicité et tirez naturellement votre exorde de votre sujet. N'affectez pas une fausse modestie ni un dédain superbe. Ne soyez ni humble ni fier; soyez vrai.

Ne vous noyez pas surtout dans le fastidieux parlage de vos précautions oratoires.

Que votre exposition soit nette, variée, attachante, et que, dans l'ordre ingénieux de vos faits, on voie déjà poindre et surgir l'ordre de vos moyens.

Ne multipliez pas trop vos gestes, de peur qu'on ne fasse que vous regarder au lieu de vous entendre. Que votre voix ne soit ni traînante, ni précipitée, ni sourde, ni criarde, de peur que le son ne préoccupe de l'idée.

Ne récitez pas de mémoire, comme un écolier bien appris et pour vous donner des airs d'improvisation, des discours laborieusement travaillés de la veille, et dont le sténographe du *Moniteur* a déjà peut-être reçu les confidences.

Si vous êtes avocat, ne levez pas douloureusement les yeux et les bras vers Jupiter tonnant, à propos d'une virgule oubliée. Ne parlez pas, comme un bas Normand, le patois des assignations à personne ou domicile. Ne délayez pas une seule idée, et quelle idée ! dans un océan de paroles, et surtout n'oubliez pas, quand vous aurez commencé, de finir.

Si vous êtes savant, n'employez pas des mots techniques pour faire paraître que vous en savez beaucoup plus que nous, et que nous ne sommes pas dignes de les ouïr. Faites plutôt que les ignorants qui vous écoutent se rengorgent en eux-mêmes de penser qu'ils vous comprennent, si bien vous vous mettez à leur portée. Ne vous laissez pas entraîner à des digressions infiniment trop prolongées, et songez que la Chambre n'est pas une académie, que le discours n'est pas une leçon, et que les lois ne doivent pas être rédigées en style d'école.

Emparez-vous fortement de l'attention de l'auditoire. Soulevez sa pitié, ou son indignation, ou ses sympathies, ou ses répugnances, ou sa fierté. Paraissez vous animer de son souffle et recevoir ses inspirations, tandis que c'est vous qui lui communiquerez les vôtres. Quand vous aurez, en quelque sorte, détaché toutes ces âmes de leur corps, qu'elles viendront d'elles-mêmes se grouper au pied de la tribune, et que vous les tiendrez sous la magnétique puissance de votre regard, alors ne les ménagez pas, car elles sont à vous, car on dirait véritablement que toutes ces âmes ont passé dans votre âme. Voyez comme elles en suivent les ondulations et les reflux! Comme elles s'élèvent et s'abaissent! comme elles s'avancent et se retirent! comme elles veulent ce que vous voulez! comme elles font ce que vous faites! Continuez, point de repos! Marchez, pressez votre discours, et vous verrez bientôt toutes les poitrines haleter, parce que votre poitrine est haletante; tous les yeux s'illuminer, parce que vos yeux lancent des flammes, ou se remplir des pleurs de la pitié, parce que vous vous attendrissez. Oui, vous verrez tous les auditeurs suspendus à vos lèvres par les grâces de la persuasion, ou plutôt vous ne verrez plus rien, vous serez dominé vous-même par votre propre émotion; vous plierez, vous succomberez sous votre génie, et vous serez d'autant plus éloquent que vous aurez fait moins d'efforts pour le paraître!

Nouez vos transitions sans embarras, et que la discussion les amène.

Soyez, dans vos rapports, clair, exact, précis, impartial.

Ne cherchez pas à tout dire, mais à bien dire.

Si la Chambre est distraite, ramenez-la par la grandeur de la cause, ou par le sentiment de son devoir. Si elle est tumultueuse, étouffez le bruit sous l'éclat tonnant de votre voix.

(CORMENIN.)

XXVIII. Discours de Mirabeau pour la contribution du quart.

Au milieu de tant de débats tumultueux, ne pourrais-je donc pas ramener à la délibération du jour par un petit nombre de questions bien simples?

Daignez, messieurs, daignez me répondre.

Le premier ministre des finances ne vous a-t-il pas offert le tableau le plus effrayant de notre situation actuelle? Ne vous a-t-il pas dit que tout délai aggravait le péril? Qu'un jour, une heure, un instant pouvaient le rendre mortel?

Avons-nous un plan à substituer à celui de M. Necker? *Oui!* a crié quelqu'un dans l'assemblée. Je conjure celui qui répond *oui* de considérer que son plan n'est pas connu, qu'il faut du temps pour le développer, l'examiner, le démontrer; que, fût-il immédiatement soumis à notre délibération, son auteur a pu se tromper; que, fût-il exempt de toute erreur, on peut croire qu'il s'est trompé; que, quand tout le monde a tort, tout le monde a raison; qu'il se pourrait donc que l'auteur de ce projet, même en ayant raison, eût tort contre tout le monde, puisque, sans l'assentiment de l'opinion publique, le plus grand talent ne saurait triompher des circonstances... Et moi aussi, je ne crois pas les moyens de M. Necker les meilleurs possibles; mais le ciel me préserve, dans une situation aussi critique, d'opposer les miens aux siens.

Il faut donc en revenir au plan de M. Necker.

Mais avons-nous le temps de l'examiner, de sonder ses bases, de vérifier ses calculs? Non, non, mille fois non. D'insignifiantes questions, des conjectures hasardées, des tâtonnements infidèles, voilà tout ce qui, dans ce moment, est en notre pouvoir. Qu'allons-nous donc faire par le renvoi de la délibération? Manquer le moment décisif, acharner notre amour-propre à changer quelque chose à un ensemble que nous n'avons pas même conçu, et diminuer par notre intervention indiscrète l'influence d'un ministre dont le crédit financier est et doit être plus grand que le nôtre... Messieurs, certainement, il n'y a là ni sagesse, ni prévoyance... Mais du moins y a-t-il de la bonne foi?

Oh! si des déclarations moins solennelles ne garantissaient pas notre respect pour la foi publique, notre horreur pour l'infâme mot de banqueroute, j'oserais scruter les motifs secrets, et peut-être, hélas! ignorés de nous-mêmes, qui nous font si imprudemment reculer, au moment de consommer l'acte d'un grand dévouement certainement inefficace, s'il n'est pas rapide et vraiment abandonné. Je dirais à ceux qui se familiarisent peut-être avec l'idée de manquer aux engagements publics, par la crainte de l'excès des sacrifices, par la terreur de l'impôt... Qu'est-ce donc que la banqueroute, si ce n'est le plus inique, le plus inégal, le plus désastreux des impôts?... Mes amis, écoutez un mot, un seul mot.

Deux siècles de déprédations et de brigandages ont creusé le gouffre où le royaume est prêt de s'engloutir. Il faut le combler, ce gouffre effroyable. Eh bien! voici la liste des propriétaires français. Choisissez parmi les plus riches, afin de sacrifier moins de citoyens. Mais choisissez; car ne faut-il pas qu'un petit nombre périsse pour sauver la masse du peuple? Allons, ces deux mille notables possèdent de quoi combler le déficit. Ramenez l'ordre dans vos finances, la paix et la prospérité dans le royaume. Frappez, immolez sans pitié ces tristes victimes, précipitez-les dans l'abîme; il va se refermer.... Vous reculez d'horreur... hommes inconséquents! hommes pusillanimes!... Eh! ne voyez-vous pas qu'en décrétant la banqueroute, ou, ce qui est plus odieux encore, en la rendant inévitable sans la décréter, vous vous souillez d'un acte mille fois plus criminel, et, chose inconcevable! gratuitement criminel? Car enfin, cet horrible sacrifice ferait du moins disparaître le *déficit*. Mais croyez-vous, parce que vous n'aurez pas payé, que vous ne devrez plus rien? Croyez-vous que les milliers, que les millions d'hommes, qui perdront en un instant, par l'explosion terrible ou par ses contre-coups, tout ce qui faisait la consolation de leur vie, et peut-être leur unique moyen de la sustenter, vous laisseront paisiblement jouir de votre crime? Contemplateurs stoïques des maux incalculables que cette catastrophe vomira sur la France; impassibles égoïstes, qui pensez que ces convulsions du désespoir et de la misère passeront comme tant d'autres, et d'autant plus rapidement qu'elles seront plus violentes, êtes-vous bien sûrs que tant d'hommes sans pain vous laisseront tranquillement savourer les mets dont vous n'aurez voulu diminuer ni le nombre ni la délicatesse?... Non, vous périrez, et, dans la conflagration universelle que vous ne frémissez pas d'allumer, la perte de votre honneur ne sauvera pas une seule de vos détestables jouissances!

Voilà où nous marchons... J'entends parler de patriotisme, d'invocations au patriotisme. Ah! ne prostituez pas ces mots de patrie et de patriotisme. Il est donc bien magnanime, l'effort de donner une portion de son revenu pour sauver tout ce qu'on possède! Eh! messieurs, ce n'est là que de la simple arithmétique, et celui qui hésitera ne peut désarmer l'indignation que par le mépris que doit inspirer sa stupidité. Oui, messieurs, c'est la prudence la plus ordinaire, c'est la sagesse la plus triviale, c'est votre intérêt le plus grossier que j'invoque. Je ne vous dis plus comme autrefois : Donnerez-vous les premiers aux nations le spectacle d'un peuple assemblé pour manquer à la foi publique? Je ne vous dis plus : Eh! quels titres avez-vous à la liberté? quels moyens vous resteront pour la maintenir, si dès votre premier pas vous surpassez les turpitudes des gouvernements les plus corrompus; si le besoin de votre concours et de votre surveillance n'est pas le garant de votre constitution?... Je vous dis : Vous serez tous entraînés dans la ruine universelle; et les premiers intéressés au sacrifice que le gouvernement vous demande, c'est vous-mêmes.

Votez donc ce subside extraordinaire; et puisse-t-il être suffisant! Votez-le, parce que, si vous avez des doutes sur les moyens (doutes vagues et non éclaircis), vous n'en avez pas sur sa nécessité et sur notre impuissance à le remplacer, immédiatement du moins. Votez-le, parce que les circonstances publiques ne souffrent aucun retard et que nous serions comptables de tout délai. Gardez-vous de demander du temps : le malheur n'en accorde jamais... Eh! messieurs, à propos d'une ridicule motion du Palais-Royal, d'une risible insurrection qui n'eut jamais d'importance que dans les imaginations faibles ou dans les desseins pervers de quelques hommes de mauvaise foi, vous avez entendu naguère ces cris forcenés : *Catilina est aux portes de Rome, et l'on délibère!* Et certes, il n'y avait autour de nous ni Catilina, ni périls, ni factions, ni Rome... Mais aujourd'hui la banqueroute, la hideuse banqueroute est là; elle menace de consumer vous, vos propriétés, votre honneur... et vous délibérez!

XXIX. Discours d'O'Connell au meeting de Clare.

Mes amis, écoutez la bonne nouvelle. Le repeal arrive marchant à grands pas, nous allons l'avoir, il ne se fera pas attendre (on applaudit). Clare a parlé de nouveau. L'Irlande va redevenir libre! La voix de Clare s'est fait entendre puissante comme la tempête, prompte comme l'éclair. Son éclat a ranimé la vieille Irlande et fait trembler Wellington de Waterloo, et son confident Peel, le jeune fileur (allusion à la profession du père de sir Robert Peel). Hommes de Clare, si je n'ai pas eu l'honneur de naître parmi vous, je vous appartiens cependant. Des membres de ma famille ont versé leur sang sur votre territoire; plusieurs y ont reçu la sépulture. Oui, les restes de mes ancêtres sont à Clare. Le général O'Connell, qui commandait une division d'Irlandais à Anghrim, solide à son poste, y a reçu la mort pour l'Irlande; il a été inhumé à Inagh, dans votre comté. Ses ossements reposent près de vous; mais l'esprit qui l'animait vit encore dans ses descendants, et nous pouvons dire avec le poëte : « Nos amis sont près de nous, les ennemis que nous détestons sont devant nous! (Applaudissements.) Ces ennemis détestés sont Peel et Wellington. Mais montrez le drapeau qui flotte au sommet de la montagne la plus escarpée de l'Irlande, et voyons un peu la main qui osera toucher ce pavillon! (On applaudit.)

Savez-vous, mes amis, à combien d'hommes j'ai fait entendre depuis quinze jours des paroles de liberté et de légalité? A deux millions au moins, tous aussi sages que déterminés, à la tête desquels on pourrait conquérir l'Europe et l'Asie! Et ce qui fait la force de vos phalanges innombrables, c'est qu'elles n'appelleront pas à leur aide la force physique par l'agression. Si pourtant elles étaient attaquées, elles sauraient s'en servir pour faire bonne défense ! Mais il faudrait être vraiment fou pour s'attaquer à un peuple comme le peuple irlandais...

Je suis fier, oui, je l'avoue hautement, je suis fier... Je suis fier de cette journée, fier de Clare, de la glorieuse Clare. De Bailly-Corce, dont le nom, dans notre langue, signifie champ de bataille, nous avons fait un lieu de paix et de tranquillité : il occupera une noble place dans les annales de l'histoire d'Irlande...

Irlande ! ô ma patrie ! ton soleil commence à briller, et ton éclat est beau ; car, ainsi que l'a dit le poëte, les nations ont péri, et toi, tu es jeune encore. Ton soleil se lève au moment où d'autres se couchent, et bien que le nuage de l'esclavage ait pu un instant obscurcir le ciel, l'astre étincelant de la liberté va luire sur toi plus resplendissant que jamais.

XXX. Éloquence du barreau.

L'éloquence qui convient au barreau, soit dans les discours qu'on y prononce, soit dans les mémoires écrits, est d'un genre calme et tempéré, qui s'allie avec une manière de raisonner serrée et rigoureuse. On peut y permettre à l'imagination quelques mouvements, afin d'animer un sujet aride et de soulager l'attention fatiguée ; mais c'est une ressource dont il faut user sobrement : car un style fleuri, une manière brillante, ne manquent jamais d'exciter la défiance du juge. Les ornements ôtent du poids aux paroles de celui qui plaide, et font toujours soupçonner que ses arguments sont faibles ou peu solides. Au barreau, l'orateur doit surtout s'attacher à la pureté et à la justesse de l'expression : il doit donner à son style le mérite de la clarté et de la propriété ; ne pas le surcharger inutilement de termes de droit et de pratique, sans éviter toutefois ces termes avec affectation, lorsque le sujet en requiert l'emploi.

La verbosité est un défaut fort généralement reproché aux orateurs du barreau, et dans lequel jette presque inévitablement l'habitude de parler et d'écrire aussi rapidement et avec aussi peu de préparation qu'ils sont souvent obligés de faire. On ne saurait donc trop recommander aux jeunes avocats de se mettre en garde contre le penchant qui les y porte, surtout alors que leurs occupations encore peu nombreuses leur laissent le loisir de préparer leurs discours. Qu'ils s'accoutument principalement, lorsqu'ils écrivent, à ce style énergique et correct, qui exprime bien plus de choses en peu de mots, que cette suite éternelle de périodes sans fin. Une fois qu'ils en auront contracté l'habitude, ils s'en serviront naturellement lorsque la multiplicité de leurs affaires ne leur permettra plus de se préparer. Au lieu que s'ils emploient d'abord un style diffus et négligé, ils ne pourront jamais, dans la suite, s'exprimer avec grâce et énergie, même quand la nature du sujet qu'ils traiteront leur présentera l'occasion de déployer tous leurs moyens.

La clarté est le principal mérite d'un discours prononcé au barreau. On doit en mettre d'abord dans l'exposition de la question, lorsqu'on place en évidence le point qui fait l'objet de la discussion; lorsqu'on admet ou qu'on réfute un raisonnement; lorsqu'on détermine l'endroit où commence le dissentiment entre le demandeur et le défendeur. Elle doit présider ensuite à l'ordre et à l'arrangement de toutes les parties du plaidoyer. Une méthode claire est de la plus grande importance dans un discours de quelque genre qu'il soit, mais elle fait tout dans ces questions si embrouillées et si épineuses qui s'agitent au barreau. Aussi l'on ne saurait donner une trop grande attention au plan que l'on se propose de suivre. La confusion et le désordre ne produisent point la conviction, et répandent sur la cause que l'on défend une obscurité qui souvent lui est funeste.

Quand un avocat réfute les arguments de son adversaire, il doit prendre garde de les défigurer ou de les placer sous un faux jour. La ruse est vite découverte; elle est aussitôt démasquée, et inspire aux juges et aux auditeurs un sentiment de défiance; elle présente l'orateur comme manquant de discernement ou de franchise. Au contraire, lorsqu'on le voit exposer avec candeur et exactitude les arguments dont on s'est servi contre lui, avant de s'occuper à les combattre, il en naît à l'instant une prévention en sa faveur. On présume qu'il a une idée claire et complète de tout ce qu'on peut dire de part et d'autre, qu'il se confie pleinement en la bonté de sa cause et qu'il n'a pas le dessein de la soutenir par des artifices et des réticences; et le juge se sent disposé à recevoir avec plus de confiance les impressions que lui donne un orateur qui fait preuve d'intelligence et de probité.

(Hugues Blair.)

XXXI. Extrait du plaidoyer de Lally-Tolendal pour la réhabilitation de la mémoire de son père.

Enfin, messieurs, pour sentir combien mes demandes sont, je ne dis pas seulement justes, mais excessivement modérées, rappelez-vous ce trait par lequel mon adversaire a fini; ce trait, qui est encore du nombre de ceux qui n'ont jamais eu d'exemple; cette évocation de l'ombre de mon père; ce discours qu'on m'a fait adresser par elle, et que je regarde comme la mesure de ce que la cruauté d'un homme peut inventer, et de ce que la sensibilité d'un autre peut souffrir.

Et vous avez voulu parler des droits de la nature! et vous êtes père! Que dis-je? Le cri public annonce de toute part que vous devez réclamer ce titre auprès de vos juges, que vous devez fixer leurs regards, appeler leur intérêt sur cet enfant que le ciel vous a donné. Ah! je serai peut-être le premier à répandre des larmes, si cette scène s'exé-cute. Je le respecte, cet enfant, son âge, sa candeur, les vertus dont ses traits offrent le présage. Je n'ai pu, sans émotion, le voir à vos côtés pendant toutes nos audiences. Je suis loin d'avoir osé contre vous ce que vous avez osé contre moi, quoique vous fussiez l'agresseur; mais je vous jure que je n'aurais jamais eu le courage de plaider devant lui, si son enfance ne lui eût épargné le chagrin de me comprendre. Je change les positions pour un instant. Je suppose, ce qu'à Dieu ne plaise! que vous descendiez aujourd'hui au tombeau, que votre fils soit dans un âge raisonnable, et que je poursuive contre lui la réparation des outrages dont vous avez accablé mon père et moi. Croyez que je lui demanderais pardon, à votre fils, de la nécessité cruelle à laquelle je serais réduit. Croyez que je lui dirais : « Votre père a eu des vertus, votre père a eu « des époques glorieuses dans sa vie. Plus d'une fois il a « ravi, dit-on, l'admiration publique. Il a été une cause, « et c'était la cause d'une mère, dans laquelle il a fait « couler les larmes de tous ceux qui l'écoutaient. Il a été « une autre cause, et c'était la cause de la patrie, dans « laquelle il a enflammé d'un enthousiasme héroïque, « dans laquelle il a élevé au-dessus d'eux-mêmes et les « magistrats et les citoyens dont il était environné. Mais il « a eu un instant de passion, et cette passion a produit « sur lui ce qu'elle produit sur tous les hommes; elle l'a « rendu cruel et injuste. Il a calomnié mon père; il m'a

« calomnié moi-même. Je puis vous sacrifier mon injure;
« mais je ne puis ni ne dois vous sacrifier celle de mon
« père. Je dois prouver que mon père était innocent;
« tâchez de prouver que le vôtre n'était pas coupable;
« tâchez de prouver que, s'il a cherché à tromper les
« autres, du moins il était trompé lui-même; que, si sa
« bouche a dit le mensonge, du moins son cœur n'a pas
« connu la vérité. » Voilà, monsieur, ce que je dirais à
votre fils. Mais faire une recherche barbare des injures les
plus sanglantes pour vous en accabler en sa présence!
Mais vous prodiguer devant lui les noms d'*imposteur*, de
lâche, de *prévaricateur*, de *traître*! Mais vous haïr davantage, mais le haïr lui-même parce qu'il vous défendrait!
Mais mettre mon orgueil et ma joie à le désespérer, à le
déchirer! Mais, pour goûter cette joie coupable, offenser
jusqu'aux premiers sentiments, renverser jusqu'aux premières lois de la nature, abattre d'une main sacrilége la
barrière qui sépare les vivants et les morts, vous faire
sortir de votre tombeau, pour dire à ce malheureux enfant : *Ne m'imitez pas, mon fils, ne me défendez pas...*;
j'aimerais mieux mille fois y descendre moi-même.

Ah! messieurs, je vous demande justice, et vous me la
devez. Qui de vous n'a pas senti tout ce que je devais
éprouver? Qui de vous n'a pas frémi de tous les chagrins
qui sont venus fondre sur moi? Eh! que parlé-je de chagrins? A peine ai-je pu me garantir des remords, depuis
ce moment affreux Cette ombre que l'on a évoquée pour
l'insulter avec tant d'inhumanité, je n'ai plus cessé de la
voir. Elle est restée attachée à mes pas, plaintive, désolée,
me demandant vengeance et accusant ma faiblesse. Le
jour, la nuit, à cet instant plus que jamais, sa douleur
me poursuit, son aspect me déchire, ses reproches m'ac-
cablent. Je l'entends qui me crie : « Mon fils! et tu étais
« présent, et j'ai été outragé à ce point! tu as pu l'écou-

« ter, et tu as pu le laisser achever, ce discours impie que
« l'on a prêté à ton père! tu ne t'es pas élevé dès le pre-
« mier mot! tu n'as pas imposé silence à la voix qui blas-
« phémait la nature et la vérité! Moi, t'exhorter à *ne pas*
« *m'imiter!* Ah! j'eus des défauts sans doute, et c'est le
« partage de l'humanité; mais dis, crois-tu pouvoir ja-
« mais être plus attaché à tes devoirs, plus fidèle à ta pa-
« trie, plus idolâtre de ton roi, plus prodigue de ton sang
« pour l'une et pour l'autre, que ton père ne l'a été? Moi,
« t'exhorter à *ne pas me défendre!* Tu sais si c'est là ce
« que j'ai demandé, ce que j'ai attendu de toi en mou-
« rant! tu as lu mes derniers écrits, tu as entendu ceux
« qui ont reçu mes dernières paroles : tu sais si, dans le
« fond de mon cachot, si, à la face des autels témoins de
« ma condamnation, si, en descendant de l'horrible tom-
« bereau dans lequel ils m'avaient garrotté, si, à l'aspect
« de l'échafaud qui allait recevoir mon sang, si, en posant
« le pied sur le funeste échelon, j'ai tracé une seule ligne,
« proféré un seul mot, fait un seul geste qui ne fût un
« garant de mon innocence! Ma voix, ma voix fût restée
« libre, lorsqu'on me traînait au supplice, si elle eût parlé
« le langage qu'on ose me faire tenir quand je n'existe
« plus pour les confondre. Les cruels! ils ont voulu m'ôter
« l'honneur; ils ont réussi à m'ôter la vie, et ils ne veulent
« pas même me laisser reposer en paix au sein de la mort
« que je leur dois. Ils viennent m'arracher à mon lugubre
« asile, pour me faire dévorer encore de nouvelles in-
« sultes, et, ne sachant plus quels tourments inventer, ils
« ont fini par forcer ma bouche à me calomnier, après
« l'avoir empêchée autrefois de me défendre. Et tu l'as
« souffert! qu'est devenue ta tendresse? qu'est devenu
« ton courage? N'ai-je plus de vengeur? n'ai-je plus de
« fils?... »

Arrêtez, ombre chère et sacrée, arrêtez! Oui, vous avez

un fils, et il est toujours le même; pénétré de vos vertus, et brûlant de les imiter, convaincu de votre innocence, et ne respirant que pour la défendre; mon père, mon malheureux père! vous m'avez donné, vous m'avez laissé une vie d'amertume et de désespoir : eh bien! je le jure par vous, j'en atteste le ciel, je ne changerais pas ma douloureuse existence contre l'existence la plus brillante qui m'enlèverait à votre défense. Croyez que tous les supplices qui peuvent accabler l'humanité se sont rassemblés sur votre fils, dans l'instant où vous avez été si cruellement outragé; croyez que j'ai remporté la victoire la plus difficile peut-être qu'il soit donné à l'homme de remporter; mais croyez surtout que je n'ai pu la remporter que pour vous. Non, et je le dis sans crainte devant des magistrats qui sont hommes avant d'être juges, non, mon respect pour les lois et leurs ministres, quelque profond qu'il soit, n'aurait pas suffi à lui seul pour me contenir; mais j'ai songé que je les invoquais pour vous; j'ai songé qu'il était utile à votre cause qu'on vît se déployer dans toute son étendue la barbarie de vos ennemis; et je me suis immolé moi-même, dans l'espoir que le sacrifice de la nature tournerait au profit de l'innocence.

XXXII. Napoléon orateur.

Vouloir qu'Alexandre, César, Napoléon, n'eussent pas été maîtres, en quelque lieu et en quelque temps qu'ils eussent vécu, c'est oublier, c'est méconnaître leur nature, leur génie et leur destinée.

Le fils du Macédonien, l'élève d'Aristote, s'empara par son éloquence, aussi bien que par ses triomphes, de l'imagination des Grecs et des Barbares. César domina les légions romaines par l'ascendant de sa parole. Napoléon prit tout à coup, sur les vieux généraux de la république, sur son armée et sur la nation, l'empire irrésistible de la victoire et du génie.

On trouve dans les proclamations, bulletins et ordres du jour de Napoléon, de la vertu militaire, l'art de l'orateur et le sens profond et délié du politique. Ce n'est pas seulement un général qui parle, ce n'est pas un roi, ce n'est pas un homme d'État, c'est tout cela à la fois. Si Napoléon a été un orateur complet, c'est qu'il était un homme complet; s'il a tout dit, c'est qu'il lui était permis de tout dire. Quelle force, quelle splendeur n'a point le génie uni à la puissance! Quelle autorité la parole de ce ravageur des peuples, de ce fondateur d'États, ne devait-elle pas tirer de la majesté du commandement suprême, de l'éminence et de la perpétuité du généralat, du nombre immense de ses troupes, de leur fidélité et de leur dévouement, de l'éclat multiplié de ses victoires, de la nouveauté, de la soudaineté, de la hardiesse et de la grandeur extraordinaire de ses entreprises!

Napoléon a réuni toutes les conditions de l'audace personnelle, de la souveraine puissance et des talents politiques et guerriers, à un plus haut degré qu'aucun autre capitaine des temps modernes, et c'est pour cela qu'il leur est, de tout point, incomparable.

Mais c'est dans les harangues politiques que se révèle surtout Napoléon; il s'improvisa orateur comme il s'improvisa général. Ce qui étonne surtout dans un jeune homme, c'est la fécondité, la souplesse, la finesse de son génie. Il sait ce qu'il doit dire, ce qu'il doit faire, ce qu'il doit être envers tous en toute occasion. Personne ne le lui a appris, et il le sait. Avec le pape, il est respectueux, tout en prenant ses villes. Avec le prince Charles, il a la hauteur d'un égal et la courtoisie d'un chevalier. Il recommande la discipline; il honore les artistes et les savants;

il protége la religion, la propriété, les femmes et les vieillards; il met des sentinelles à la porte des églises.....

A peine a-t-il conquis un territoire qu'il l'administre; ce n'est pas au nom du Directoire qu'il traite, c'est au nom de Bonaparte. Ce n'est pas en généralissime de l'armée qu'il débute, c'est en maître.

Les vieux généraux frémissent devant ce guerrier adolescent; ils ne peuvent soutenir ces brèves paroles qui les interrogent, ce regard qui les perce, cette volonté qui les subjugue. Ils se sentent à la fois attirés et contenus. Ils se rangent, ils admirent, ils se taisent, ils obéissent, et le reste de l'armée avec eux.

Sa manière de haranguer n'a rien de semblable chez les modernes ou dans l'antiquité. Il parle comme s'il était, non sur un tertre ordinaire, mais sur une montagne. On dirait qu'il a lui-même cent coudées de haut. Il ne s'arrête point aux ennemis qu'il va combattre, ni aux lieux qu'il traverse en courant. Il fait la revue de l'Europe et du monde. Son armée n'est point une simple armée. C'est la grande armée. Sa nation n'est point une simple nation, c'est la grande nation. Il raye les empires de la carte. Il scelle les nouveaux royaumes qu'il institue du pommeau de son épée. Il prononce sur les dynasties, au milieu de la foudre et des éclairs, les arrêts du destin.

(CORMENIN, Livre des Orateurs.)

XXXIII. Adieux de Fontainebleau.

Soldats! je vous fais mes adieux. Depuis vingt ans que nous sommes ensemble, je suis content de vous. Je vous ai toujours trouvés au chemin de la gloire. Toutes les puissances de l'Europe se sont armées contre moi. Quelques-uns de mes généraux ont trahi leur devoir et la

France. Elle-même a voulu d'autres destinées : avec vous et les braves qui me sont restés fidèles, j'aurais pu entretenir la guerre civile; mais la France eût été malheureuse. Soyez fidèles à votre nouveau roi; soyez soumis à vos nouveaux chefs et n'abandonnez pas notre chère patrie. Ne plaignez pas mon sort; je serai heureux lorsque je saurai que vous l'êtes vous-mêmes. J'aurais pu mourir; si j'ai consenti à survivre, c'est pour servir encore à votre gloire. J'écrirai les grandes choses que nous avons faites... Je ne puis vous embrasser tous, mais j'embrasse votre général. Venez, général Petit, que je vous presse sur mon cœur! Qu'on m'apporte l'aigle! que je l'embrasse aussi! Ah! chère aigle, puisse ce baiser que je te donne retentir dans la postérité! Adieu, mes enfants; mes vœux vous accompagneront toujours; gardez mon souvenir!

XXXIV. Éloquence académique.

MIRABEAU ET MARIE-ANTOINETTE.

Avec ses tergiversations, ses chutes, ses retours, Mirabeau est un étonnant mélange de faiblesse et de grandeur d'âme; aimable, fier, séduisant, superbe, mais condamné à être à lui-même son plus grand obstacle. On le voit jurant d'effacer ses fautes par de gigantesques labeurs, par un indomptable courage; mais manquant toujours, même aux yeux d'un public corrompu, de l'autorité que la seule vertu donne à l'éloquence. Il dit, en gémissant de ses désordres : « Je pourrais les expliquer, mais je ne veux pas les excuser; » et il les recommence. Tantôt il supplie la cour de lui permettre d'écraser l'ennemi, et tantôt il se livre aux ébullitions de sa verve révolutionnaire pour faire sentir sa force et désirer son concours. Aristocrate pa instinct, royaliste et libéral par raisonnement, il veut le rétablissement, non de l'ordre ancien, mais de l'ordre, non la contre-révolution, mais la *contre-constitution*; il déclare que la prérogative royale est le plus précieux domaine des peuples; il se proclame le défenseur du pouvoir monarchique réglé par les lois, et l'apôtre de la liberté garantie par le pouvoir monarchique; et, en même temps, par une tactique aussi déloyale qu'imprudente, sans craindre la contradiction flagrante de sa conduite publique avec ses engagements de conscience, il pousse l'Assemblée dans les voies de la violence et de la persécution.

A la fin, le bien l'emporte. Il concentre toute sa politique sur les moyens de raviver le pouvoir exécutif; il fait maintenir la formule : *Par la grâce de Dieu*, dans les actes de la royauté ; il jure de désobéir à la première loi de proscription contre les émigrés. « Personne, disait-il « fièrement à Malouet, personne ne croira que j'ai vendu « la liberté de mon pays, que je lui prépare des fers. Je « dirai, oui je leur dirai : Vous m'avez vu luttant contre « la tyrannie, et c'est elle que je combats encore. Prenez « bien garde que je suis le seul, dans cette horde patrio-« tique, qui puisse parler ainsi sans faire volte-face. Je « n'ai jamais adopté leur roman, ni leur métaphysique, « ni leurs crimes inutiles. » Mais il ne devait pas avoir le bonheur de réparer le mal qu'il avait fait : la mort le saisit au moment où il se croyait sûr de sauver la monarchie, la France et sa propre gloire. Il avait trop longtemps spéculé sur les passions humaines, trop manœuvré, trop louvoyé, trop compté sur lui-même, trop oublié Dieu. Comme il touchait au but, Dieu l'arrêta pour lui signifier la terrible parole que lui seul a le droit de prononcer : Il est trop tard !

Il lui fut du moins donné, avant de succomber, de s'incliner devant la reine, d'en obtenir son pardon, de lui offrir quelques espérances, quelques illusions consolantes. Connaissez-vous, messieurs, un spectacle plus émouvant que celui de Mirabeau devant Marie-Antoinette, et ne comprenez-vous pas ce respect, cet attrait, cet hommage attendri de l'homme en qui semblait s'incarner le génie de la Révolution pour la femme qui devait en être la plus noble victime ?... Pour moi, j'avoue que dans les annales de la France et du monde, je ne sais rien, je n'imagine rien de plus saisissant et de plus douloureux que la destinée de Marie-Antoinette. Qui ne se sent comme éperdu de douleur et d'admiration devant ce contraste tragique entre l'éclat incomparable des dix premières années de son règne et les ignominies dont sa fin fut abreuvée; devant cette vertu charmante, ce bon sens si aimable et si méconnu, ce sang-froid, cette patience sereine, cette décision qui faisait dire à Mirabeau : « *Le roi n'a qu'un homme, c'est sa femme.* » Épouse, sa fidélité va jusqu'à paralyser son énergie naturelle; chrétienne, elle se résigne à tout, excepté à une apparence de complicité avec le schisme; mère, elle venge toutes les mères par le cri sublime qui confond ses accusateurs. Son cœur, modeste et calme, grandit toujours avec sa destinée, jusqu'à ce qu'il soit à la hauteur de cet échafaud où devait monter la fille de Marie-Thérèse, après le petit-fils de Louis XIV.

Non, la France n'a point encore expié ce crime, le plus grand de tous ceux qu'elle a laissé commettre. Un jour viendra peut-être où elle élèvera un autel dans le cœur repentant de chacun de ses enfants à cette martyre de nos égarements. Ce jour-là nous serons *désaveuglés*. Le mot n'est pas français; je le sais : mais il est de la reine de France, il est de Marie-Antoinette, et vous ne le répudierez pas.

(MONTALEMBERT, Discours de réception.)

XXXV. Bornes où doit se renfermer la philosophie.

Quelles sont donc, en matière de religion, les bornes où doit se renfermer l'esprit philosophique? Il est aisé de le dire : la nature elle-même l'avertit à tout moment de sa faiblesse, et lui marque, en ce genre, les étroites limites de son intelligence. Ne sent-il pas, à chaque instant, quand il veut avancer trop avant, ses yeux s'obscurcir et son flambeau s'éteindre? C'est là qu'il faut s'arrêter. La foi lui laisse tout ce qu'il peut comprendre ; elle ne lui ôte que les mystères et les objets impénétrables. Ce partage doit-il irriter la raison? Les chaînes qu'on lui donne ici sont aisées à porter, et ne doivent paraître trop pesantes qu'aux esprits vains et légers. Je dirai donc aux philosophes : Ne vous agitez point contre ces mystères que la raison ne saurait percer. Attachez-vous à l'examen de ces vérités qui se laissent approcher, qui se laissent en quelque sorte toucher et manier, et qui vous répondent de toutes les autres : ces vérités sont des faits éclatants et sensibles, dont la religion s'est comme enveloppée tout entière, afin de frapper également les esprits grossiers et subtils. On livre ces faits à votre curiosité : voilà les fondements de la religion. Creusez donc autour de ces fondements; essayez de les ébranler; descendez avec le flambeau de la philosophie jusqu'à cette pierre antique, tant de fois rejetée par les incrédules et qui les a tous écrasés; mais lorsque, arrivés à une certaine profondeur, vous aurez trouvé la main du Tout-Puissant qui soutient, depuis l'origine du monde, ce grand et majestueux édifice toujours affermi par les orages mêmes et le torrent des années, arrêtez-vous enfin, et ne creusez pas jusqu'aux enfers. La philosophie ne saurait vous mener plus loin sans vous égarer : vous entrez dans les abîmes de l'infini ;

elle doit ici se voiler les yeux comme le peuple, adorer sans voir, et remettre l'homme avec confiance entre les mains de la foi. La religion ressemble à cette nuée miraculeuse qui servait de guide aux enfants d'Israël dans le désert : le jour est d'un côté, et la nuit de l'autre. Si tout était ténèbres, la raison, qui ne verrait rien, s'enfuirait avec horreur loin de cet affreux objet ; mais on vous donne assez de lumière pour satisfaire à un œil qui n'est pas curieux à l'excès. Laissez donc à Dieu cette nuit profonde où il lui plaît de se retirer, avec sa foudre et ses mystères.

Mais vous direz peut-être : Je veux entrer avec lui dans la nue ; je veux le suivre dans les profondeurs où il se cache ; je veux déchirer ce voile qui me couvre les yeux, et regarder de plus près ces objets mystérieux qu'on écarte avec tant de soin. C'est ici que votre sagesse est convaincue de folie, et qu'à force d'être philosophe vous cessez d'être raisonnable. Téméraire philosophe ! pourquoi vouloir atteindre des objets plus élevés au-dessus de toi que le ciel n'est élevé au-dessus de la terre ? Pourquoi ce chagrin superbe de ne pouvoir comprendre l'infini ? Ce grain de sable que je foule aux pieds est un abîme que tu ne peux sonder, et tu voudrais mesurer la hauteur et la profondeur de la sagesse éternelle ! Et tu voudrais forcer l'être qui renferme tous les êtres à se faire assez petit pour se laisser embrasser tout entier par cette pensée trop étroite pour embrasser un atome ? La simplicité crédule du vulgaire ignorant fut-elle jamais aussi déraisonnable que cette orgueilleuse raison qui veut s'élever contre la science de Dieu ?

(GUÉNARD.)

XXXVI. Éloquence des historiens.

LA PROVIDENCE DE DIEU DANS LES RÉVOLUTIONS DES EMPIRES.

Souvenez-vous que ce long enchaînement des causes particulières, qui font et défont les empires, dépend des ressorts secrets de la divine Providence. Dieu tient du plus haut des cieux les rênes de tous les royaumes, il a tous les cœurs en sa main : tantôt il retient les passions, tantôt il leur lâche la bride, et par là il remue tout le genre humain. Veut-il faire des conquérants? il fait marcher l'épouvante devant eux, et il inspire à eux et à leurs soldats une hardiesse invincible. Veut-il faire des législateurs? il leur envoie son esprit de sagesse et de prévoyance, il leur fait prévenir les maux qui menacent les États, et poser les fondements de la tranquillité publique. Il connaît la sagesse humaine, toujours courte par quelque endroit; il l'éclaire, il étend ses vues, et puis il l'abandonne à ses ignorances; il l'aveugle, il la précipite, il la confond par elle-même; elle s'enveloppe, elle s'embarrasse dans ses propres subtilités, et ses précautions lui sont un piége. Dieu exerce par ce moyen ses redoutables jugements, selon les règles de sa justice toujours infaillible. C'est lui qui prépare les effets dans les causes les plus éloignées, et qui frappe ces grands coups dont le contre-coup porte si loin. Quand il veut lâcher le dernier et renverser les empires, tout est faible et irrégulier dans les conseils. L'Égypte, autrefois si sage, marche enivrée, étourdie et chancelante, parce que le Seigneur a répandu l'esprit de vertige dans ses conseils; elle ne sait plus ce qu'elle fait, elle est perdue. Mais, que les hommes ne s'y trompent pas, Dieu redresse, quand il lui plaît, le sens égaré, et celui qui insultait à l'aveuglement des autres tombe lui-même dans des ténèbres plus épaisses, sans qu'il faille souvent autre chose, pour lui renverser le sens, que ses longues prospérités.

(Bossuet.)

XXXVII. Éloquence de la poésie.

LE SEIGNEUR INTERROGE JOB SUR LES MYSTÈRES DE LA NATURE.

Prépare-toi, je t'interrogerai, tu me répondras. Où étais-tu quand je jetais les fondements de la terre? Dis-le-moi, si tu le sais. Sais-tu qui en a posé les limites? Sais-tu qui en a tracé le plan? Qu'étais-tu lorsque les astres du matin vinrent pour la première fois me louer de concert et que tous les enfants de Dieu publièrent leur joie? Sais-tu qui a emprisonné la mer dans ses rivages, lorsqu'elle se débordait en sortant du sein de sa mère, lorsque pour vêtement je lui donnai des nuées et que je l'enveloppais d'obscurités comme des langes de l'enfance? C'est moi qui ai marqué ses bornes et qui lui ai imposé des barrières, et je lui ai dit : Tu viendras jusque-là, et tu n'iras pas plus loin; là tu briseras l'orgueil de tes flots! Est-ce toi qui, depuis ta naissance, as commandé à l'étoile du matin, et as-tu montré à l'aurore le lieu de son lever? Est-ce toi qui tiens dans tes mains les deux bouts de la terre? Est-ce toi qui les secoues et en fais tomber les impies? Es-tu entré dans les gouffres de la mer? As-tu porté tes pas dans les confins de l'abîme? Les portes de la nuit se sont-elles ouvertes devant toi? Ton œil a-t-il percé ses ténébreuses demeures?... As-tu considéré l'étendue de la terre? Dis-moi, si tu le sais, dans quelle région habite la lumière, quel est le lieu où résident les ténèbres. As-tu su dès le commencement que tu devais naître? As-tu compté le nombre de tes jours? As-tu sondé les trésors de la neige? As-tu vu les trésors de la grêle, de ce fléau que j'ai préparé pour le jour de la guerre, pour le jour où je veux perdre l'ennemi? Par quelle route se répand la lumière, et la chaleur tombe-t-elle sur la terre? Qui a donné leur cours aux pluies impétueuses? Qui a ouvert la voie du tonnerre retentissant? Quel est le père de la pluie, et qui a produit les gouttes de la rosée? De quel sein la glace est-elle sortie, et qui a enfanté la gelée du ciel? Qui durcit les eaux comme la pierre, et qui ferme l'entrée de l'abîme? Pourras-tu arrêter le cours des brillantes Pléiades, ou bien pourras-tu dissiper celui de l'Ourse? Élèveras-tu ta voix dans les nues, et le torrent des eaux fondra-t-il sur toi? Feras-tu partir les tonnerres; et, revenant à toi, te diront-ils : Nous voici? Est-ce toi qui as donné la force au cheval, et qui as hérissé son cou d'une mouvante crinière? Le feras-tu bondir comme la sauterelle? Son hennissement, c'est la voix de la terreur; il creuse du pied la terre; il s'élance avec audace; il court au-devant des armes; il se rit de la peur; il affronte le glaive. Vienne le carquois à retentir sur lui, viennent à frissonner le bouclier et la lance, il bouillonne, il frémit, il dévore la terre, il ne peut croire dans son ivresse que la trompette l'appelle; l'a-t-il comprise, il se dit : Va! De loin, il savoure l'odeur des combats, la voix tonnante des chefs et le cri des armées. A ta voix l'aigle s'élèvera-t-il pour aller suspendre son aire sur les abîmes? Vois-le qui s'établit dans la cime des montagnes, sur les sommets abruptes et les rocs escarpés! De là il considère sa proie, et son regard perce l'infini. Il abreuve ses aiglons de sang, et partout où repose un cadavre, aussitôt il est là... Réponds enfin : celui qui dispute contre Dieu est-il réduit si facilement à se taire? Celui qui reprend Dieu ne doit-il pas pouvoir lui répondre?

(Job, ch 38 et 39.)

16.

XXXVIII. Éloquence épistolaire.

LETTRE DE Mme DE SÉVIGNÉ SUR LA MORT DE TURENNE.

Plus que Fléchier et Mascaron, plus que tous ceux qui ont déploré la mort de Turenne, Mme de Sévigné sait nous émouvoir et nous attendrir. Les lettres qu'elle a écrites pour annoncer cette nouvelle sont, dans leur belle simplicité, le sublime du sentiment.

« La nouvelle de la mort de M. de Turenne arriva lundi à Versailles; le roi en a été affligé, comme on doit l'être de la perte du plus grand capitaine et du plus honnête homme du monde; toute la cour en fut en larmes; on était près d'aller se divertir à Fontainebleau, tout a été rompu. Jamais homme n'a été regretté si sincèrement... Tout Paris et tout le peuple était dans le trouble et dans l'émotion; chacun parlait, s'attroupait pour regretter ce héros. Dès le moment de cette perte, M. de Louvois proposa au roi de le remplacer en faisant huit généraux au lieu d'un... Jamais homme n'a été si près d'être parfait; et plus on le connaissait, plus on l'aimait, et plus on le regrette. Les soldats poussaient des cris qui s'entendaient de deux lieues. Ils criaient qu'on les menât au combat... Ne croyez pas que son souvenir soit jamais fini dans ce pays-ci; ce fleuve qui entraîne tout n'entraînera pas une telle mémoire. »

Elle ne s'épuise pas à parler sur ce sujet intéressant, et la touchante douleur dont elle le revêt est toujours neuve et originale.

« Vraiment, ma fille, je m'en vais bien vous parler

encore de M. de Turenne. Mme d'Elbeuf, qui demeure
pour quelques jours chez le cardinal de Bouillon, me pria
hier de dîner avec eux, afin de parler de leur affliction :
Mme de La Fayette y était; nous fîmes bien précisément ce
que nous avions résolu; les yeux ne nous séchèrent pas.
Mme d'Elbeuf avait un portrait divinement bien fait de ce
héros, dont tout le train était arrivé à onze heures; ces
pauvres gens, déjà tout habillés de deuil, ne faisaient que
pleurer; il vint trois gentilshommes qui pensèrent mourir
de voir ce portrait; c'étaient des cris qui faisaient fendre
le cœur; ils ne pouvaient prononcer une parole; ses
valets de chambre, ses laquais, ses pages, ses trompettes,
tous étaient fondus en larmes et faisaient fondre les
autres. Le premier qui fut en état de parler répondit à
nos tristes questions : nous nous fîmes raconter sa mort.
Il voulait se confesser, il avait donné ses ordres pour le
soir, et devait communier le lendemain dimanche, qui
était le jour qu'il croyait donner la bataille. Il monta à
cheval le samedi, à deux heures, après avoir mangé; et
comme il avait bien des gens avec lui, il les laissa tous à
trente pas de la hauteur où il voulait aller, et dit au petit
d'Elbeuf : « Mon neveu, demeurez là, vous ne faites que
tourner autour de moi, vous me feriez reconnaître. »
M. d'Hamilton, qui se trouva près de l'endroit où il allait,
lui dit : « Monsieur, venez par ici, on tirera du côté où
vous allez. — Monsieur, lui dit-il, vous avez raison, je ne
veux point du tout être tué aujourd'hui, cela sera le mieux
du monde. » Il eut à peine tourné son cheval, qu'il aperçut
M. de Saint-Hilaire, le chapeau à la main, qui lui dit :
« Monsieur, jetez les yeux sur cette batterie que je viens
de faire placer là. » M. de Turenne revint, et dans l'instant, sans être arrêté, il eut le bras et le corps fracassés du
même coup qui emporta le bras et la main qui tenaient le
chapeau de Saint-Hilaire. Ce gentilhomme, qui le regar-

dait toujours, ne le voit point tomber; le cheval l'emporte où il avait laissé le petit d'Elbeuf; il était penché le nez sur l'arçon. Dans ce moment, le cheval s'arrête, le héros tombe entre les bras de ses gens; il ouvre deux fois de grands yeux et la bouche, et demeure tranquille pour jamais. Songez qu'il était mort, et qu'il avait une partie du cœur emportée. On crie, on pleure; M. d'Hamilton fait cesser ce bruit et ôter le petit d'Elbeuf, qui s'était jeté sur ce corps, qui ne voulait pas le quitter et qui se pâmait de crier. On couvre le corps d'un manteau, on le porte dans une haie; on le garde à petit bruit; un carrosse vient, on l'emporte dans sa tente; ce fut là où M. de Lorges, M. de Roye et beaucoup d'autres pensèrent mourir de douleur; mais il fallut se faire violence, et songer aux grandes affaires qu'on avait sur les bras. »

XXXIX. Éloquence de la presse.

LOUIS VEUILLOT.

Depuis que la presse est devenue une puissance formidable, personne ne s'est élevé autant que M. Louis Veuillot à une forte et vigoureuse éloquence. Voici comment un critique distingué, qui appartient d'ailleurs à un drapeau tout différent, apprécie le talent et le rôle de l'écrivain catholique :

Par la nature de son esprit, M. Louis Veuillot était essentiellement propre à la polémique : il consacra à la religion, qui avait convaincu son esprit et touché son cœur, la puissance d'un talent qui grandit bientôt par la grandeur même de la cause au service de laquelle il l'enrôlait. Il lui consacra ce talent, tel qu'il était, avec ses qualités et ses défauts. M. Louis Veuillot est un ecrivain de combat, aimant la bataille parce qu'il trouve dans la bataille l'emploi de ses facultés. Dialecticien véhément, railleur impitoyable, il s'anime au bruit de sa polémique; les coups qu'il reçoit dans ces mélées intellectuelles excitent ce vaillant soldat, au lieu de ralentir son ardeur; à peine reçus, ils sont rendus avec usure : alors son esprit s'exalte, ses idées bouillonnent, son style se colore, sa phrase court plus rapidement et s'aiguise, sa logique passionnée éclate en sarcasmes; on dirait que ses armes se fourbissent dans le combat au lieu de s'y fausser : toutes les facultés de son talent arrivent à leur apogée dans cette effervescence intellectuelle, et l'invective sort de ce travail intérieur, comme la foudre du nuage où les éléments se rencontrent et se combinent, l'invective éloquente, aiguë et tranchante à la fois, qui transperce, qui frappe en même temps l'homme et l'idée.

Tous ceux qui ont pris part aux luttes de la presse périodique connaissent cette ivresse de la polémique, qui finit par exercer son influence sur les naturels les plus calmes et les esprits les plus modérés et les plus doux; c'est quelque chose d'analogue à l'effet que produisent sur le champ de bataille l'odeur de la poudre et le bruit de la trompette qui, selon Job, fait dire au cheval : « Allons! » Or, M. Louis Veuillot n'est point une de ces natures calmes et un de ces esprits modérés et doux qui ne descendent dans l'arène qu'avec une certaine répugnance, et ne se laissent entraîner qu'à la longue par les émotions de la bataille. Comme le cheval de Job, il est né pour la guerre; loin de craindre la mêlée, il la cherche. Le catholicisme, en se rendant maître de cette intelligence, en a dirigé l'emploi, mais il ne l'a pas changée. Comme ces terribles barons du moyen âge, dont le repentir guerroyant se croisait pour la Terre sainte, afin de réparer par

les armes, aux dépens des infidèles, les fautes naguère
commises en Europe, les armes à la main, ce fils des croi-
sés, pour rappeler un mot connu, se croise à sa manière,
et, dans ses véhémentes philippiques, se repent aux dépens des fils de Voltaire, qu'il accable de ses traits acérés
et de ses redoutables invectives.

A. NETTEMENT.

QUESTIONNAIRE

DU

COURS DE RHÉTORIQUE ET D'ÉLOQUENCE

Notions préliminaires.

1. Qu'est-ce que l'éloquence?
2. L'éloquence consiste-t-elle seulement dans l'émotion du cœur?
3. Tous les rhéteurs modernes entendent-ils le mot *éloquence* dans le même sens?
4. La vertu est-elle une condition nécessaire à l'éloquence?
5. Ne peut-on pas être éloquent sans être vertueux?
6. Qu'est-ce que la rhétorique et quel but se propose-t-elle?
7. Quelle différence y a-t-il entre la rhétorique et l'éloquence?
8. Quelle est l'origine des préceptes de rhétorique?
9. Les préceptes seuls peuvent-ils rendre un homme éloquent?
10. L'étude des règles est-elle nécessaire pour tous?
11. Les modèles peuvent-ils dispenser de l'étude des règles?
12. De quelle manière faut-il étudier les règles?
13. L'étude de la rhétorique n'est-elle pas utile pour toutes les situations de la vie?
14. Quel rapprochement peut-on faire entre la rhétorique, la logique et la grammaire?
15. Comment se divisent les préceptes de rhétorique?

PREMIÈRE PARTIE.

RÈGLES GÉNÉRALES DE RHÉTORIQUE.

16. Comment se divisent les règles générales de rhétorique?

17. Les trois opérations de l'orateur ne dépendent-elles pas l'une de l'autre?

18. Qu'est-ce que l'invention oratoire?

19. Combien d'objets principaux se propose ordinairement l'orateur?

20. Par quels moyens doit-on *instruire, plaire* et *toucher*?

21. Ces trois moyens sont-ils nécessaires dans tous les discours?

22. Qu'est-ce que la preuve?

23. La preuve est-elle bien importante?

24. Peut-on négliger les preuves pour s'adresser aux passions?

25. Sous combien de rapports peut-on considérer les preuves dans l'art oratoire?

26. Comment se divisent les preuves considérées relativement à leurs sources?

27. Où trouve-t-on ces diverses sortes de preuves?

28. Que faut-il entendre par *lieux oratoires*, et comment se divisent-ils?

29. Quels sont les principaux lieux intrinsèques?

30. En quoi consiste la définition oratoire?

31. Comment la définition oratoire diffère-t-elle de la définition philosophique?

32. En quoi consiste l'énumération des parties?

33. Que faut-il entendre par le genre et l'espèce?

34. Comment raisonne-t-on par la cause et l'effet?

35. Qu'est-ce que la comparaison, et combien de sortes de rapprochements peut-on faire?

36. Comment l'orateur peut-il raisonner par les contraires?

37. A quoi servent les répugnants?

38. Comment se sert-on des circonstances, et quel usage en fait-
    on au barreau?

39. Sur quoi reposent les lieux extrinsèques, et comment se di-
    visent-ils?

40. A quel genre d'éloquence conviennent l'autorité divine et la
    loi naturelle?

41. Combien y a-t-il de genres d'autorités humaines communes
    à tous les genres?

42. Quel usage fait-on des maximes et des proverbes reçus?

43. Quelle est la force des paroles mémorables des héros ou des
    sages?

44. A quelles sources peut-on puiser des citations, et comment
    faut-il les faire?

45. Quel parti peut-on tirer des exemples?

46. Comment se sert-on des paroles et des aveux de l'adversaire?

47. N'y a-t-il pas des lieux extrinsèques particuliers à chaque
    genre?

48. Les anciens et les modernes sont-ils d'accord sur la valeur
    des lieux oratoires?

49. Peut-on mépriser absolument les lieux oratoires?

50. Marmontel ne montre-t-il pas que ces théories sont fondées
    sur la nature?

51. Fait-on beaucoup d'usage de ces procédés au moment de la
    composition?

52. Quel est le premier moyen de suppléer avantageusement aux
    lieux oratoires?

53. Quel est le second moyen de suppléer aux lieux oratoires?

54. Quel est le troisième moyen?

55. Que faut-il entendre par argumentation en général, et que
    doit-on savoir sur ce point?

56. Qu'est-ce qu'un argument?

57. Quels sont les éléments dont se composent un argument et
    une proposition?

58. Combien les rhéteurs comptent-ils de sortes d'arguments?

59. Qu'est-ce que le syllogisme?

60. De combien de termes et de propositions se compose le syllogisme?

61. Quelle est l'opération que fait l'esprit dans tout syllogisme?

62. Quelle est la règle fondamentale de tout syllogisme?

63. Qu'est-ce que l'enthymème?

64. Comment faut-il présenter le syllogisme et l'enthymème dans le discours?

65. Qu'est-ce que le prosyllogisme?

66. Qu'est-ce que le sorite?

67. Qu'est-ce que l'épichérème?

68. Qu'est-ce que le dilemme?

69. Que faut-il pour que le dilemme soit inattaquable?

70. Comment peut-on ramener au syllogisme les cinq arguments précédents?

71. Qu'est-ce que l'exemple, et combien y en a-t-il de sortes?

72. Qu'est-ce que l'induction?

73. Quelle différence y a-t-il entre l'exemple et l'induction?

74. Qu'est-ce que l'argument personnel?

75. L'argument personnel a-t-il une grande force intrinsèque?

76. Les disciples de l'éloquence doivent-ils beaucoup étudier ces divers arguments?

77. Qu'est-ce que les sophismes, et combien y en a-t-il de sortes?

78. Combien compte-t-on de genres de sophismes?

79. En quoi consiste l'ignorance du sujet?

80. Qu'est-ce que la pétition de principe, et quand s'appelle-t-elle cercle vicieux?

81. Quand y a-t-il erreur sur la cause?

82. Comment tombe-t-on dans le dénombrement imparfait?

83. Peut-on tirer une conclusion générale d'un fait particulier?

84. En quoi consiste l'ambiguïté des mots, et de combien de manières tombe-t-on dans ce sophisme?

85. Quelle est la source de ces divers genres de sophismes?

86. Que faut-il entendre par *mœurs* en général?

87. Qu'est-ce que les *mœurs oratoires*?

88. Combien de conditions faut-il à un orateur pour plaire à l'auditoire?

89. En quoi consistent les mœurs considérées dans l'orateur, et quelle en est l'importance?

90. L'orateur doit-il être réellement vertueux?

91. Quelles sont les principales vertus nécessaires à l'orateur?

92. En quoi consiste la probité, et quelle est son importance?

93. Que faut-il entendre par prudence dans l'orateur?

94. En quoi consiste la bienveillance, et que produit-elle sur les auditeurs?

95. En quoi consiste la modestie, et quelle est sa nécessité?

96. Outre ces vertus, ne faut-il pas d'autres qualités particulières aux circonstances?

97. Comment l'orateur montrera-t-il qu'il possède ces vertus?

98. En quoi consistent les mœurs considérées dans les auditeurs, et comment varient-elles?

99. Que demande la différence des âges?

100. Que produit la différence des conditions et des fortunes?

101. Que demande de l'orateur la différence des nations?

102. Que faut-il observer relativement au caractère de ceux à qui l'on parle?

103. Qu'embrassent les mœurs considérées dans le discours?

104. Qu'entend-on par *bienséances* en général et par *bienséances oratoires*?

105. Quelle est l'importance des bienséances oratoires?

106. Est-il facile de donner des règles fixes sur les bienséances?

107. A combien d'objets se rapportent les bienséances?

108. Que demandent les bienséances relativement à la personne de l'orateur?

109. En quoi consistent les bienséances relatives aux auditeurs?

110. Qu'exigent les bienséances relatives aux personnes de qui l'on parle?

111. Le temps et le lieu n'exigent-ils pas une attention spéciale?

112. Que faut-il entendre par *précautions oratoires*?

113. Quelle est l'importance des précautions oratoires?

114. Combien de sortes de précautions sont nécessaires à l'orateur?

115. Quand faut-il employer des précautions de ménagement?

116. Quand faut-il employer des précautions de condescendance?

117. Quand faut-il employer des précautions de respect?

118. Quand faut-il employer des précautions de convenance?

119. Que faut-il entendre par *passions* en général et par *passions oratoires*?

120. L'usage des passions est-il légitime?

121. Les passions ont-elles une grande puissance dans l'art oratoire?

122. A combien de sources se rapportent toutes les diverses passions?

123. Quelles sont les deux conditions nécessaires à l'orateur pour agir sur les passions?

124. Quelles sont les trois qualités que doit avoir l'orateur pour bien employer les passions?

125. Qu'est-ce que la sensibilité?

126. La sensibilité est-elle indispensable à l'orateur?

127. La sensibilité est-elle une qualité naturelle, et peut-on la développer?

128. Quels sont les auteurs anciens les plus remarquables par leur sensibilité?

129. Qu'est-ce que l'imagination?

130. L'imagination est-elle bien importante pour l'orateur?

131. L'imagination est-elle une faculté naturelle, et peut-on la féconder?

132. Qu'est-ce que le discernement en général et le discernement dans les passions?

133. L'orateur peut-il se passer de discernement?

134. Comment s'acquiert le discernement?

135. Qu'est-ce que le *pathétique*, et combien de sortes de pathétiques distingue-t-on?

136. Comment Quintilien caractérise-t-il le pathétique violent et le pathétique doux?

137. Que nous apprend le discernement sur le pathétique?

138. Toute sorte de sujet se prête-t-il au pathétique?

139. L'orateur doit-il se jeter brusquement dans le pathétique?

140. L'orateur doit-il insister longtemps sur le pathétique?

141. L'orateur doit-il sortir brusquement du pathétique?

142. Peut-on prescrire des règles fixes pour l'emploi des passions, et faut-il varier ses moyens?

143. Quelles sont les deux manières principales d'agir sur les passions?

144. Comment peut-on exciter l'amour, la haine et les passions qui en dépendent?

145. Comment l'orateur inspirera-t-il la crainte et la pitié?

146. L'orateur n'a-t-il pas souvent besoin de calmer les passions?

147. Comment peut-on calmer les passions par le sang-froid?

148. Peut-on combattre les passions par des passions contraires?

149. La plaisanterie n'est-elle pas un moyen de calmer les passions?

150. L'usage de la plaisanterie ne demande-t-il pas de grandes précautions?

151. Qu'est-ce que la disposition oratoire?

152. Quelle est la nécessité de la disposition?

153. La disposition n'embrasse-t-elle pas deux objets principaux?

154. Combien peut-il y avoir de parties dans un discours?

155. Sur quoi se fondent le nombre et la place des parties du discours?

156. N'y a-t-il pas deux sortes de dispositions dans un discours?

157. Qu'est-ce que l'exorde, et quel est son but?

158. Par quel moyen l'orateur se concilie-t-il la bienveillance dans l'exorde?

159. Comment l'orateur se conciliera-t-il l'attention?

160. A quoi se rapportent les règles qu'on peut donner sur l'exorde?

161. Quelles sont les principales qualités de l'exorde?

162. Quels moyens faut-il prendre pour que l'exorde soit naturel?

163. Quel doit être le style de l'exorde?

164. En quel sens dit-on que l'exorde doit être modeste?

165. Peut-on tirer l'exorde des circonstances?

166. L'exorde doit-il être proportionné au corps du discours?

167. De combien de manières l'exorde peut-il être vicieux?

168. Expliquez les défauts de l'exorde les plus communs?

169. Les défauts de l'exorde ne sont-ils pas fréquents chez les jeunes orateurs?

170. Combien y a-t-il d'espèces d'exordes?

171. En quoi consiste l'exorde simple, et quand faut-il l'employer?

172. Qu'est-ce que l'exorde insinuant?

173. En quoi consiste l'exorde pompeux, et à quels sujets convient-il?

174. En quoi consiste l'exorde véhément ou *ex abrupto*?

175. L'exorde véhément ne demande-t-il pas un grand discernement?

176. Qu'est-ce que la proposition, et quelle est son importance?

177. Combien y a-t-il de sortes de propositions?

178. Qu'arrive-t-il quand la proposition est composée, et qu'est-ce que la division?

179. Quelles sont les principales qualités de la division?

180. La division bien entendue est-elle utile?

181. La division est-elle nécessaire à toutes sortes de discours?

182. L'usage des divisions n'a-t-il pas de grandes autorités contre lui?

183. Qu'est-ce que la narration oratoire, et en quoi diffère-t-elle de la narration historique?

184. Sous combien de formes la narration peut-elle se présenter dans un discours?

185. Où se place la narration judiciaire?

186. En quoi consiste le grand art de la narration judiciaire?

187. Quelles sont les autres qualités de la narration judiciaire?

188. Qu'est-ce que la clarté de la narration, et quelle est sa nécessité?

189. En quoi consiste la brièveté de la narration?

190. Que demande la vraisemblance dans la narration?

191. En quoi consiste l'intérêt de la narration judiciaire?
192. Qu'est-ce que la confirmation, et quelle est son importance?
193. Comment se divise ce que nous avons à dire sur la confirmation?
194. Faut-il employer indistinctement toutes sortes de preuves?
195. Les preuves doivent-elles être propres au sujet que l'on traite?
196. Comment les preuves seront-elles proportionnées à l'intelligence des auditeurs?
197. Les preuves n'ont-elles pas une valeur relative aux dispositions des auditeurs?
198. Peut-on donner des règles fixes pour l'arrangement des preuves?
199. Est-il bon de les disposer de manière que le discours aille en croissant?
200. Quelle est la marche préférée par Cicéron, et qu'appelle-t-on disposition *homérique?*
201. Faut-il mêler ensemble des preuves de diverse nature?
202. Que faut-il faire après l'arrangement des preuves, et qu'appelle-t-on transition?
203. L'art des transitions est-il difficile?
204. Que faut-il faire pour bien enchaîner toutes les parties d'un discours?
205. Où brille surtout le talent de l'orateur?
206. Doit-on présenter les preuves sous une forme didactique?
207. Comment faut-il traiter les preuves peu fortes?
208. Comment faut-il traiter les preuves fortes, et qu'appelle-t-on amplification?
209. L'amplification est-elle un instrument de mensonge?
210. N'y a-t-il pas une amplification véritablement vicieuse?
211. Comment l'orateur doit-il développer ses preuves?
212. Quelles sont les principales sources de l'amplification?
213. L'amplification ne se fait-elle pas souvent par accumulation?
214. L'amplification ne se fait-elle pas par image?
215. Quelle est la manière d'amplifier de Démosthènes?

216. Quels sont les défauts ordinaires des amplifications des jeunes gens?

217. En quoi consiste la prolixité, et d'où vient-elle?

218. D'où vient la stérilité, et comment peut-on y remédier?

219. En quoi consiste la futilité?

220. La surabondance est-elle un défaut bien à craindre dans la jeunesse?

221. Qu'est-ce que la réfutation?

222. La réfutation forme-t-elle une partie distincte de la confirmation?

223. Peut-on assigner une place invariable à la réfutation?

224. Comment peut-on réfuter un fait?

225. Comment faut-il réfuter un raisonnement?

226. Ne faut-il pas quelquefois séparer les arguments que l'adversaire a réunis?

227. Est-il permis d'employer la plaisanterie dans la réfutation?

228. La réfutation peut-elle trouver place dans le discours sacré?

229. Qu'est-ce que la péroraison, et combien d'objets embrasse-t-elle?

230. Est-il bon de récapituler les preuves à la fin du discours?

231. Comment la récapitulation doit-elle se faire au barreau?

232. La récapitulation peut-elle avoir lieu dans la chaire?

233. Quel est le second devoir de l'orateur dans la péroraison?

234. Quel usage a-t-on fait de la péroraison pathétique chez les anciens et chez les modernes?

235. Quel est l'objet de la péroraison pathétique dans la chaire?

236. Quelles sont les deux règles à observer pour réussir dans la péroraison?

237. Que faut-il entendre par le mot *plan* en général?

238. Qu'est-ce que le *plan d'un discours*?

239. Qu'est-ce que tracer son plan?

240. Est-il facile de trouver un bon plan?

241. Quel est l'avantage d'un plan bien choisi?

242. Quelles sont les principales qualités d'un bon plan?

243. En quoi consistent la justesse, la netteté, la simplicité et la
    fécondité?

244. Que faut-il pour qu'il y ait proportion dans le plan?

245. Que faut-il pour qu'il y ait unité dans le plan, et comment
    peut-on faire des digressions?

246. Quel est le moyen de connaître si le plan est juste et solide?

247. Tous les genres d'éloquence sont-ils susceptibles d'un plan
    régulier?

248. Qu'est-ce que l'élocution, et qu'embrasse-t-elle d'après Ci-
    céron?

249. Qu'est-ce que l'élocution du style?

250. Quelle est l'importance de l'élocution pour l'orateur?

251. A quoi bornerons-nous nos observations sous le rapport du
    style oratoire?

252. La clarté est-elle nécessaire à l'orateur encore plus qu'à l'é-
    crivain?

253. Jusqu'où doit s'étendre la clarté de l'orateur?

254. Que doit faire l'orateur pour être parfaitement clair?

255. Faut-il écrire un discours comme on écrit un livre?

256. En quoi consiste la convenance?

257. Les trois genres de style ne se rapportent-ils pas aux trois
    devoirs de l'orateur?

258. Quel rapport y a-t-il entre les trois genres de style et les
    diverses parties du discours?

259. Quel est l'avantage de la variété et l'inconvénient d'un style
    toujours fleuri?

260. Qu'appelle-t-on style pathétique et où faut-il le puiser?

261. Peut-on agir sur les passions avec un langage abstrait?

262. Les ornements recherchés sont-ils compatibles avec le pathé-
    tique?

263. Le style pompeux n'est-il pas contraire au pathétique?

264. Le style sentencieux peut-il être pathétique?

265. Qu'est-ce que l'action et quelle est son importance?

266. Quelles sont les trois conditions nécessaires pour bien pro-
    noncer un discours?

17.

267. Qu'est-ce que la mémoire, et quels en sont les avantages?

268. Quelle est la double vertu de la mémoire, et comment peut-elle être fécondée?

269. La mémoire est-elle indispensable à l'orateur?

270. Quelle est la puissance d'une heureuse mémoire?

271. Quels sont les avantages et les inconvénients de la mémoire des mots?

272. En quoi consiste la mémoire des choses, et quelle est son utilité?

273. Quel est le moyen de soulager l'esprit dans la mémoire des mots?

274. Que faut-il entendre par voix ou prononciation?

275. Que faut-il faire pour être pleinement et facilement entendu?

276. Quelle force doit avoir la parole de l'orateur?

277. Quel est l'avantage d'une parole distincte?

278. Comment faut-il régler la prononciation?

279. Comment la prononciation sera-t-elle pure et exacte?

280. Suffit-il à l'orateur d'être pleinement compris?

281. Que faut-il pour bien déclamer?

282. Qu'est-ce que l'appui de la voix, et où faut-il le placer?

283. Comment faut-il placer les divers genres de repos?

284. D'après quels principes doit-on varier le ton du discours?

285. Où faut-il puiser les intonations justes et vraies?

286. Qu'est-ce que le geste, et quelle est sa puissance?

287. Que comprend le geste?

288. Comment l'orateur doit-il tenir la tête?

289. Qu'est-ce qui domine dans la tête, et quelle est la puissance des yeux?

290. Combien y a-t-il de sortes de gestes faits avec la main?

291. Peut-on donner quelques principes généraux pour les gestes des mains?

292. Quelles sont les règles particulières aux gestes indicatifs?

293. Comment se font les gestes affectifs?

294. Le geste doit-il accompagner la parole?

295. Comment doit-on se former au geste et à l'action?

DEUXIÈME PARTIE.

ÉLOQUENCE.

296. Quelle est l'importance des préceptes généraux sur la rhétorique?

297. Combien de genres d'éloquence ont comptés les anciens?

298. Que faut-il penser de la classification des anciens?

299. Comment les modernes divisent-ils les divers genres d'éloquence?

300. Quel est l'objet de l'éloquence sacrée, et en quoi consiste la prédication?

301. L'éloquence sacrée est-elle beaucoup supérieure à l'éloquence profane?

302. Comment le prédicateur diffère-t-il de l'orateur profane par sa mission?

303. En quoi diffère-t-il de lui par les matières qu'il traite?

304. En quoi diffère-t-il des autres par les moyens qu'il emploie?

305. Quelle est la véritable fin de l'orateur sacré?

306. A quoi se rapportent les préceptes sur l'éloquence sacrée?

307. Quels sont les trois devoirs du prédicateur, et comment les remplit-il?

308. Quelle est la science requise dans le prédicateur?

309. Où faut-il que le prédicateur puise la science?

310. Quelle est la première source de la science pour le prédicateur?

311. Quelle est la seconde source de la prédication?

312. Le prédicateur doit-il bien connaître la théologie?

313. Quelle est l'utilité des sciences profanes pour le prédicateur?

314. Le prédicateur est-il obligé de plaire à ses auditeurs?

315. Pourquoi est-il permis au prédicateur de plaire, et par quels moyens plaira-t-il?

316. Comment l'orateur sacré plaira-t-il par le fond des choses?

317. Le prédicateur peut-il employer les ornements du discours?

318. Quels sont les ornements qui conviennent au prédicateur?

319. Quelles qualités doit avoir l'action du prédicateur?

320. Le prédicateur est-il obligé de toucher, et qu'est-ce que l'onction?

321. L'orateur sacré doit-il avoir une conduite exemplaire?

322. Quel est l'effet du zèle dans le prédicateur?

323. Par quel moyen le prédicateur obtiendra-t-il l'onction?

324. Quelles sont les principales espèces de discours sacrés?

325. Qu'est-ce que l'homélie, et quelle est son origine?

326. L'homélie est-elle utile aux auditeurs?

327. Comment faut-il préparer une homélie?

328. Qu'est-ce que le prône, et en quoi diffère-t-il de l'homélie et du sermon?

329. Le prône n'est-il pas ordinairement plus utile que le sermon?

330. Que faut-il faire pour réussir dans le prône?

331. Qu'est-ce que le sermon?

332. Comment faut-il choisir le texte d'un sermon?

333. Comment le prédicateur doit-il faire l'exorde?

334. Le sermon doit-il avoir une division?

335. Que faut-il observer sur le corps du discours dans le sermon?

336. De combien de parties peut se composer la péroraison?

337. De quelle manière faut-il préparer un sermon?

338. Qu'est-ce que la conférence, et en quoi diffère-t-elle du sermon?

339. La conférence suppose-t-elle deux interlocuteurs?

340. Comment l'orateur doit-il choisir ses preuves dans la conférence?

341. Que faut-il observer dans la réfutation des objections?

342. Quels moyens faut-il prendre pour réussir dans la conférence?

343. Qu'est-ce que le panégyrique chrétien?

344. D'où se tire l'éloge des saints?

345. De quelle manière faut-il présenter l'éloge des saints?

346. Combien de formes diverses peut-on donner au panégyrique?

347. Quels sont les deux principaux écueils du panégyriste?

348. Quel doit être le style du panégyriste?

349. Qu'est-ce que l'oraison funèbre?

350. Quel est le premier devoir de l'orateur dans l'oraison funèbre?

351. Quel est le second devoir de l'orateur dans l'oraison funèbre?

352. L'oraison funèbre ne présente-t-elle pas des difficultés et des écueils?

353. Qu'appelle-t-on éloquence politique ou éloquence de la tribune?

354. L'éloquence politique n'a-t-elle pas une double puissance?

355. Comment se divise ce que nous avons à dire sur l'éloquence politique?

356. Quelles sont les principales qualités de l'orateur politique?

357. Qu'exige la probité dans l'orateur de tribune?

358. Qu'exige le patriotisme dans l'orateur politique?

359. Faut-il beaucoup de science à l'orateur politique?

360. Quel doit être le style des discours de tribune?

361. Le talent de l'improvisation est-il nécessaire à l'orateur politique?

362. L'improvisation exclut-elle la méditation du sujet?

363. Combien de choses doit considérer l'orateur de tribune?

364. Comment peut-on résumer les devoirs de l'orateur de tribune?

365. Quelles sont les causes qui ont fait prospérer l'éloquence politique chez les Grecs?

366. Quel est le caractère général de l'éloquence politique chez les Grecs?

367. D'où vient que l'éloquence politique s'est développée si tard chez les Romains?

368. En quoi l'éloquence politique des Romains diffère-t-elle de celle des Grecs?

369. A quelle époque a commencé l'éloquence politique chez les modernes?

370. Qu'est devenue l'éloquence politique pendant et après la révolution?

371. La tribune anglaise et espagnole n'a-t-elle pas aussi de grands orateurs?

372. Qu'est-ce que l'éloquence judiciaire?

373. Le barreau offre-t-il à l'éloquence un champ aussi vaste que la tribune?

374. Quelles sont les principales différences entre la tribune et le barreau?

375. A quoi se réduisent les règles qu'on peut donner sur le barreau?

376. Quelles sont les qualités nécessaires à l'avocat?

377. L'avocat a-t-il besoin d'un jugement droit?

378. Quelle est la science qu'exige la profession d'avocat?

379. Quel doit être le style de l'avocat?

380. Qu'exige de l'avocat la vertu de probité?

381. Que demande la bonne foi dans l'avocat?

382. L'avocat n'est-il pas intéressé lui-même à ne se charger que des causes justes?

383. Les avocats anciens et les modernes eux-mêmes n'ont-ils pas souvent plaidé de mauvaises causes?

384. D'où vient le manque de naturel et de conviction dans les avocats?

385. Quelles sont les principales compositions de l'éloquence judiciaire?

386. Qu'est-ce que les réquisitoires?

387. Qu'est-ce que les plaidoyers, et comment faut-il les faire?

388. Que faut-il entendre par mercuriales?

389. Qu'appelle-t-on rapport?

390. Qu'appelle-t-on conclusion ou résumé?

391. Qu'est-ce que la consultation?

392. Qu'est-ce que le mémoire judiciaire?

393. Quel est le caractère de l'éloquence du barreau chez les Grecs?

394. Quel a été le caractère de cette éloquence chez les Romains?

395. En quoi le barreau moderne diffère-t-il du barreau ancien?

396. Quels sont les principaux orateurs du barreau français?

397. Que comprend l'éloquence militaire?

398. Que faut-il penser des harangues des historiens anciens?

399. Ne cite-t-on pas une foule de mots heureux chez les grands capitaines?

400. A quoi se réduit maintenant l'usage des harangues militaires?

401. Comment un officier doit-il donner son avis dans les conseils militaires?

402. Que comprend l'éloquence académique?

403. Quelle est la mission de l'éloquence académique?

404. Quelles qualités doivent avoir les discours de réception?

405. Quelle doit être l'élégance des discours académiques?

406. Comment doivent être faits les éloges historiques?

407. Quelles qualités doivent avoir les mémoires scientifiques et littéraires?

408. Comment faut-il faire les harangues ou compliments?

409. La véritable éloquence ne se trouve-t-elle pas souvent où on ne la cherche pas?

410. Quelles sont les deux premières qualités de la conversation?

411. Quel est le meilleur moyen de persuader dans les conversations?

412. Faut-il parler beaucoup dans la conversation?

413. Quel est le charme d'une conversation éloquente?

414. Ne peut-il pas y avoir de l'éloquence dans les écrits?

415. En quoi consiste l'éloquence des philosophes et des moralistes?

416. Que faut-il entendre par l'éloquence des historiens?

417. Quand les poëtes sont-ils éloquents?

418. Peut-il y avoir de l'éloquence dans les lettres?

419. La presse périodique n'a-t-elle pas souvent de l'éloquence?

TABLE DES MATIÈRES

TROISIÈME PARTIE.

CITATIONS ET MODÈLES.

Questionnaire

DU COURS DE RHÉTORIQUE ET D'ÉLOQUENCE.

FIN.

Paris. — Imprimerie de P.-A. BOURDIER et Ce, 6, rue des Poitevins.